导　读

　　图文互证是学术界的一种重要研究方式，通过图像和文字的相互佐证以达到接近事物本质的目的。《明师俭堂〈六合同春〉戏曲插图与文本接受》一文，作者以《六合同春》所收剧本顺序，分别就《鼎镌西厢记》、《鼎镌琵琶记》及其剧本的插图展开论述，剖析了插图的刻工、绘工、图题及其与文本的关系；在此基础上，本文剖析了由文本、评点、插图三者相互牵制、冲突与扭曲而导致的文本阅读增殖，以此寻求明清小说戏曲文本与插图关系研究的可行途径。《济南高新区埠东村清代壁画墓初探》则从墓室结构与用材、墓内的对联与壁画和奉死如生的观念三个方面，分析了中国古代丧葬礼俗的继承与变化，以及变化中的相对恒久性——中心思想变化不大，由此可见传统的力量。

　　批评是一把利剑，也是一剂良药。在当今日渐浮躁和逐名趋利的社会，更加彰显了其力量。《中国当代美术市场的五种恶》一文，把当下中国美术市场存在的主要问题归纳为"五种恶"，概括全面，文字犀利、生动，一针见血，切中要害，同时指出唯有根除这"五种恶"，中国美术市场才有可能走上真正的健康有序的轨道。

　　上海洋画运动是中国美术从古典形态向现代形态转化的一场重大历史变革。《上海洋画运动前夜研究》以1913年前的上海洋画运动前夜为研究内容，深入透析周湘、徐咏青、张聿光、丁悚、乌始光等人在洋画运动中的拓荒功绩，从而一举揭示了洋画运动前夜的时代特征。人体模特、人体艺术展览以及美术出版物在民国时期的出现和盛行对中国美术的促进与发展起到了不可估量的作用。《冲破封建伦理束缚　走向现代审美趣味》一文，认为"人体美术展览"让民众开始接受人体艺术所带来的纯洁与高尚的现代审美趣味，起到了民众思想启蒙教育的作用。《论上海美专〈美术〉杂志编辑的专业化特色》一文通过对本刊刊发的美术技法的传播、美术评论的专业性、美术信息传播的及时性与有效性三个方面内容的研究，阐释出《美术》杂志的专业性特色，揭示其对推动中国美术学科期刊的编辑出版以及对中国现代美术发展的贡献。

　　古人说："学贵有疑。小疑则小进，大疑则大进。"《马和之〈毛诗图〉政治意涵考察》认为，如果综合考虑高宗退位后的心态、《诗经》文本的王道、王政意涵与高宗善用图像暗示其意图的习惯，或许《毛诗图》所面对的对象实质上是孝宗。《犍陀罗佛像起源问题的再讨论——贵霜佛陀钱币研究》一文认为，将佛像铸于流通的钱币上理应是佛像盛行之后的事，而且贵霜佛陀钱币的数量极少，因而得出"至少在迦王前后，犍陀罗地区还并不特别关心佛教"的结论。文章《〈送子天王图〉考》，得出此画为吴派一路，并把成因归结于三点：宗教在唐代的蓬勃发展及吴道子的个人喜好、吴派画风；人物画在唐代的兴盛；封建经济的发达客观上促进贵族人物画的盛行。

　　古人云："以古为鉴。"《中国古代书画作伪与赢利》一文，通过对古文献的梳理解读，勾勒出了中国古代庞大的书画赝品市场中，那些寄食于生产和销售赝品产业链中的特殊职业者：主要为骨董商、画工、装裱匠以及著名画家的学生和后人。同时指出其主要原因是中国古代的书画制伪贩伪尚未有任何制度上的措施制约，因而导致了机会主义盛行。本文不仅有助于认知古代的书画市场，对当今艺术市场的建构也具有鉴戒意义。

中國美術研究
Research of Chinese Fine Arts

（美术类学术研究系列）

第11辑

图书在版编目（CIP）数据

中国美术研究. 第11辑，美术考古、美术史研究／
阮荣春，吴为山主编. —南京：东南大学出版社，
2014.9
　ISBN 978-7-5641-5261-1

Ⅰ.①中… Ⅱ.①阮…②吴… Ⅲ.①美术—研究—
中国②美术考古—研究—中国③美术史—研究—中国
Ⅳ.①J12②K879③J120.9

中国版本图书馆CIP数据核字（2014）第236632号

中国美术研究·第11辑

出版发行：东南大学出版社
社　　址：南京市四牌楼2号　邮编：210096
出 版 人：江建中
网　　址：http://www.seupress.com
电子邮箱：press@seupress.com
经　　销：全国各地新华书店
印　　刷：江苏省南通印刷总厂有限公司
开　　本：889mm×1194mm　1/16
印　　张：9.5
字　　数：382千字
版　　次：2014年9月第1版
印　　次：2014年9月第1次印刷
书　　号：ISBN 978-7-5641-5261-1
定　　价：68.00元

*本社图书若有印装质量问题，请直接与营销部联系，
电话：025-83791830。

目 录
Contents　NO.11

清凉寺优填王旃檀瑞像，高160厘米，现藏日本京都嵯峨清凉寺。

北宋雍熙元年（984）正月，日本僧人奝然巡礼北宋汴京，参拜优填王旃檀造像。次年（985）在浙江台州延请艺匠依样雕镂，摹刻此像，时在七八月间。又次年（986），舶归日本，置于清凉寺至今。旃檀瑞像着通肩大衣，薄衣贴体，以规整的富于装饰性的衣纹为特征。这种衣纹样式源于印度恒河流域。从贵霜时期秣菟罗佛像起，至波罗时期孟加拉佛像，多以风格化和装饰化的方法表现佛衣，清凉寺瑞像更接于印度后期佛像。类似的佛衣表现首先在汉晋时期传入中国长江沿线，在摇钱树佛像和堆塑罐佛像上多有表现，其后在十六国和北魏前期的佛像中也有所表现。而现今所见的像容式样则是被不断注入中国风情而积淀形成的理想化典型式样。（张同标）

《中国美术研究》启事

1. 《中国美术研究》由文化部主管下的中国艺术研究院美术研究所、教育部主管下的华东师范大学艺术研究所联合创立。作为美术学研究的专业科研单位所主编的专业学术研究系列，我们将本着学术至上的原则，精心策划艺术专题，邀请国内外知名专家和学术新秀撰写稿件，立足于对中国美术学科开展全面研究，介绍最新学术理论研究成果，展示优秀艺术作品。

2. 本研究系列为每季1辑，自2006年9月创立以来，已经发行27辑，在学术界取得了一定的社会影响力。2012年起由东南大学出版社出版发行。

3. 本研究系列设定主要栏目有：民国美术研究、新中国美术研究、美术考古研究、宗教美术研究、美术史研究、美术批评与理论、焦点热点、美术史学史、美术教育、艺术市场、博物馆美术馆研究等。竭诚欢迎投稿。投稿邮箱346199687@qq.com。

编辑部地址：上海市普陀区中山北路3663号华东师范大学艺术研究所（干训楼605室）

联系电话：021—52137074
邮编：200062

欢迎阁下赐稿！尊文如被采用，我们将略付稿酬。

《中国美术研究》编辑部

明师俭堂《六合同春》戏曲插图与文本接受

乔光辉

（东南大学中文系，南京，210096）

【摘　要】明万历年间，萧腾鸿师俭堂刊刻《鼎镌西厢记》、《鼎镌琵琶记》、《鼎镌玉簪记》、《鼎镌红拂记》、《鼎镌幽闺记》、《鼎镌绣襦记》，总称《六合同春》。该刻本插图精美，文图相得益彰。本文拟由此切入，探讨插图与文本的关系。笔者以《六合同春》所收剧本顺序，分别就《鼎镌西厢记》、《鼎镌琵琶记》及其剧本的插图展开论述，剖析了插图的刻工、绘工、图题及其与文本的关系；在此基础上，本文剖析了由文本、评点、插图三者相互牵制、冲突与扭曲而导致的文本阅读增殖，以此寻求明清小说戏曲文本与插图关系研究的可行途径。

【关键词】《六合同春》　戏曲插图　文本增殖

作者简介：

乔光辉，1971年生，东南大学中文系教授，博士生导师，主要研究方向：元明清文艺思潮。

［基金项目］：本文为教育部人文社科规划基金项目（14YJA751018）以及2014年度江苏省社科重点项目阶段性成果。

自觉地与绘工、刻工合作，寻求插图本的创新，以师俭堂表现最为突出。然师俭堂是否为金陵书坊，学术界尚有分歧。师俭堂坊主萧腾鸿，字庆云，建阳人，生于万历十四年（1586）；周心慧云："这家坊肆本开业于建阳，另在金陵设联号，或以为设在武林。"[1]在笔者看来，由于师俭堂曾与金陵绘工、刻工陈凤洲、陈聘洲合作，而金陵名工外出谋业极为罕见，徽州、建阳刻工前来金陵倒极为常见，故萧腾鸿的师俭堂在南京应设有连锁店[2]。现存师俭堂刊刻的陈眉公批评系列《鼎镌西厢记》、《鼎镌琵琶记》、《鼎镌玉簪记》、《鼎镌红拂记》、《鼎镌幽闺记》、《鼎镌绣襦记》，总称陈眉公先生批评《六合同春》，清乾隆年间修文堂曾辑印。镌刻精美，堪称中国版刻史上不可多得的精品。

一、《鼎镌西厢记》插图绘工、题记与图文关系

《鼎镌西厢记》署"云间眉公陈继儒评，一斋敬止余文熙阅，书林庆云萧腾鸿梓"[3]，共有双叶连式插图10幅，其分别位于第一、三、五、七、十、十一、十三、十五、十八、二十出中。纵观这10幅插图，有明确署名者9幅，绘者分别为萧腾鸿、萧照明、蔡冲寰、熊莲泉、王廷策以及"米元章"、"赵松雪"等，第二十出绘工署名模糊不可辨，第十五出插图无署名。而所谓"米

元章、赵松雪"等皆宋元名家，皆坊主萧腾鸿假托，实际绘工亦当为萧、蔡、熊等绘工中的某一位，而坊主萧腾鸿的可能性则更大。今对该本插图信息略作如下阐发。

第一出"佛殿奇逢"，插图署名为"庆云"，并有题画诗一首："画阁映山山映阁，碧天连水水连天。金勒马嘶芳草地，玉楼人醉杏花村。"其中"庆云"即萧腾鸿字，也就是说首幅插图即坊主萧腾鸿自己所作。图中的题画诗并非《西厢记》中所有，而是引自明人诸圣邻所编《大唐秦王词话》卷四"西湖赋"的内容。

据此可有两点引申：

一、据徐朔方考证，《大唐秦王词话》写定"当在一五九一年前后"[4]，可推萧腾鸿刻《六合同春》也当在1591年之后。又据师俭堂《鼎镌陈眉公先生批评西厢记》卷首所载余文熙序文，称将六部剧作集中成帙，序末署"戊午孟冬余文熙书于一斋"[5]。戊午即万历四十六年（1618）。就是说，师俭堂《六合同春》合刻本于明万历四十六年（1618）刊行，而其单行本可能在万历四十六年之前即已刊行[6]。两相结合可推，师俭堂最初刊刻《六合同春》之单行本当在1591—1618年之间。

二、戏曲文本叙述张生进京赶考，途经蒲州，欲拜访同学杜确。插图即为其所看到的山水风景。图文对照，插图强调了故事发生的环境。原文第一出【油葫芦】描述道："雪浪拍长空，天际秋云卷；竹索缆浮桥，

水上苍龙偃；东西溃九州，南北串百川。"萧腾鸿对原文加以发挥与改造，将故事背景"这河带齐梁分秦晋隘幽燕"移植到西湖边上。时至明末，西湖相对于山西蒲州，更容易产生崔张式的爱情。故其借用《大唐秦王词话》之"西湖赋"为图记。萧腾鸿的插图细腻描绘了山水风景，对原文做了创造性地发挥。插图不仅从整体上营造了故事意境，使读者畅神朗目，也为读者解读文本提供足够的想象空间。如图1-1至1-4所示。

第三出"墙内吟诗"插图如图1所示，署名为"萧照鸣"，题诗为："隔墙花影动，疑是玉人来。"其中的"萧照鸣"除参与《西厢记》绘图外，还与蔡冲寰、紫芝等参与了《玉茗堂牡丹亭还魂记》的插图绘制[7]，该书署"古闽徐肃颖敷装删润、潭阳萧儆韦鸣盛校"，周心慧据《萧氏宗谱》考出"萧儆韦鸣盛"乃萧腾鸿之族叔（同上注1），此"萧照鸣"也极有可能是出自萧氏家族的绘工。又"隔墙花影动，疑是玉人来"本为《西厢记》第三本第二折戏文，也就是出自师俭堂本《西厢记》第十七出，第三出描述张生与崔莺莺隔墙和诗酬韵，"隔墙花影动，疑是玉人来"也能传达出戏文之意，同时照应下文，突显出插图不局限于某一具体细节，而以意境见长的特点。

第五出"白马解围"插图署名"蔡冲寰写"，下有钤印"蔡氏元勋"方印一枚；题记为："普救敲金镫，人望蒲关唱凯歌。"据瞿冕良《中国古籍版刻辞典》云："蔡汝左（又作'佐'，笔者注），明万历间新安人，字元勋，号冲寰，工画，亦善版刻。当时传奇图像多出其手，如陈继儒所辑《六合同春》（《西厢记》、《幽闺记》、《琵琶记》、《红拂记》、《玉簪记》、《绣襦记》）、杨尔曾所辑《图绘宗彝》等。又自绘并刻过徐肃颖编《丹桂记》2卷，又与丁元泉合绘并与刘次泉合刻过黄凤梧辑《唐诗五言画谱》1卷，《唐诗六言画谱》1卷，《唐诗七言画谱》1卷。"[8]插图题诗源自第二本第二折"［众念云］马离普救敲金镫，人望蒲关唱凯歌"，叙白马将军杜确解普救寺之围后，接着追剿余寇之情景。有此申发，插图绘大军在群山中行进之景，突出强化本出"白马解围"之主题。

第七出"夫人停婚"插图署名"米元章写"，又有"次泉刊"字样；插图题诗为"有意诉衷肠，争奈母在侧"。关于刘次泉，瞿冕良《中国古籍版刻辞典》称："刘次泉（约1590—1644），明万历间安徽歙县人，兼营书坊业于杭

图1-1、图1-2、图1-3、图1-4　师俭堂版《西厢记》第一出插图与第三出插图，《不登大雅文库珍本戏曲丛刊》第11辑第226-227、242-243页。

州。刻过《唐诗五言画谱》、《唐诗六言画谱》、《唐诗七言画谱》（皆集雅斋本），《汤海若先生批评琵琶记》、《西厢记》、《红拂记》（皆师俭堂本）。刻印过景居士汇选《鼎刻时兴滚调歌令玉谷调簧》，《精选百家锦绣联》。"[9]后周心慧又对刘次泉做了专门考述，其《晚明的版刻巨匠刘次泉》一文称："刘次泉是建阳人……刘次泉为师俭堂镌刻《陈眉公先生批评西厢记》、《陈眉公先生批评红拂记》时，已登徽派堂奥而非吴下阿蒙，从中可以看出他的艺术成长轨迹。"[10]周氏考述，基本澄清了瞿冕良"歙县人"、郑振铎"武林人"的误解。由本出插图可以引申出如下几点判断：

（一）插图署名"米元章"明显为伪托，米芾（1051—1107），太原人，字元章，为北宋著名书画家。本幅插图当为师俭堂萧腾鸿托米芾而作，意在抬高刻本身价。（二）本幅插图图记"有意诉衷肠，争奈母在侧"即化用本出戏文唱词"【月上海棠】〔旦〕而今烦恼犹闲可，久后思量怎奈何？有意诉衷肠，怎奈母亲侧坐……咫尺间如间阔。"插图形象地将张生、莺莺二人相恋却为老夫人所阻挠的无奈传达出来，便于读者理解文本，也从侧面烘托了作品主题。（三）刘次泉身为建阳人氏，曾经为余文台《新刊京本春秋五霸全像列国志传》（1606年刻本），朱鼎臣本《新刻音释评林演义三国志史传》尾图"晋朝统一"旁亦署"次泉刻像"；此处却与徽州画工蔡汝佐（字元勋，号冲寰，以号行）、金陵绘工陈凤洲合刻《六合同春》，其镌刻风格也发生转变，插图传达出万历末、天启、崇祯年间徽派、建派以及金陵、武林插图风格合流之趋势，而萧氏师俭堂《六合同春》插图即是打破地域局限，汇聚杭州、徽州、金陵、建阳各地之长的集大成之作。

第十出"妆台窥简"如图2-1至图2-4所示，插图署名"熊莲泉写"，图中题诗为"妆台试柬皱双眉"。熊莲泉，号濂泉，建阳崇化人，晚明著名插图绘工，生平事迹不详。陈铎引《谭阳熊氏宗谱》云："（熊）善医小儿及绘画人物"，又称："明中叶以后江南一带成为中国版印业最发达的中心，建阳一些坊主纷纷在江南城市设号开坊，优秀的刻工也投奔他乡寻求发展，熊莲泉正是其中的一位。"[11]与萧腾鸿师俭堂合作不仅绘制了《西厢记》插图，还绘制了《六合同春》中的《琵琶记》插图；与《琵琶记》第二十八出"中秋赏月"插图相比较，该插图署"熊莲泉遗笔"，题诗为"今夜好清光，可惜人千里"。值得注意的是，由"熊莲泉写"到"熊莲泉遗笔"，两者署名发生变化。既云

图2-1、图2-2　熊莲泉绘师俭堂版《西厢记》第十出插图，《不登大雅文库珍本戏曲丛刊》第11辑第294-295页；
图2-3、图2-4　熊莲泉《琵琶记》第二十八出插图《不登大雅文库珍本戏曲丛刊》第12辑154-155页；"熊莲泉遗笔"署名局部放大。

图3-1、图3-2　王廷策绘师俭堂版《西厢记》第十一出插图，摘自《不登大雅文库珍本戏曲丛刊》第11辑第306-307页；
图3-3　王廷策为师俭堂绘《明珠记》绘图；摘自《古本戏曲版画图录》（三）第176-177页，学苑出版社，2003年。

"遗笔"，莲泉此时必已作古。而绘刻《西厢记》插图时，熊莲泉尚在世，而刊刻《六合同春》之《琵琶记》时，熊莲泉已经作古。插图题诗也由戏文文本提炼而成，本出戏文云："我待便将简帖儿与他。恐俺小姐有许多假处哩。我则将这简帖儿悄悄放在妆盒儿上。看他见了说甚么。……〔贴慌上〕呀，决撒了也。则见他厌的挑皱了黛眉。"绘工即据此戏文情节发挥创作插图，同时提炼戏文，撰成插图记。

第十一出"乘夜逾墙"插图署名模糊，如图3-1、图3-2、图3-3所示，笔者辨为"王廷策写"；插图题诗为："嫩绿池塘藏睡鸭，淡黄杨柳带栖鸦。"王廷策，山阴（绍兴）人，性懒散而好游。万历初，召入画院，不愿授官，赐号哈

仙。其画得力于吴镇、黄公望两家。王廷策也曾为师俭堂刊《明珠记》绘图[12]，二图以及题款之局部放大如下图4-1至图4-4所示。将两者比较，尽管《西厢记》十一出插图模糊，但依稀可以看出"王廷策写"的字样。可见，王廷策也是师俭堂所雇邀的绘工。插图题诗出自本出原文："【驻马听】不近喧哗，嫩绿池塘藏睡鸭，自然幽雅；淡黄杨柳带栖鸦，金莲蹴损牡丹芽。"插图即据此创作而成。

第十三出"佳期"插图署"赵松雪写"如图5-1至图5-4示；插图题记为"转过芍药栏前，□敲约湖（图中为'胡'）山石边"（"□"为模糊不可辨文字）。本出主要叙写张生与莺莺幽会，插图题记源自戏文第十二出："【小桃红】桂花摇

影夜深沈。酸醋当归浸。〔生〕桂花性温。当归活血。怎生制度。〔贴〕面靠着湖（图中为'胡'）山背阴裏窨。这方儿最难寻。一服两服令人恁。〔生〕忌甚么物。〔贴〕忌的是知母未寝。怕的是红娘撒心。"这一段戏文暗示张、崔约会地点是"湖山背阴"；但是，第十三出戏文唱词又云："【仙吕】【点绛唇】（生唱）伫立闲阶，夜深香霭、横金界。潇洒书斋，闷杀读书客。"似乎又点明二人约会地点是张生的"书斋"；插图图记"转过芍药栏前，□敲约湖山石边"，将戏文文本中模棱两可的约会地点确定在"湖山石边"，很显然，图记袭自汤显祖《牡丹亭·惊梦》唱词："转过这芍药栏前，紧靠着湖山石边。"可见《牡丹亭》在当时的巨大

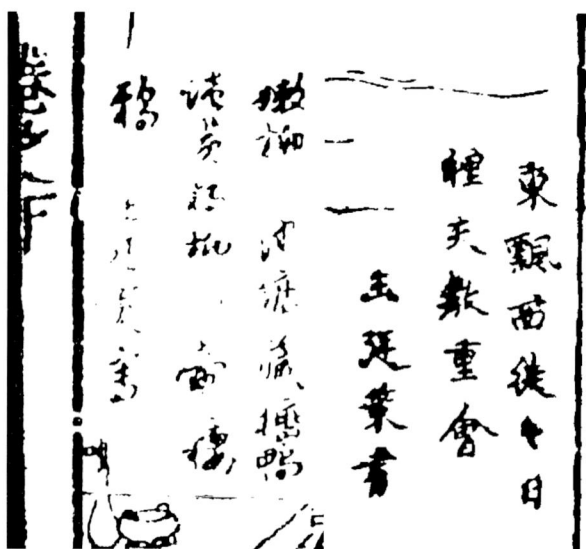

图4-1、图4-2　两图题款之放大比较，分别摘自《不登大雅文库珍本戏曲丛刊》第11辑第306-307、366-367页；
图4-3、图4-4　《古本戏曲版画图录》（三）第176-177页，学苑出版社，2003年。

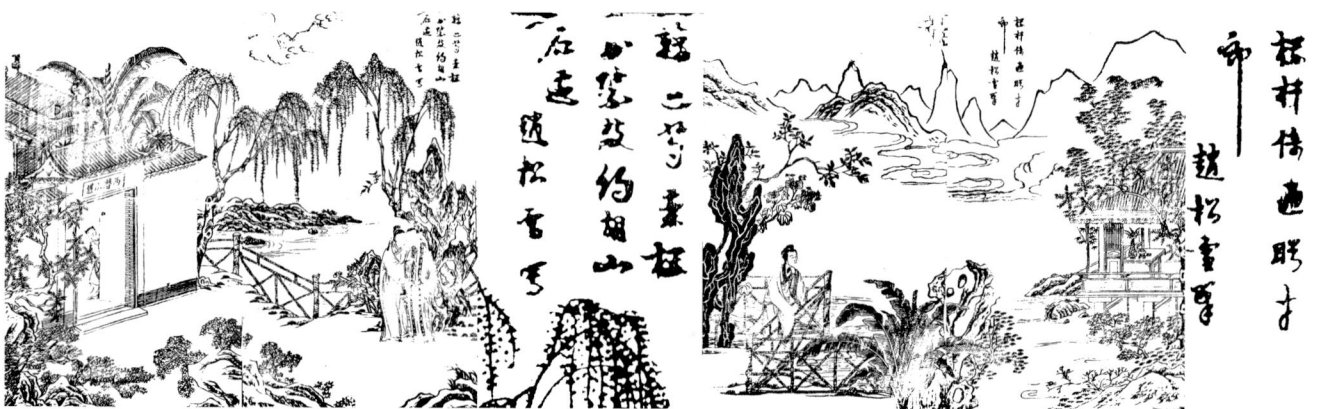

图5-1至图5-4　题"赵松雪"绘师俭堂版《西厢记》第十三、十八出插图以及图记局部放大，《不登大雅文库珍本戏曲丛刊》第11辑第320-321页、352-353页。

影响，将杜丽娘与柳梦梅比作崔张，也是绘工的一种解读。

第十五出"送别"插图无署名，亦无题记。这是师俭堂刊陈眉公批评《西厢记》中唯一没有署名以及图记的插图

如图6。将本插图与《临川玉茗堂批评西楼记》中离别插图比较，即可见二者画面布局与构图如出一辙。如《古本戏曲版画图录（三）》题记（第396页）所称此《西楼记》为"明万历间刊本"成

立，则师俭堂借鉴后者的可能性较大。但不管如何，本幅插图与同时戏曲插图"分别"场面构图的模式化区别不大，可能是画工不愿署名的原因。

第十八出"尺素缄愁"插图署名

图6-1、图6-2、图6-3、图6-4　师俭堂版《西厢记》第十五出插图与剑啸阁万历刊《临川玉茗堂批评西楼记》插图比较，摘自《不登大雅文库珍本戏曲丛刊》第11辑第336-337页以及《古本戏曲版画图录》（三）第396-397页。

"赵松雪笔"，图中题记为"栏杆倚遍盼才郎"，如图5-1至图5-4示。此图与第十三幅插图皆托名元代书画家赵孟頫（1254—1322），孟頫字子昂，号松雪、松雪道人等；本幅插图题记源自十八出（即第五本第二折），崔莺莺给张生信中所作诗云："阑干倚遍盼才郎，莫恋宸京黄四娘。病里得书如中甲，窗前览镜试新妆。"刻工将文本中"阑干"误作"栏杆"。

第二十出"衣锦还乡"插图作者署名模糊，笔者难以辨清，插图题记为"玉鞭骄马出皇都"。题记源自本出张生唱词："【新水令】玉鞭骄马出皇都，畅风流玉堂人物。今朝三品职，昨日一寒儒。御笔亲除，将姓名翰林注。"插图描绘张生得官之后，离开京城的情景。

总之，师俭堂《鼎镌西厢记》十幅插图，皆为精心绘制。插图抓住了文本的某一细节，插图题记多取自戏曲文本，间或取自他本，但都体现了绘工对《西厢记》文本的理解。插图对文本深化与渲染的同时，也不同程度地将原文本扭曲与变形，并与原文本发生"唱和"，从而使原文本增殖。

二、《鼎镌琵琶记》插图绘工、题记与图文关系

《鼎镌琵琶记》署"云间眉公陈继儒评，一斋敬止余文熙阅，书林庆云萧腾鸿梓"，戏文共42出，其中第二、三、五、七、十、十三、十六、十九以及二十二、二十六、二十八、三十一、三十五、三十七、四十二出绘有插图共15幅。纵观这15幅插图，除了第二十六出插图无署名外，其他各幅均有明确署名。绘者分别为萧鸣盛（第二出）、蔡冲寰（第三、七、十三出）、萧振灵（第五出）、萧腾鸿（第十出）、丁云鹏（第二十二出）、熊莲泉（第二十八出）、无瑕（三十七出）；赵松雪（第四十二出）、杜堇（第三十一出）以及"仿夏圭笔"（第十六出）；另有两幅插图（即第十九出、第三十五出）署名模糊，难以辨认。

从绘工署名来看，《鼎镌琵琶记》的插图基本分为三类：一是萧腾鸿以及其家族绘工，如萧鸣盛、萧振灵等。瞿冕良《中国古籍版刻辞典》中云："萧

鸣盛，明崇祯间富沙人，字儆韦，业书坊。刻印过徐肃颖删润《丹桂记》2卷、陈继儒辑评《五子隽》5种：《老子隽》1卷，《庄子南华真经内篇》1卷，《管子隽》2卷，《韩子隽》2卷，《屈子离骚经隽》1卷。"[13] 而周心慧据《萧氏宗谱》考出"萧儆韦鸣盛"乃萧腾鸿之族叔，生于万历三年（1575），卒于崇祯十七年（1644）[14]。萧振灵以及为《鼎镌西厢记》绘图的萧照鸣，生平事迹不详，与萧腾鸿关系待考。

二是师俭堂所雇邀的绘工、刻工，如蔡冲寰、熊莲泉、丁云鹏、无瑕、刘次泉等。蔡冲寰、熊莲泉事迹上文已述，此不赘。丁云鹏（1547—1628），

《中国美术家人名词典》据《陈眉公集》、《图绘宝鉴续纂》、《明画录》、《宋元明清书画家年表》等文献，称："（丁云鹏）字南羽，号圣华居士，休宁人，瓒子，詹景凤门人。书法锺、王。善画白描人物、山水、佛像，无不精妙。白描酷似李公麟。丝发之间而眉睫意态毕具，非笔端有神道者不能也。供奉内廷十余年。董其昌赠以印章，曰毫生馆。其得意之作，尝一用之。万历八年（1580）作江南春扇，天启元年（1621）作秋溪渔隐图。"[15] 丁云鹏为明代继仇英之后最著名的人物画家，丁氏应萧腾鸿师俭堂之邀，参与绘制《琵琶记》插图，如图7-1、图7-2所

示丁云鹏所绘《鼎镌琵琶记》第二十二出插图，即便如董其昌所云"老年漫应"之作（董其昌与丁云鹏为挚交，曾题丁氏所绘《五像观音图卷》云："丁南羽写此时，在吾松为顾光禄正心所馆，年三十馀，故极工妙。自后不复能事，多老年漫应。"）亦可见萧腾鸿师俭堂对当时画界的影响力。无瑕，《鼎镌玉簪记》十七出插图自署"由拳赵璧模"，"由拳"即嘉兴；周心慧称："熊莲泉、赵璧（字无瑕）皆为武林画家。"[16] 以籍贯论，熊莲泉当为建阳绘工，赵璧也当属嘉兴绘工。至于其言赵璧字无瑕，并未交代由来，然《史记·廉颇蔺相如列传》有述，诗家也有

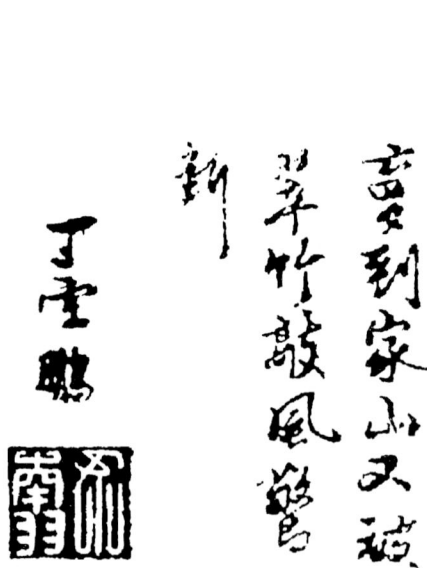

图7-1、图7-2 《鼎镌琵琶记》第二十二出丁云鹏所绘插图与图记放大，摘自《不登大雅文库珍本戏曲丛刊》第12辑第124-125页。

图8-1、图8-2　《鼎镌琵琶记》第四十二出插图与局部放大，即见"穷林壑"与"荣簪笏"之对比。摘自《不登大雅文库珍本戏曲丛刊》第12辑第222—223页。

"随珠此去方酬德，赵璧当时误指瑕"（[唐]方干《送郑端公》）之感叹。周氏所言"赵璧字无瑕"当有所据，笔者姑从之。除《琵琶记》之外，还参与了《六合同春》之《鼎镌红拂记》、《鼎镌幽闺记》、《鼎镌玉簪记》的插图绘制。值得注意的是，第七出"才俊登程"署名"仿蔡冲寰笔"，钤印却是"冲寰图书"字样，笔者判断插图可能为蔡冲寰门人所绘，而图之以蔡氏己印，这也是知名画家因应酬太多即以弟子之作替代的惯用手法。

三是萧腾鸿师俭堂的托名之作，如托名赵松雪、杜堇等。《中国美术家人名词典》云："杜堇，字惧男，一作懼男，有柽居、古狂、青霞亭长等号，丹徒人，占籍燕京。成化（1465—1487）中试进士不第，绝意进取。工诗文，通六书，善绘事，界画楼台，最严整有法，山水树石不甚称。人物亦白描能手，花草鸟兽并佳，又能作飞白体，宜乎宗之者众。弘治二年（1489）为吴原博（宽）作赏菊宴集图。"[17]《鼎镌琵琶记》第三十一出插图署名为"杜古狂笔"，"古狂"为杜堇号，但杜堇主要活动在弘治、成化间，萧腾鸿师俭堂《六合同春》大致雕刻于万历末期至天启、崇祯间，因此，"杜古狂笔"当为萧腾鸿之托笔。除托名之外，插图尚出现仿名家之作，如《琵琶记》第十六出插图署名"仿夏圭笔"，此类"仿笔"与"托笔"的插图，实际绘制者极有可能是师俭堂之萧氏家族绘工。就绘工而言，萧氏师俭堂动员了本族的画工，还特邀请了当时的名家参与插图绘制，即使"仿笔"与

"托笔"，也反映了坊主力求高远的插图制作倾向。由此可见，师俭堂萧腾鸿对于插图的极度重视。

插图中的文字交代了插图的内容，对于理解插图与文本有着重要的提示作用。就插图的题记而言，《鼎镌琵琶记》的插图题记基本可分为三类。

第一类是绘工自题，即插图中的文字不是直接摘自戏曲文本，而是绘工自己命题。如第十出"春宴杏关"萧腾鸿所绘插图，题记云"红裙争看绿衣郎"。题记并未见于《琵琶记》戏文，实源自王安石《题临津驿》诗："临津艳艳花千树，夹径斜斜柳数行。却忆金明池上路，红裙争看绿衣郎。"诗歌叙述北宋新科进士在热闹非凡的皇家园林开封金明池游赏，红裙少女争相观睹之情景。《琵琶记》第十出"春宴杏关"

叙述蔡伯喈得中状元后，"一举成名天下知"的得意心情；萧腾鸿借用王安石《题临津驿》将本出含义进一步引申，强调新科进士历来为"红裙"少女所羡慕，为下文牛小姐招婿埋下伏笔。萧腾鸿的插图题记无异于传统的诗文评点，反映出师俭堂坊主萧腾鸿对于《琵琶记》的独特接受。再如，第四十二出"一门旌奖"托名"赵松雪写"（图8-1、图8-2），其题诗为"荣簪笏，穷林壑，起涙弹"，这种题诗并不见于《琵琶记》原文，也是绘工自己命题。虽难以卒辨，但其所云"荣簪笏穷林壑"对比鲜明，暗示蔡伯喈之富贵荣华与家中父母妻子之贫困饥饿，反映出绘工对于蔡伯喈忠孝不能两全的同情；诚如陈继儒评论称："阅西厢，使人解颐；读琵琶，令人心酸。"[18]绘工自题的插图题记反映了绘工对于文本的接受，它与插图一样，是绘工对文本的一种"评点"与再创造。

第二类插图题记源自于《琵琶记》戏文，但不是照搬原文，而是对原文做了概括、发挥或移植。这类题记有第五、七、三十一出等。第五出"南浦嘱别"萧振灵绘插图，其题记云"两下里传言慰别离"。戏曲文本虽不见题记的原文，但第五出有"相思两处，一样泪盈盈"的唱词以及"才斟别酒泪先流，郎上孤舟妾倚楼。片帆渐远皆回首，一种相思两处愁"出后题诗，与插图题记表达不同但含义颇为接近。"两下里传言慰别离"将本出"南浦嘱别"的戏文大意做了提炼与概括。再如第七出"才

俊登程"如图9-1、图9-2所示，蔡冲寰所绘插图题记为"少年红粉墙头戏耍秋千"，该句也不是直接出自戏曲文本，但本出【前腔】云："谁家近水滨，见画桥烟柳，朱门隐隐。秋千影里，墙头上露出红粉。他无情笑语声渐杳，却不道恼杀多情墙外人。"插图题记即受此启发，将"墙头上露出红粉……恼杀多情墙外人"改为"少年红粉墙头戏耍秋千"。这也是插图对戏曲文本的片面强化与发挥。再如第十九出"强就鸾凰"插图如双页联式图9-3、图9-4，绘工署名模糊不可辨认，但题诗"玉箫声里传佳语，锦绣堂中双凤鸣"却很清晰，且插图右侧有小字署"次泉刻像"（刘次泉事迹见前，不赘述）。本幅插图主要描绘蔡伯喈与牛小姐的婚庆情景。戏曲文本只有"玉箫声裹，一双鸣凤"的唱词，插图题记加以发挥，形成对仗严整的诗句。再如第三十一出"几言谏父"托名"杜古狂笔"的插图，如图9-5、图9-6双页联式图记放大所示，题记为"女萝松柏望相依"。但本出主要叙述牛小姐劝父亲牛丞相，同意其陪侍蔡伯喈同归故里。牛丞相出于爱女之心反对闺女此行，但牛小姐并不领情，反言其父"说着伤风败俗非理的言语"。牛丞相深感"我本待心托明月，谁知明月照沟渠"，父女不欢而散。插图即刻画牛丞相面向明月，俨然有皓月之心，如图9-6。题记"女萝松柏望相依"非为本出戏文，而出自第三十九出牛丞相唱词："【风入松慢】〔外上〕女萝松柏望相依，况景入桑榆。……自家当初不

仔细。一时间不信我那院子的说话。定要招蔡伯喈为婿，指望养老百年。"绘工将三十九出戏文移植到第三十一回，牛丞相一方面强调"将心托明月"，另一方面自云"指望养老百年"，两者反差较大。题记与插图画面形成反讽效果，插图刻画牛丞相凛然正气，心托明月，而"女萝松柏望相依"的题记，暗示牛丞相浩然正气的背后是自私狭隘。因此，本回插图将戏文中牛丞相的前后矛盾进一步放大、聚焦，引人反省。

第三类插图题记即直接引用原文，虽间或个别改动，但与原文区别不大。如第二、十三、十六、二十二、二十六、二十八、三十五、三十七等共8幅插图，占了全部插图的一半以上。第二出"高堂称寿"插图署名"微韦写"，题记为"看取花下春酒双亲眉寿"。题记即来本出戏文文本："今喜双亲既寿而康，对此春光，就花下酌杯酒，与双亲称寿，多少是好。"题记与本出回目"高堂称寿"也基本一致，绘工有意以插图突出了戏文主旨。第十三出"官媒议婚"插图是蔡冲寰所绘，题记为"重门半掩黄昏雨，奈寸肠此际千结"，直接源自本出【高阳台】唱词："〔生上〕梦绕亲闱，愁深旅邸，那堪音信辽绝。凄楚情怀，怕逢凄楚时节。重门半掩黄昏雨，奈寸肠此际千结。守寒窗，一点孤灯，照人明灭。"蔡冲寰抓住了蔡伯喈的苦闷心情。第十六出"丹陛陈情"署为"仿夏圭笔"，插图题诗："花迎剑佩星初

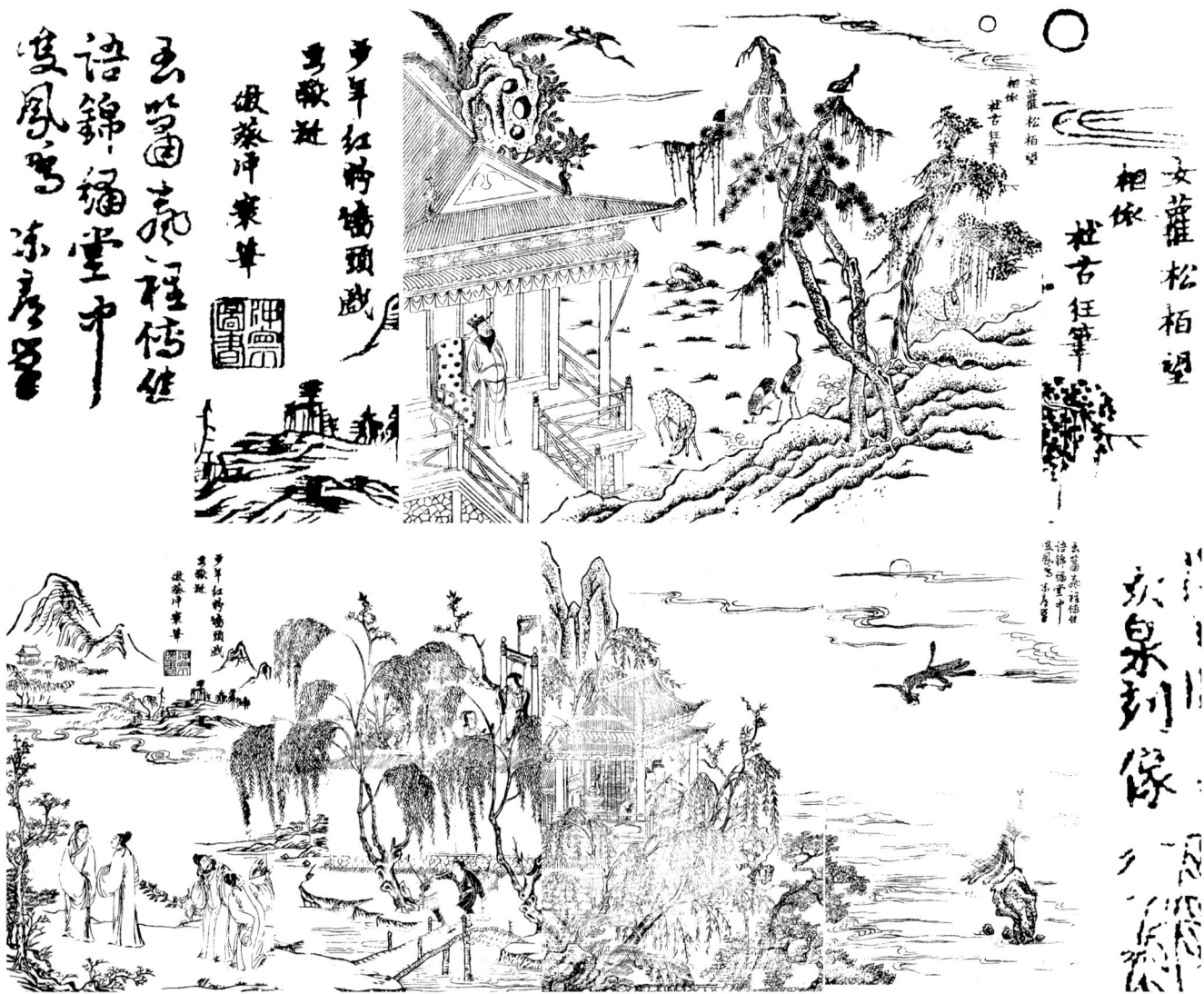

图9-1至图9-6 《鼎镌琵琶记》第七、十九、三十一出插图以及图记放大，摘自《不登大雅文库珍本戏曲丛刊》第12辑第44-45、106-107、170-171页。

落，柳拂旌旗露未干。"题记是岑参《和贾至舍人早朝大明宫之作》中的诗句，也是摘本出戏曲原文的诗句。戏曲文本中，在摘录岑参诗句后而略加铺陈。在绘工看来，戏文中蔡伯喈早朝时所见皇宫景色应与岑参所描绘的大明宫之景相差无几。卷下第二十二出"琴诉荷池"为丁云鹏所绘插图，题诗为"梦到家山，又被翠竹敲风惊断"。题记取自本出戏文【一枝花】："〔生上〕闲庭槐影转，深院荷香满。帘垂清昼永，怎消遣？十二栏杆，无事闲凭遍。闷来把湘簟展，梦到家山，又被翠竹敲风惊断。"第二十六出"拐儿绐误"插图，不见绘工署名，插图题诗为"书寄乡亲，说起教人心痛酸"。该题记取自本出文本【驻马听】："〔生〕书寄乡关，说起教人心痛酸。乡亲，传示俺八旬爹妈，道与俺两月妻房，隔涉万水千山。啼痕缄处翠绡斑，梦魂飞绕银屏远。"第二十八出"中秋赏月"插图为熊莲泉所绘，题诗为"今夜好清光，可惜人千里"。该题记也是直接取自本出戏文【生查子】："逢人曾寄书，书去神亦去。今夜好清光，可惜人千里。"第三十五出"两贤相遇"插图，绘工署名模糊不清，插图题句"容潇洒，照孤鸾，叹菱花剖破"直接取自本出戏文【二郎神】。第三十七出"书馆悲逢"赵璧（字无瑕）绘图，题记为"细端详这是谁笔仗"，出自本出【太师引】："细端详，这是谁笔仗？觑着他，教我心儿好感伤。〔细看介〕好似我双亲模样。"插图题记取自本出戏文，绘工严格遵循"图附于文"的传统规则，就戏曲文本的某一细节绘制插图内容，选取富有蕴味的某一"霎那"，强化、丰富文本的某一特定细节，使文本因插图而产生意义增殖。

三、《六合同春》其他戏曲插图绘工、题记与图文关系

《六合同春》中尚有《鼎镌红拂记》、《鼎镌玉簪记》、《鼎镌幽闺记》、《鼎镌绣襦记》，《红拂记》作者张凤翼（1527—1613）、《玉簪记》作者高濂（嘉靖万历人）、《幽闺记》（又名《拜月亭》）传为元人施惠作、《绣襦记》作者徐霖（1462—1538），今对其插图绘工、刻工以及插图题记考述如下。

《鼎镌红拂记》共有插图10幅，分别位于第二、六、十、十三、十六、十八、二十一、二十六、二十九、三十三出；插图绘工署名者有六位，其中蔡冲寰所绘插图3幅（第二、六、三十三出）；萧腾鸿、萧如石、刘伯淳、赵无瑕以及碧峰各绘一幅（分别是十、二十一、二十九、十三、十八出），尚有第十六、二十六出无署名；插图刻工刘次泉。蔡冲寰所绘插图最多，且3幅插图后皆有其钤印，第二出钤

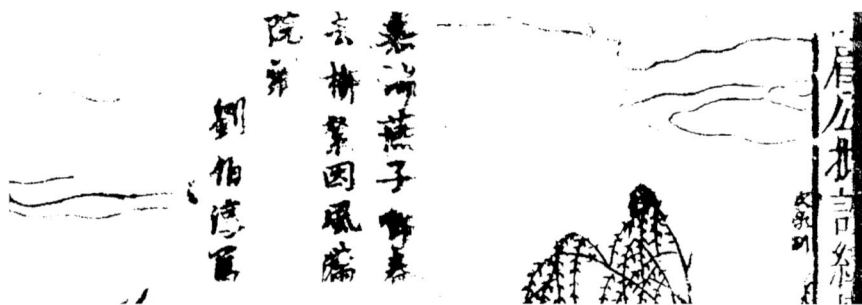

图10-1、图10-2　刘伯淳绘《鼎镌红拂记》第二十九出插图局部，摘自《不登大雅文库珍本戏曲丛刊》第12辑第320页。

印"蔡元勋书"、第六出钤印"冲寰之印"、第三十三处有两方钤印："蔡元勋印"、"孝古"。瞿冕良版刻辞典仅云："蔡汝左，明万历间新安人，字元勋，号冲寰。"[19]此处"孝古"也极有可能是蔡汝左的字号之一。萧如石与上文萧照鸣、萧振灵以及萧鸣盛等，可能同为萧腾鸿家族绘工。刘伯淳生平事迹不详，然其所绘第二十九出插图有"次泉刻"标记，刘伯淳与刘次泉可能皆为刘氏家族绘工。第十八出绘图作者署"碧峰"，亦难以确考，以俟来哲。

关于《鼎镌红拂记》插图题记，基本取自戏曲文本。如，第十出"侠女私奔"插图是萧腾鸿所绘，题记"改新装寻鸳侣"出自本出戏文文本；第十三出"期访真人"插图题记"汾阳桥半潮烟冷"，出自本出【西地锦】唱词："〔外〕风色雕残绿鬓。丝鞭翻惹缁尘。汾阳桥畔朝烟冷。谁当圯下期人。"其中文本"朝烟冷"题记作"潮烟冷"；第十八出"掷家图国"题记为"首晋阳天碧树几家浑未"，实取自本出【谒金门】唱词。但戏曲原文为："〔生同旦上生〕情脉脉，回首晋阳天碧，烟树几家浑未识。小门何处觅？"署名"碧峰书"的题记明显脱字；第二十一出"髯客海归"插图题记"西望长安，那里是云中宫阙？"也是直接借用本出【南江儿水】唱词；第二十六出"奇逢旧侣"插图题记为"几回剩把银缸照，犹恐相逢是梦中"，出自本出【解三醒】。但原文唱词是"犹恐相逢似梦中"，插图题记易为"犹恐相逢是梦中"；第二十九

出"拜月同祈"插图题记为"无端燕子衔春去，柳絮因风满院舞"。出自本出戏文【尾声】："〔合〕无端燕子衔春去，柳絮因风满院飞，今夜还应搅梦思。"如图10所示，刘伯淳易"飞"为"舞"。如下图局部放大所示。也就是说，虽有个别字词改动，但插图题记基本取自戏文。绘工有意识地选取戏文某个片段，加以发挥创作成图，从而在特定细节上深化和丰富文本内容。

绘工善于利用插图营造戏文意境。画面与文本相互补充，相互生发。以蔡冲寰所绘插图为例，第二出"仗策渡江"插图题记为"片帆江上挂秋风"，取自【古轮台】唱词"〔末〕幸相同，片帆江上挂秋风，可堪惊眼风波裹。南飞乌鹊，绕树无枝，分明是择木难容。"插图所绘一叶扁舟穿行于巨浪之中，与像乌鹊一样"择木难容"的李靖

处境产生共振，并相互生发，使读者产生人生命运风险莫测，如同巨浪中的扁舟。第六出"英豪羁旅"插图题记为"夜雨柴扉思黯然"。本出叙述李靖投宿旅店的落寞心情，本出戏文尾诗云："江乡回首隔风烟，夜雨柴门思黯然。正是雁飞不到处，果然人被利名牵。"题记即来源于此。其中"黯然"刻工误作"點然"。蔡冲寰绘图取境阔大，善于以外界景物衬托人物心境。与第二出插图类似如图11-1至图11-4，人物与扁舟所占画面比例很小，汹涌的波涛与动荡的雨雾暗示人物心境的波折与落寞。画面与文本相互补充，文本的意义经过插图的转化，读者阅读感受与画面审美效果产生共振，插图使戏曲的意义得以强化。

插图不仅可以将文本细节图象化，使读者产生更为直观的审美感受，而且

插图在某种程度上也承担着"评点"的功能。如图12-1、图12-2，蔡冲寰所绘第三十三出"天涯逢知己"插图，该幅插图署名"蔡元勋"并有"蔡元勋印"与"孝古"两方钤印。该插图题记有二："天涯逢知己，归路遇佳人，何幸得此！""归程喜与故人同"；其中"归程喜与故人同"，出自本出尾诗："归程喜与故人同，〔小生〕指日铭勋共鼎钟。〔外〕一叶浮萍归大海，〔合〕人生何处不相逢。"算是篇目点题，从文本中找到了插图所绘内容的依据。但是，插图题记的第二部分"天涯逢知己，归路遇佳人，何幸得此！"此句却在戏文中难以寻觅，显然是绘工自己所抒发的感慨。可见，插图题记不仅是简单地暗示插图内容，而且也表达了绘工对文本的见解。对于蔡冲寰来说，他对《红拂记》主角李靖"天涯逢知己，归

图11-1至图11-4　蔡冲寰所绘《鼎镌红拂记》第二、六出插图，摘自《不登大雅文库珍本戏曲丛刊》第12辑第232-233、244-245页。

图12-1至图12-2　蔡冲寰所绘《鼎镌红拂记》第三十三出插图及局部放大，摘自《不登大雅文库珍本戏曲丛刊》第12辑第332-333页。

路遇佳人"充满了艳羡，并视之为人生的一大幸运。

《鼎镌玉簪记》他本有"刘素明镌，萧腾鸿、刘素明、蔡元勋、赵璧同画"刊记[20]，但不登大雅本笔者未见此刊记。笔者所见《鼎镌玉簪记》共有插图11幅，分别位于第二、六、九、十一、十三、十七、十九、二十四、二十七、三十、三十五出。绘工也有萧腾鸿（第六、二十四出）、刘素明（十一出）、蔡冲寰（第三十五出）、赵璧（十七出）、如石（二十七、三十）、托名赵松雪（十九出）、米元章（第九出）、陈道复（第二出）各一幅；另有"仿马和之笔意"（十三出）一幅。陈道复（1483—1544），初名淳，字道复，后以字行，号白阳山人，长洲人，诸生。尝从文徵明学书画，工花卉，亦画山水，书工行草；画擅写意

花卉，后人以与 徐渭并称为青藤、白阳，有《白阳集》；马和之，南宋画院待诏画家，为南宋宫廷画院中官品最高的画师，居御前画院十人之首。其他绘工前有所述，兹不赘。

就插图题记而言，《鼎镌玉簪记》插图大都出于戏曲原文。如第十七出"对操传情"插图题记"谁家夜月琴三弄，细数离情曲未终"即取自本出"前腔"。第二十七、第三十出插图题记则分别出自二十七出［七言句］唱词"满城桃李属春官"，与三十出［后庭花慢］唱词："夜深风露冷台京，春衫薄不禁。只见那斗转星横月色昏。"第三十五出"灯月迎婚"插图题诗出自戏文［出对子］原句："鸾笙凤管吹悠扬，金榜归来乐洞房。"题记短小，由戏文中抽取一两句话构成，但插图所绘内容却与题记所在戏曲上下文密切相

关。如，第二出"潘公遣试"插图题记"肠断云霄泪湿红袖"，如以题记命题绘图，绘工可能莫晓所以，但联系题记所出自的本出［五供养］唱词："我那亲行景入夕阳衰柳。关河空有梦。离恨情谁收。肠断云霄。泪沾红袖。"戏文叙述潘必正辞亲赴考之心情，而绘工插图正描绘了潘必正辞别父母之场景。再如第九出"西湖会友"托"米元章笔"，插图题诗"千寻金碧山间寺，几曲笙歌水上船"，出自［甘州歌］："（净）图画天然，看郁葱佳气，凤舞龙蟠。丹崖翠壁，掩映浪花云片。千寻金碧山间寺，几曲笙歌水上船。"插图所绘内容也并不限于题记内容，而是描绘了整个［甘州歌］唱词内容。

需要指出的是，插图题记虽源于戏曲文本，但是绘工或刻工书写、镌刻过程中，往往有脱字或错字现象。如

刘素明绘图并镌刻的《玉簪记》第十一出"弈棋挑情"插图，题记"笑山樵，从他柯栏，不（识）我根苗"句，出自本出戏文［黄莺儿］，但题记明显脱一"识"字。萧腾鸿所绘第二十四出"秋江送别"插图题记"忙追赶去，人舟见，风里正开帆"，戏曲原文"舟"作"船"。另外，第十九出插图署"赵松雪墨"，插图题记"茫茫剪佼□□□□，一似凤求鸾配"，后半句出自戏曲原文【猫儿坠】："从今孽债染缁衣，欢娱，看双双一似凤求鸾配。"前半句模糊难辨，不见出处。

《鼎镌幽闺记》共有11幅插图，分别位于第三、七、十、十九、二十一、二十二、二十五、二十六、三十二、三十五、三十八出；绘工有孙克弘（第三）、蔡冲寰（第七、十九、三十二出）、振玉（十出）、赵璧（二十一出）、如石（二十六出），尚有托名画家李昭道、王利用、刘松年等。另，第二十二出插图无署名，第三十八出插图署名模糊难辨。蔡冲寰、赵璧前有所述，兹不赘。振玉，事迹不详，疑与《琵琶记》之绘工萧振灵一样，同为萧氏家族绘工；如石，事迹不详，以俟来哲。孙克弘，号雪居，松江人，明代著名画家，曾任汉阳太守。现存《集吴香亭太常斋见所藏孙雪居董香光书画合册作歌》有"壬辰（1592）冬日，雪居弘写于敦复堂中"。李昭道，字希俊，唐代画家。唐彭国公李思训之子，长平王李叔良曾孙。甘肃天水人。曾为太原府仓曹、直集贤院，官至太子中舍人。擅

长青绿山水，兼善鸟兽、楼台、人物，并创海景。画风巧瞻精致，虽"豆人寸马"，也画得须眉毕现。由于画面繁复，线条纤细，论者以为"笔力不及思训"。第十七出"偷儿挡路"署名"仿李昭道笔"，但有印章"蔡氏元勋"，则本插图虽托名李昭道，但实际绘工为蔡冲寰。王利用，字宾王，潼州人。南宋进士，书、画皆能。画则山水长于人物，精谨而已。刘松年（约1155—1218），南宋孝宗、光宗、宁宗三朝的宫廷画家。钱塘人，因居于清波门，故有刘清波之号。

从插图题记来看，11幅插图题记大部分取自戏曲文本。其中第三出孙雪居绘图，题记出自本出【点降唇】番将唱词"一曲琵琶，醉后驱鹰马"，题记将"马"易作"兔"字；第七出"文武同盟"署名"蔡汝佐书"，插图题记出自本出【旋风子】太白星唱词"祥云飘渺，飞升体探人间"，然题记"祥"、"体"被挖，仅存小半。第十出"奉使临番"插图署"振玉写"，图记"纵辔加鞭，心急马迟"，"迟"字漶漫不清。第二十五出署名"王利用"所绘插图，其题记"旅店邮亭，两下里人憔悴"出自本出【金梧桐】："俺这里病愈深，他那里愁无际，旅店邮亭，两下里人应憔悴。我那妻，怎教我忍得住恓惶泪？"两者比较，题记脱一"应"字。第三十二出蔡冲寰绘图，题记模糊，疑似"拜新月，宝鼎申明香满爇"，出自本出【二郎神】唱词。第三十五出插图署名"刘松年写"，题记

"兰堂日永湘帘卷，檐前燕鹊声喧"，源自本出【前腔】唱词。题记直接从戏文中抽取，有利于图文搭配，便于读者图文对照，也更能发挥插图图解文本的功效。

当然，《鼎镌幽闺记》中也有插图题记并非出自原文，而是出自绘工对戏文大意的总结。如第二十六出"皇华悲遇"，插图署名"如石书"，插图题记"忽听回廊语声哀"，戏曲原文在【前腔】与【思原春】曲之间有一段宾白，其中有："留他在回廊底下，权宿一宵，想必天寒冻哭之声，惊恐了爷。""忽听回廊语声哀"便是对这一大段戏文大意的总结。

需要指出的是，第十七出"旷野奇逢"署名"仿李昭道笔"，但据印章"蔡氏元勋"可判为蔡冲寰所绘。然其题记"萃巍巍灵山一带，碧澄澄寒波几派"出自第十九出"偷儿挡路"【山坡羊】唱词："翠巍巍云山一带，碧澄澄寒波几派。"绘工将文本"翠"改作"萃"。插图描绘了蒋世隆与王瑞兰途中所见景色，题记与第十七出"旷野奇逢"内容联系不大，实应为第十九出前半部内容。该图位于第十七出，位置装订错了。第三十八出插图署名模糊不可辨，题记"贞心一片如明月，映入清波到底圆"，出自第三十九出【哭相思】唱词。但插图实际位于第三十八出"请谐伉俪"，如放在第三十九出"天凑姻缘"则更合适。然诚如明万历文人锺人杰在《〈四声猿〉序》中所云："图奚为？图以发剧之意气也。"[21] 插图位置

排列与戏曲文本略有差讹，图像重视的是"发剧之意气"，长于戏曲意境的铺扬，突出整体意境与戏曲"曲意"的共振，故偶有插图位置排错之情况，但不影响读者整体阅读与感悟。

题记虽为插图之题名，但插图所绘内容却不限制于题记。如第二十一出赵无瑕所绘插图，题记"只见野渡无人舟自横"，出自该出【前腔】唱词："只见数点寒鸦，投林乱鸣，晚烟宿雾冥冥。迢迢古岸水澄澄，野渡无人舟自横。不忍听，不美听，听得孤鸿天外两三声。"插图所绘与【前腔】所描述内容倒颇多紊合。再如第二十二出插图题记"慢橹摇船捉醉鱼"，出自本出【前腔】唱词："曾向江心，点滴在波深处，慢橹摇船捉醉鱼。"插图意境与题记所在之曲牌的意境亦颇为一致。第二十六出戏文写王镇还朝，途经孟津驿

舍，夜闻哭声，查询后方知是王夫人与蒋瑞莲，一家三口以及义女团圆。插图描绘兵部尚书王镇闻听哭声后，向驿丞询问，驿丞回答之情景，如图13所示。题记"忽听回廊语声哀"即取景于驿丞向王镇解释的那一刻，不仅包含了过去，而且绘工还细腻描绘了回廊内若隐若现的王夫人和瑞莲的形象，如图13局部放大，暗示着王镇全家团聚之情节走向，绘工截取了富有孕育性的那一刻，提纲挈领地再现了本出内容。

《鼎镌绣襦记》共11幅插图，主要分布于第二、六、十、十四、十九、二十一、二十五、二十九、三十一、三十四、三十九出；主要绘工有刘素明（六、十九、二十一出插图）、蔡冲寰（第十出）、刘次泉（二十五、二十九）、陈凤洲（三十四），还有托名的画家范中立（三十九出），主

要刻工有刘素明（第六出插图署"刘素明镌"、第二十一出署名"刘素明刻"）、刘次泉（第二十五出插图有"次泉图书"钤印、第二十九出插图有"次泉笔"署名）；另第二出插图无题跋，第十四出插图缺半页，无署名。陈凤洲，据瞿冕良《中国古籍版刻辞典》云："明万历间版刻工人。参加刻过《丹桂记》（宝珠堂本）、《乐府西厢记》（环翠堂本）的插图。"[22]周亮《明刊本〈琵琶记〉版画插图风格研究》称："清乾隆年间修文堂辑印……包括此本在内的还有《西厢记》、《红拂记》、《玉簪记》、《幽闺记》、《绣襦记》。署名刻工有陈聘洲、陈凤洲、陈震寰，皆为金陵名工。这六种戏曲大都署刘素明、刘次泉刻。"[23]范中立，字仲立，因性情宽和，人称为"范宽"，北宋画家。其余绘工前皆有所

图13-1、图13-2　如石所绘《鼎镌幽闺记》第二十六出插图及局部放大，摘自《不登大雅文库珍本戏曲丛刊》第13辑第180-181页。

述，兹不赘。

《鼎镌绣襦记》之插图题记，也多取自戏曲文本。如刘素明绘第六出插图题记："十里楼台绕庆云"，取自该出【尾声】唱词："过前村长安近，龙蟠虎踞帝王城，十里楼台绕庆云。"蔡冲寰所绘第十出插图题记云："年将迈，鬓已秋，下阶出迎礼不周。"出自该出【前腔】唱词。刘素明绘第二十一出插图题记"美人庭院，翻做武陵溪"，出自该出【忆莺儿】唱词。刘次泉所绘第二十五出插图题记"仰瞻在白云深处"，出自本出【新水令】唱词。陈凤洲所绘第三十四出插图题记"一色杏花红十里，状元归去马如飞"，出自该出【尾声】诗。托名范宽所作的第三十九出插图题为"洞房花烛开绮宴，三星粲二姓欢"，也是取自戏文第四十一出【三学士】尾诗。刘次泉所作第二十九出插图题记模糊，难以辨认。

四、"随景图画，俱出名公的笔"与师俭堂的插图营销策略

师俭堂所刊《六合同春》共绘有双页连式插图68幅，摹写极为精致，均为中国插图史上的杰作。参与插图制作的绘工有福建刘素明、刘次泉、熊莲泉等，嘉兴绘工赵璧无瑕，绍兴画家王廷策，徽州绘工蔡冲寰、丁云鹏，金陵名工陈凤洲，松江著名画家孙雪居等，还包括书坊主萧腾鸿以及其家族绘工，皆一时名家。来自不同地域的绘工与刻工在师俭堂坊主萧藤鸿的组织下，相互切磋与交流，他们的插图已经突破狭隘的地域格局，引领着万历末期、天启、崇祯年间插图的走向，即在借鉴徽派插图的基础上进一步精致化，精工细腻已成为晚明各家书坊插图的共同追求。

尽管有作者对插图之肯定尚不充分，如清余居士撰《月露音序》称："至图情绘景，极尽精妍，又其余矣。"[24]但插图的"饰观"功用却不因各家观点差异而影响其存在。明初朱有墩还作有杂剧《乔断鬼》，叙述文人徐行以画幅六帧，命工封聚潢治，而封聚潢没之，徐行索取不与，竟愤恨而死。此也可见文士对于绘画的偏爱。明万历间苏州文人周之标在《吴歈萃雅·选例》中称："图画止以饰观，尽去难为俗眼，特延妙手，布出题情，良工独苦，共诸好事。"[25]万历间静常斋主人在为戏曲选本《月露音》编撰的"凡例"中也称："图绘止以饰观，尽去又难为俗眼。此传特情妙手布出新奇。至若情景相同，意致相合者，俱不多载。"[26]如果彻底摒弃插图，则流于"俗眼"，但"情景相同，意致相合"的模式化插图，的确不能"发剧作之意气"，因此，插图贵在"布出新奇"，须"特倩妙手"，须"良工独苦"，专一为之。周之标以及静常斋主人对于插图的看法基本反映了明万历书坊主的共同观点。书坊主对于插图的追求可谓精益求精。

师俭堂《六合同春》提供了晚明书坊主对于插图追求的一个经典案例。

台湾"国家图书馆"藏《鼎镌陈眉公先生批评西厢记》有两处记载对于师俭堂插图解读非常重要。一是该书书名页上有这段文字："陈眉公先生删润批评西厢记传奇，内仿古今名人图画，翻刻必究。"并以蓝印以区别于正文之墨印。二是封面尚有红色阳刻方印一枚，印文为："此曲坊刻不啻牛毛，独本堂是集出评句释、字仿古宋、随景图画，俱出名公的笔，真所谓三绝也。是明绣梓，买者幸俱只眼。谨白。"[27]关于"内仿古今名人图画，翻刻必究"以及"随景图画，俱出名公的笔"，可见师俭堂并不讳言"托笔"之作，自绘与托笔"俱出名公的笔"。师俭堂邀雇各地"名公"，着意在插图上超越"牛毛坊刻"，"布出新奇"，从而占有市场。师俭堂自诩插图与评点以及字体是其"三绝"，洵不为过。

"名公的笔"的确可以带来市场效应，但更重要的是插图所导致的图文增殖效应。上文所分析的插图题记，与绘工构思以及图文关系都密切相关。纵观师俭堂之《六合同春》插图，缺署名以及题记的只有7幅，其他61幅插图均有署名或题记，这其中除4幅插图题记模糊难以辨认外，笔者对其他57幅插图均作了细致解读。其插图题记来源有三：一为绘工自己命题；一为总结戏文大意而得；一为直接取自戏曲文本。但不管如何，题记都是联系插图与文本的纽带。绘工自己题署的插图题记，反映了绘工对戏曲文本的看法。此插图题记功能上相当于评点，如上文所列举的蔡冲寰所

绘《鼎镌红拂记》第三十三出插图，插图题记"天涯逢知己，归路遇佳人，何幸得此！"不仅是对插图的题跋，而且也是对戏文文本的评点。如图12图记所示。总结戏文大意的题记，插图与文本内容联系紧密；而直接取自戏曲文本原句的题记，插图则是对文本细节的片面发挥。这两者相当于命题插图，即有戏曲文本提供背景，绘工以图加以呈现。因此，插图在一定程度上加深、扭曲、强化戏曲文本，无论是对文本的正读还是误读，都会对原戏曲文本产生互文性的增殖效应，插图本较之单纯文字本更受读者喜爱。

师俭堂《六合同春》在戏曲文本、陈继儒之评点以及"名公的笔"的插图所构建插图本阅读空间中，插图与文本、插图与评点、评点与文本之间相互补充、增益、扭曲与变形，视觉感官与思维幻觉相互交织，产生巨大的阅读张力，这才是师俭堂《六合同春》的独特价值所在。至于戏曲插图与评点之关系，张玉勤以为："从本质上看，戏曲评点是对戏曲文本的一种解释和理解，在第一文本之外形成第二文本……（戏曲插图）承载着戏曲评点的功能。"[28]即将戏曲文本称之为第一文本，评点与插图则属于第二文本。但他同时又以为"文与图、文与评之间的关系容易理解，后者依托于前者，是对前者的一种诠释理解，属于第二文本，而且第二文本与第一文本共存于整个书籍作品中。图与评之间的关系相对要复杂些。同样作为文的诠释和理解，两者之间是否存在直接影响？目前我们尚没有发现这方面的证明材料。"[29]张文所谓的第一文本、第二文本之说显得繁琐，但是插图与评点关系是否存在直接影响，师俭堂

《六合同春》却给予了正面回答。

比较陈继儒之《六合同春》评点与诸"名公的笔"的插图，即可发现"名公"的插图绘制明显受到陈氏评点的影响。即以《琵琶记》为例，陈继儒之评点推崇真性情，对于假道学特别厌恶。在第三出"牛氏规奴"中，牛小姐以理学、道学口气教训丫鬟惜春："贱人，无情何事管多情，任取春光自来去。"[30]【祝英台序】更是采用问答的方式描写丫鬟惜春与牛小姐的对话：

〔贴〕把几分春，三月景，分付与东流。〔丑〕小姐，如今鸟啼花落，你须烦恼些么？〔贴〕啼老杜鹃，飞尽红英，端不为春闲愁。〔丑〕你不闲愁，也还去赏玩么。〔贴〕休休。妇人家不出闺门，怎去寻花穿柳。〔丑〕小姐你不去赏玩，只怕消瘦了你。〔贴〕我花貌谁肯因春消瘦。

图14-1、图14-2　《鼎镌琵琶记》第三出蔡冲寰所绘插图与局部放大，摘自《不登大雅文库珍本戏曲丛刊》第12辑第18-19页。

这一段戏文之后，陈继儒评道："小姐不惜春乎？"对于美好春景的珍惜以及对自己青春美貌的珍惜，是年轻女人正常的心理特征；但牛小姐却以道学口气规劝丫鬟惜春，陈继儒对此提出质疑。但是蔡冲寰的插图如图14-2、14-2却绘一个坐在亭榭中的美貌年轻女人，正喜笑颜开地欣赏远处一个骑着白马之少年男子；且蔡冲寰选择【前腔】中丫鬟的唱词作为插图题记"柳丝雕鞍，都是少年闲游"。原来的对话是"〔丑〕春昼，只见燕成双，蝶引队，莺语似求友。〔贴〕呀，贱人，你是人，却说那虫蚁做甚么？〔丑〕那更柳外画轮，花底雕鞍，都是少年闲游。〔贴〕这贱人，你是妇人家，说那男儿的事做甚么。〔丑〕难守，绣房中清冷无人，我待寻一个佳偶。〔贴〕呀，你倒思量丈夫起来。"很明显，戏曲原文欲以丫鬟之思春衬托小姐之贞洁。陈继儒则对此提出质疑，丫鬟如此，难道小姐就不思春么？真的就如戏文所说的那么不解春情么？蔡冲寰以丑角唱词为题记，使人以为画中之美女即丫鬟惜春，但是思春之情人皆有之，蔡图中之女子更是所有年轻女子的象征，解读为牛小姐亦未尝不可。那么，蔡图则在陈公评点基础上更向前推进一步，指出惜春之情是人之常情，牛小姐也不例外。再如，陈继儒在第三十一出【大圣乐】曲牌中牛丞相宾白："〔外〕他自有媳妇，你管他做甚么？"后评道："他自有媳妇，你为何又把女儿嫁与他？伤风是牛家。"而托名"杜古狂笔"的插图

（图9所示），并没有直接描绘牛丞相的"伤风"，而是描绘牛丞相正微笑着望着明月，一如戏文唱词所云："我本将心托明月，谁知明月照沟渠。"但插图题记"女萝松柏望相依"，却暴露了牛丞相"定要招蔡伯喈为婿，指望养老百年"的狭隘自私心理。插图与题记以及陈公批语形成反讽，牛丞相塑造得越高大，这种皮里阳秋之笔意越明显。又如，陈继儒尾评云："纯是一部嘲骂谱。赘牛府，嘲他是畜类；遇饥荒，骂他不顾养；厌糠、剪发，骂他撇下结发糟糠妻；裙包土，笑他不奔丧；抱琵琶，丑他乞儿行；受恩于广才，书他无仁义；操琴、赏月，虽吐孝词，却是不孝题目；诉怨琵琶、题情书馆、庐墓旌表，骂到无可骂处矣！"（书末总评）应该说，陈评与高氏原作"不关风化体，总好也徒然"是背道而驰的；插图虽不及陈评表述清楚，但《琵琶记》插图中的蔡伯喈形象一直闷闷不乐，最后第四十二出插图如图9所示，以乐景衬托哀景，一方面是朝廷表彰，另一方面是伯喈伤痛欲绝；两相比较，插图更能促人思考，蔡伯喈的悲剧究竟因何而起？就此而言，插图的意境表达比陈评更到位，也更委婉含蓄。

至于师俭堂堂主萧腾鸿邀请陈继儒以及诸名手参与评点、绘图《六合同春》先后顺序，我们难以确考。但从《鼎镌琵琶记》评点与绘图的关系来看，笔者以为萧腾鸿拿到陈继儒评本之后才约请名公绘图的可能性较大。《琵琶记》插图一方面与陈批思想一致，传

达了对真性情的推崇；另一方面又徘徊在文本与评点之间，插图采取了更为折中的表达方式。也就是说，插图受到评点影响更明显。由于绘工、刻工理论素养有限，有时难以消化评点之思想，如《鼎镌红拂记》之书末总评："三般出处，收作一周奇思奇构。文不害繁，词不借调，歌者更妙于流水□□，奇肠落落，雄奇勃勃，翻傅奇之局，如掀乾坤之欹，不有斯文，何伸豪兴□乎？黄钟大吕之奏，天地放瞻文章也。"这一段文字，绘工蔡冲寰在最后第三十四出插图中，除题记"归程喜与故人同"之外，又以插图题跋方式在插图右上方刻上"天涯逢知己，归路遇佳人，何幸得此！"一行字，表达了自己对戏文的看法，虽不及陈氏论述深刻，但也契合陈氏《红佛》以"奇"胜的论述。

在戏曲文本、评点、插图三者共构的阅读空间中，由于空间内部相互牵制、扭曲或延伸，从而使文本产生阅读增殖，使得插图本的魅力要远胜于单纯的文字本。"文本作为一个文本空间，其中各种潜在的联系无限制地增衍。从读者的视角看，这种文本乃是一种反思的空间，或反思的媒介。读者可以对它一步一步探讨，却无法穷尽。"[31]师俭堂《六合同春》的魅力即在于此。

注释：
[1]周心慧：《晚明的版刻巨匠刘素明》，《中国版画史丛稿》第67页，学苑出版社，2002年。
[2]周亮称："从风格上看，此本可能刊于金陵，师俭堂为建安书肆，金陵所设师俭堂应

为建安的师俭堂分社。"见其《明刊本〈琵琶记〉版画插图风格研究》（《艺术探索》，2009年1月第1期）与笔者推测一致。

［3］本文所引师俭堂《六合同春》文本、插图等皆据北京大学图书馆编辑《不登大雅文库珍本戏曲丛刊》版本，学苑出版社，2003年4月。下同，不再注。据建阳《萧氏族谱》载，萧腾鸿字庆云，生于万历十四年（1586）；其族叔萧鸣盛字儆韦，生于万历三年（1575），卒于崇祯十七年（1644）。

［4］徐朔方撰写《大唐秦王词话》前言，据《古本小说集成》第002册。

［5］国家图书馆藏《鼎镌陈眉公先生批评西厢记》卷首有余文熙序文，大半已残缺不全，最后一页尚全，提及将六部刻本成帙，名之为《六合同春》，序文末署："戊午孟冬余文熙书于一斋。"

［6］朱万曙也持此论，见其《明代戏曲评点研究》第86—92页，安徽教育出版社，2002年。

［7］周心慧：《晚明的版刻巨匠刘素明》，《中国版画史丛稿》第68页，学苑出版社，2002年。

［8］瞿冕良：《中国古籍版刻辞典》第620页，齐鲁书社，1999年。

［9］瞿冕良：《中国古籍版刻辞典》第162页，齐鲁书社，1999年。

［10］周心慧：《中国版画史丛稿》第84页，学苑出版社，2002年。

［11］陈铎：《建本与建安版画》第159页，福建美术出版社，2006年。

［12］首都图书馆编辑《古本戏曲版画图录》（三）第176—177页，学苑出版社，2003年。

［13］瞿冕良：《中国古籍版刻辞典》第520页，齐鲁书社，1999年。

［14］周心慧：《晚明的版刻巨匠刘素明》，《中国版画史丛稿》第68页，学苑出版社，2002年。

［15］俞剑华：《中国美术家人名词典》第6页，上海人民美术出版社，1981年。

［16］周心慧：《晚明的版刻巨匠刘次泉》，《中国版画史丛稿》第83页，学苑出版社，2003年。

［17］俞剑华：《中国美术家人辞典》第339页，上海人民美术出版社，1981年。

［18］师俭堂：《鼎镌琵琶记》卷后陈继儒批语，《不登大雅文库珍本戏曲丛刊》第12册第227页。

［19］瞿冕良：《中国古籍版刻辞典》第620页，齐鲁书社，1999年。

［20］俞为民：《明代南京书坊刊刻戏曲考述》，《艺术百家》1997年4期第46页。

［21］郑振铎：《〈四声猿〉跋》，《中国古典戏曲序跋汇编》第873页，齐鲁书社，1989年10月。

［22］瞿冕良：《中国古籍版刻辞典》第322页，齐鲁书社，1999年。

［23］周亮：《明刊本〈琵琶记〉版画插图风格研究》，《艺术探索》，2009年1月第1期。

［24］蔡毅：《中国古典戏曲序跋》第428页，齐鲁书社，1989年。

［25］蔡毅：《中国古典戏曲序跋》第434页，齐鲁书社，1989年。

［26］静常斋主人撰《月露音·凡例》；见蔡毅《中国古典戏曲序跋》第430页，齐鲁书社，1989年。

［27］［元］王实甫撰、［明］陈继儒评《鼎镌陈眉公先生批评西厢记》二卷，附《释義》二卷，《蒲东诗》一卷，《钱塘梦》一卷（［明］书林萧腾鸿刊本，约西元17世纪），现藏台湾"国家图书馆"善本书库。笔者引自台湾"国立中央大学"中国文学研究所徐嫚鸿硕士论文《明代陈继儒戏曲评点本研究》第57页，2009年1月。

［28］张玉勤：《中国古代戏曲插图的图像功能与戏曲语汇》，《广西社会科学》，2011年第6期第115页。

［29］张玉勤：《中国古代戏曲插图的图像功能与戏曲语汇》，《广西社会科学》，2011年第6期第116页。

［30］引文据：《不登大雅戏曲珍本丛刊》第12册、《鼎镌琵琶记》第17页，学苑出版社，2003年。

［31］张廷深：《接受理论》181页，四川文艺出版社，1989年。

（汪小洋审稿）

（上接第27页）

1 500元的话，需从鸦片战争上班至今（双休日不能休）；一个白领，年薪6万，需从1960年上班就拿这么多钱，至今不吃不喝（取消法定假日）；一个抢劫犯，连续作案2 500次（必须事主是白领），需约30年；一个妓女，需连续接客1万次，以每天都接一次客，需备战1万天，从18岁起按此频率接客到46岁（中间还不能来例假）。参见2012年11月21日《新华网》http://news.xinhuanet.com/finance/2012-11/21/c_123982488.htm

［5］上述资料来自雅昌艺术网。

［6］据崔如琢自述，2004年以前，范曾、王明明、何家英等知名艺术家的市场没人超过每平方尺5 000元，是他在同一年在中贸圣佳做了拍卖专场，成交价达到每平方尺2万多元之后，"很多画家的价格也跟着涨起来了"。如果他的话属实，那么，从2004年到2014年的10年间，当代许多画家的画价增长了最少有近30倍。参见"清贵"崔如琢：《艺术中国梦的知行境界》http://news.xinhuanet.com/shuhua/2014-07/21/c_126774989_2.htm

［7］《南方周末》2008.1.9

［8］http://news.xinhuanet.com/shuhua/2014-07/21/c_126774989_3.htm

美术批评与理论 | 2014.11

中国当代美术市场的五种恶

万书元

（同济大学人文学院，上海，200092）

【摘　要】说当代中国美术市场乱象丛生、黑幕重重也许有点过，但是，说它存在着较为严重的问题，却是合乎实际的。当下中国美术市场存在的主要问题，可以归纳为五种，即文章所说的"五种恶"：第一是偏离艺术本质和价值规律的金钱至上、唯利是图；第二是官本位（官高则画优）；第三是赝品劣品横行无忌；第四是美术生产（很难称为创作）、销售乃至评论和收藏队伍的帮派化；第五是艺术家在自恋中堕落，艺术伦理走向衰微。要想根除美术市场存在的诸多问题，既需要美术市场加强法制建设和监管力度，也需要市场从业者乃至美术创作者提高文化素质和道德水准，增强对艺术的敬畏之心和对历史的责任感，同时，全社会的法制大环境也必须得到全方位的改善（不只是建立类似于证监会这样的"艺监会"就可以万事大吉了）。唯有如此，中国美术市场才有可能走上真正的健康有序的轨道。

【关键词】美术市场　钱本位　官本位　五种恶

作者简介：

万书元，男，同济大学艺术史与艺术哲学研究所教授兼人文学院副院长。主要研究方向：艺术美学、建筑美学。

当代中国有三大江湖：股市、房市和艺术市（即下文的美术市场）。想当初，这三大江湖各占山头，自成一统，在中国金融、地产、艺术（美术）领域三足鼎立，各领风骚，好不风光。但前二者，为牟暴利，或暗通款曲，或明相勾结，且不惮暗箱操作，携手兴风作浪，误国害民，早已恶名远播，向来为百姓所诟詈。后者因远离普通大众生活，且头戴高雅光环，普通人很少关注，因此，个中的内情并不为世人所周知。现如今，股市已经走向深渊，房市正面临危境，唯有美术市场似一枝独秀，在疲软的经济环境中独撑大局，屹立不倒。

人们很容易由此而产生一种盛世清明、艺术繁荣、文化昌盛、市场活跃的错觉，也很容易对这个市场产生过高的、不切实际的期许。正因为此，本人特写此文，意在提醒人们，切莫被美术市场浮华的表象所迷惑。

既然是江湖，无论是美术（艺术）市场、股市，还是房市，一样都是险恶之地。须知，高雅之地照样会盛开俗不可耐的妖花，道德的荒漠中尤其容易上演虚假的繁荣。在我看来，美术这个江湖至今仍能屹立不倒，正说明它是一个充满险恶（或丑恶）的诡谲的逐利之所，是一片荒草丛生的道德飞地。

意大利哲学家阿甘本说，上帝并没有死，它化身为金钱。这颇适合当今的中国现实——金钱已经变成美术这个江湖的上帝。

金钱是否已经变成全社会的上帝，这里姑且不论。但是，金钱变成为美术这个江湖的上帝（即钱本位），却是不争的事实。

我认为，当代中国美术市场有五种恶，排在第一位的就是这种偏离艺术本质和价值规律的金钱至上、唯利是图——它直接催生了后四种恶。

我不否认，市场就是利场，市场的终极目的就是追求利润和利益。但是，如果在艺术或美术这样特定的市场，完全或在很大程度上放弃艺术的考量和美学的标准，以卖猪肉或萝卜的方式进行艺术品交易，唯金钱的马首是瞻，那绝对是对艺术的亵渎、毁弃或谋杀。

没有了艺术标准、没有了艺术追求的艺术市场，最终只能变为恶意、恶心和恶性的资本炒作，甚至变为只有零度美学的符号传销。

中国艺术市场最大的悲哀在于，艺术的投资人或曰投机商，在很大程度上与炒大蒜和生姜者为同一类人或干脆就是同一批人。他们既没有对艺术最起码的尊重，更没有对艺术最初级的了解，他们进入艺术市场，更多地其实不是为了人们所误解的那种附庸风雅，而是以暴发户身份，拎着钱袋"华丽转身"到更具投机性和刺激性的行业，攫取更高的也更带有血腥味的利润，如同某著名网站CEO投身于养猪事业一样，只是后者反而没有任何可供人们挑剔的不高尚的商业动机。

如果说这些投机商和暴发户还有什么可以配得上艺术这个玩意儿的"素质"的话，在我看来，很可能是他们对艺术品价格的可怕的想象力和与之相配的比天还要大的胆量。

足够的无耻，足够的贪婪，足够的大胆，再加上足够的想象力，什么人间奇迹都可以创造出来。

正因为他们把艺术当成了白花花的银子，正因为他们把从艺术市场圈更多的钱当成了他们经营的王道，他们不仅敢于制造平地风波，敢于恶炒，善于恶炒，大胆追求价不惊人死不休，而且敢于天价做局，广布陷阱；敢于拍假和假拍；敢于儿卖父买，左手卖右手接，骗贷洗钱……其结果是，不仅扰乱了艺术市场和金融市场的秩序，也公然打劫了大众应该享有的财富和幸福。

我们不妨用一组数据来证明，一些胆大包天的投机商，如何把艺术市场引向了疑云密布、危机重重的价格高地。

先说中国GDP十多年的增幅。2000年，我国的GDP仅1.08万亿美元，2013年则高达9.038万亿美元，13年内增长了约9倍（这里姑且不论这9倍的增长中包含的高比例的资源出售和环境破坏等因素）。

再说同期的中国的房地产价格增幅。以上海四川北路为例，2000年约为3 000元/每平方米，到2013年，则高达40 000元/每平方米，13年上涨13.3倍（但是，按全国的平均增幅，则要低很多，一般认为在8-10倍左右。因数据相互矛盾，此处不列举）。

而同期我国的人均GDP和人均收入的增幅又是怎样的呢？2000年人均GDP为946美元，2013年人均GDP为6 629美元[1]，

增长幅度为7倍；2000年中国城镇可支配收入为6 280元，2013年中国城镇可支配收入为26 955元[2]（人均可支配收入则低得多，仅为18 311元[3]），增长幅度仅为4.2倍。

中国的GDP涨势虽然引发了许多人的乐观情绪，甚至激活了人们掺杂着复仇和得意情绪的民族自信心，房地产价格的疯涨却伤透了广大老百姓的心（耐人寻味的是，GDP和房地产之间原本互为表里，唇齿相依，人们对它们却表现出截然相反的两种情愫）。事实上，在同样的历史阶段，虽然全国GDP的增长态势喜人，人均GDP和个人可支配收入也都有一些增长，但是，情形却相当不容乐观。全国GDP总值也好，人均GDP也好，它们代表的，主要是政府的收入，个人的只占很少部分，因此，当我们的GDP排名全球第二时，我们的人均GDP和个人可支配收入却一直徘徊在全球第86-115位之间，最多只与我国足球在世界上的排名相当。而我们的房价呢，在全球范围内，却排在几乎与我国GDP总量相同的、极为靠前的位置。也就是说，虽然我们的GDP总量很吓人，我们国家仍然是一个非常贫穷的国家，尤其值得注意的是，这个贫穷国家的人民，支付着的是比最富有的国家的房价还要高昂的价格！[4]

房价虽然冲破了屋顶（go through the roof），美术品的价格，在艺术市场，却是冲破了天顶。虽然说，艺术收藏是富人们的游戏，但是，即使如此，中国美术品的价格增长，实在是太离谱了，因

为它是在基数已经很高的前提下，进一步发疯地增长。

我们不妨看看下列两组数据：

第一组数据，是中国最具有代表性的画家作品价格从2000年到2011（或2013，最后计算年限以价格上涨最高点为标准，故有的计算到2011，有的到2013）年之间的增长倍数：

黄永玉，2000年，作品价格约为每平尺7 000元，到2013年则达到每平尺14万元，增长了20倍；范曾，2000年每平尺约为10 000元左右，到2011年最高达到23.3万元，增长了23倍；徐悲鸿，2000年每平尺68 698元，2011年，则每平尺高达148万元，增长21.5倍；李可染，2000年每平尺75 773元，2012年则高达306万元，增长40倍；黄宾虹，2000年每平尺22 533元，2013最高达到每平尺93万元，增长41倍。[5]虽然有些艺术家作品的价值因早期被低估，造成后期价格涨幅过大，比如黄宾虹的，但是，总体而言，中国艺术品的价格增幅，整体上大大地或者说是疯狂地超越了本来已泡沫成堆的并且同样也是处在发狂状态的房地产。就此而论，中国美术市场绝对进入了一种病态的、畸形的、反常的、逆天的状态。[6]

第二组数据，是吴冠中同一作品在特定时期内的增幅：

彩墨画《交河故城》（106 cm×102 cm，1981年创作），1994年在香港苏富比拍得260万港币；2007年在北京保利春拍上，拍出4 070万元人民币，13年内暴涨15.65倍（想想，这是在基数为260

万港币的前提下）。

油画木槿（120 cm×78 cm，1975年作），1998年在香港佳士得拍出222万港币，创造吴冠中油画作品最高纪录；2007年北京保利以3 920万元再次刷新纪录，10年增长17倍左右；2011年，北京保利公司对该作品举行第三次拍卖，成交金额为6 325万元人民币，4年再增长1.6倍。

另外，吴冠中的两幅尺幅不同、内容相近的同题彩墨画《狮子林》，在7年内拍出的价格差价，也算得上是今古传奇：小尺幅《狮子林》（95.8 cm×179 cm），2004年在佳士得香港有限公司拍出198.5万元人民币；而大尺幅《狮子林》（144 cm×297 cm，1988年作），2011年在北京保利"现当代中国艺术夜场——吴冠中重要绘画作品"专场中，却是以1.15亿元人民币成交。

相比欧美的艺术市场，从1992年到2007年的15年间，欧美雕塑作品整体增长幅度达100%，比之坐着直升飞机一飞冲天的中国艺术市场，简直不值一提，但是那里的人们已经觉得涨幅很大了。1987年11月11日，当凡·高的《鸢尾花》以5 390万美元的天价卖出时，马上就有人在报上呼吁："文化和商业要保持道义上的距离"（虽然国外的艺术品，很少出现成倍增长和多倍增长的情况）；反观国内，当崔如琢的《盛世荷风》以超亿元拍出，创出中国当代在世画家最高拍卖纪录时（还有白庚延的《黄河咆啸》和《燕塞秋》两幅作品，2011年在天津文交所以份额化方式上市，其"股份"总值竟然分别暴涨至

8 952万元和7 420万元！这样的价格，足以买下齐白石、张大千等名家的一些精品画作），我们听到的，更多的是叫好和欢呼。两相比较，我们就可以见出，什么叫做健康有序，循序渐进；什么叫做杀鸡取卵，穷凶极恶；什么叫做有品位的收藏，什么叫做无文化的投机。

中国艺术市场发展（需要指出的是，其中也不乏外来的贪婪）的历程告诉我们，在短短的十几年艺术市场实践里，我们不仅失去了对艺术的敬畏之心，也失去了对市场的敬畏之心。无边的贪婪成了这个市场的通行证，而带血的资本，或许在不久的将来，会成为它的墓志铭。

中国美术市场的第二种恶，就是官本位，这是中国美术市场独有的也是最大的特色。官本位和钱本位在当代中国，本是一对孪生兄弟。官生钱，钱生官，官钱互渗又互生，是中国社会特有的景观。在美术市场，权钱更赤裸裸地变成一种直接的汇兑关系。美协主席、副主席，美协会员，画院院长，副院长……书协主席、副主席，书协会员……再从全国主席、副主席，全省主席、副主席，全市主席、副主席……依次各有其对价基准并且形成了一个秩序井然、高下相倾的阶元系统（曾经曝出，这些职位也各有定价，可以商业运作；上一级协会可以名正言顺地收取下级协会的"保护费"——举办活动的冠名费）。换句话说，职位越高，在美术市场，其作品价格就越高，反之，则越低。所以在中国美术市场，就出现一种

特有的现象：官高画则优，价则贵；官低画则劣，价则贱；在位者价格冲破天，而一旦退位，其作品价格就一跌到底（官本位中包含的贪腐——行贿文化对艺术品价格的推动，也算得上一恶，这里暂且不论）。

与官本位密切相关的，还有一种名（人）本位。只要你有足够的名气和足够的人气，即使你对美术一窍不通，即使你画出的完全是垃圾，仍然会有逐臭者高价买入。某电视台前主持人的"绘画"作品曾经卖出超百万元高价，而某小品演员的书法作品也曾经拍出超百万价格。

吴冠中曾经在2008年愤然指出："我觉得很多是泡沫，有些人可能有钱了，就投资艺术品，但他不懂艺术。画家就利用这个机会拼命炒作，抬高自己的身价。我相信历史是公正的，过一段时间很多东西将被淘汰，很多沙子将会沉下去。最有趣的是，现在有的美协主席，他在位时作品就贵，他一下台马上就跌了。"[7]

官本位，钱本位，名人本位，既是一种恶，也是一种病——一种需要用真正的艺术、真正的美学和健康的价值观来疗治的病。

美术市场的第三种恶，就是赝品劣品横行无忌。由于监管缺位，艺术市场整体上混乱无序，以致指鹿为马、以假充真的丑闻迭出。2003年最权威的书画鉴藏机构——堂堂故宫博物院，居然以2 200万元天价购得一幅引发持久的真伪争议的《出师颂》（传为西晋索靖书），

很多假冒当代画家之名的赝品在被画家本人识破后，一些知名的拍卖公司仍然能够以天价拍出，比如在佳士得等著名拍卖公司，就拍过多幅假冒吴冠中之名的伪作或赝品，而且最后大多以吓人的高价成交。如佳士得拍出的"假吴冠中"的《松树》，在遭到吴冠中明确的否认后，仍然以158万港元成交；2005年，假画《池塘》在北京瀚海以253万元成交；另一幅假画《桃花》更是拍出330万元高价。更有甚者，2010年6月，北京九歌国际拍卖有限公司在春拍中竟然以7 280万元人民币拍出一副署名"徐悲鸿"、题为《人体蒋碧微女士》的油画，结果被曝实际上是20多年前一名学员的课堂习作！

美术市场中似乎有一只能够点化一切的无形之手，有一种能够操控一切的无声之声，正是这种无形之手和无声之声的合谋，"生产"出了诸多如鲍德里亚所说的没有罪犯、没有犯罪现场的完美的罪行。因为在当下中国，卖假货的拍卖公司无须承担任何售假的风险和责任，所有的风险和责任只能由倒霉的买家承担。当代中国艺术市场的逻辑，就是如此荒谬，荒谬到我们无法想象，在这世界上，还会有比这更霸道的强盗逻辑？

美术市场的第四种恶，是美术生产（很难称为创作）、销售乃至评论和收藏队伍的帮派化，也就是江湖化。在当代意义上的中国艺术市场形成之前，虽然也有门派之争，但是尚未形成真正的帮派。当今美术领域的帮派或山头的形成，可以说直接受到艺术市场的影响和推动。

所谓帮派化，在体制内，更多地表现为一种圈子化；在体制外，则更多地体现为山头化（或江湖化）。体制内的圈子和体制外的山头之间、体制内的圈子和圈子之间、体制外的山头和山头之间，既有合作和勾结，也有斗争和挑战。合作也罢，争斗也罢，起因无他，唯"名利"二字而已。

在一个帮派化和山头化的环境中，你不可能指望有任何严肃的创作研究，正常的艺术竞争和公正的艺术批评，更不可能有公平合理的交易。在帮派内部，只有溜须拍马，吹捧谄媚，极尽坏处说好之能事；在帮派之外，则只有党同伐异，攻击诽谤，极尽好处说坏之能事。

帮派的规矩，只能是江湖的规矩，也就是黑暗政治的规矩。这里没有艺术水准的高低，只有力量的强弱和权力的大小——更有甚者，还有可能变成拳头的大小。

前几年画坛两位名宿著名的骂战和书坛多位大佬之间的车轮混战，算得上这种江湖争斗的高级别样板。

在这种个人的恩怨代替了平等的学术讨论、意气之争滑离了艺术之道的争论中，没有火星撞地球般的地动山摇，只有看客的喝彩和嘘声。所可惜者，终究还是没能决出谁是江湖老大；所可慰者，"大师"终究还是"大师"。

江湖和帮派以及山头之中，也似乎有些好东西：义气、侠义……但更多的，终究还是无法无天、是非颠倒、神妖混淆。正常的美术生态被破坏了，高尚的艺术追求被扭曲了。

美术市场的第五种恶——艺术家在自恋中堕落，艺术伦理走向衰微。有人会说，艺术家自恋、堕落，是艺术家自己的事，关市场何事？

我不这样认为，是市场这个酱缸催动了艺术家的自恋情结，魅惑了艺术伦理的堕落。

你可以批评我只反市场，不反艺术家。从原则上说，我认为，艺术家原本都是纯洁的、质朴的，是该死的艺术市场带坏了他们。当然，这个问题有待争论，但我还是愿意回到艺术家自恋——过度自恋的主题。

一个人，如果只是像邹忌那样，躲在自家照照镜子，情不自禁地为自己的美貌感动得落泪，甚至组织起三妻四妾，关起门来，开一场主题为"我的丈夫有多美"的家庭学术研讨会，原本也没有什么。但是，如果在公开场合，非要把自己说得如何羞花闭月、玉树临风，如何绝世独立、倾城倾国，那就有些问题了。就算是选美大会，有这么脸皮厚的女人，敢对所有评委和观众说"大家别那么麻烦地选来选去了，我觉得我要当仁不让，因为我就是第一美女"的吗？难道选美的标准全都是由您定的吗？

江湖上常常有人夸下这样的海口："我要说我是第二，没有人敢说第一，因为第一还没有生下来呢。"类似这样的狂言，在美术领域时有所闻。这样的狂妄，在真正的江湖中，原属正常；在美术领域，就极为反常。且不说自古文无第一，武无第二，且不说自封第一本荒唐，甚至也不论您是否真的有这实力确保第一，单说您这第一的自恋冲动，就不是一种正常的、健康的冲动，而是一种坏伦常、灭艺术的冲动，它暴露出的，是您对艺术的蔑视，对真理的蔑视，也是对时代、对社会的蔑视。

在艺术这个名利场中，极度自恋的人，既包括一些心比天高"艺"比纸薄的人，也包括一些气场很大的名人。他们曾经在艺术上下过苦功，在艺术领域摸爬滚打多年，算得上顺风顺水，功成名就，本来很有条件专心艺术，潜心创作。但他们天性不甘寂寞，总想在最轰动的舞台上展示他们最强健的艺术肌肉。

有一位精于艺术操盘经的艺术家就曾经在很多个场合公然宣称："一、我的艺术要超越历史；二、我的作品在艺术市场上要超越毕加索、凡·高。"[8]

俄国小说家契诃夫说，口渴时，恨不得喝干一条河，但这只是理想；而实际上只能喝几杯，这才是现实。超越历史是一种很可贵的理想，自然无可厚非。但是，在我看来，超越历史的目标和超越某些艺术家的价格的目标，这两个目标之间本身是相互掣肘、相互矛盾的。因为做艺术和做市场根本是两回事。今天某个作品卖出高价是一回事，一百年后是否还能卖出高价，则又是一回事；用国家、民族、历史、文化这样的宏大叙事来炒作，把赚钱说成是国家的千秋伟业是一回事，大家是否甘心被忽悠，则是另一回事；作品卖出高价是一回事，是否在艺术上真的取得了重大

的突破，获得了巨大的成功，则是另一回事。在中国这个匪夷所思的艺术市场里，画炒得高，在很大程度上说，只能说明他有（或可能有）做市场的天才（有些只是忽悠的才能，还有的是天价做局的骗术），或组织客源的营销才能；只能说明（有时也不能说明）他口袋里赚了钱；只能说明他可以因为财大而气粗。恰恰不能说明，或者说很难说明，他的画真的可以超越历史。（当然，从另一方面说，倘若真能如此，我们有什么理由不去乐观其成呢？）

根据心理学家科胡特的理论，适度的自恋是人类的基本本质，是人类自我肯定和自信的表现。但是过度的自恋就是一种心理疾患。自恋言行一旦借助媒体形成事件之后，它就以话语暴力的形式，通过消解文化价值的方式，对社会造成危害：他想占领不该占领的名利空间，占有不该占有的社会资本，建构一种以破坏正常的伦常秩序为基础的畸形的秩序。因此，这种和自大、自吹和狂妄结合在一起的自恋，压根儿不是对中国传统的谦虚美德的合理矫正，它根本不是对谦虚的反拨，而是一种包含着消解中国耻感文化的、带有堕落的反坐力的文化暴力。

艺术和（或）文化、文化事业和文化产业，这三组概念有着完全不同的内涵。不错，当今举国上下都在关注文化产业，各级政府也在力倡文化产业，但是，文化产业如果建立在伤害文化和艺术的基础之上，尽管也有可能获得短期的经济效益，从长远看，很有可能既破

坏了文化（艺术），也伤害了产业。当前中国的艺术市场暴露出的种种问题，除了没有理顺文化与文化产业的关系这样的简单的问题之外，除了我们前面所说的贪欲之外，原因还有很多。限于篇幅，兹不列举。

总之，当下中国美术市场也好，创作队伍也好，甚至整体的市场环境也好，的确存在着非常严重的问题，暗含着深刻的危机。这些危机其实也真实地反映了中国社会运行的基本现状。因此，要想根除前述的美术市场存在的五种恶，既需要美术市场加强法制建设和监管力度，也需要市场从业者乃至美术创作者提高文化素质和道德水准，增强对艺术的敬畏之心和对历史的责任感，同时，全社会的法制大环境也必须得到全方位的改善（不只是建立类似于证监会这样的"艺监会"就可以万事大吉了）。唯有如此，中国美术市场才有可能走上真正的健康有序的轨道。

注释：

[1] 根据国际货币基金组织（IMF）公布的数据。

[2] http://cqhkf.blog.163.com/blog/static/4454975620140205134432/

[3] 2014年02月24日12：34，来源：中国新闻网 http://www.chinanews.com/gn/2014/02-24/5874242.shtml

[4] 所以有人专门做了一个对比研究，说是按照北京现在的房价，如果要买一套300万元的房子，一个农民，种三亩地，以每亩纯收入400元计算的话，要从唐朝开始至今才能凑齐（还不能有灾年）；一个工人，每月工资

（下转第22页）

论上海美专《美术》杂志编辑的专业化特色

王芷岩

（商务印书馆〈上海〉有限公司，上海，200434）

【摘　要】上海美专1918年创办的《美术》杂志，它的出现的重要意义在于，以美术为独立的学科，以"研究'真实的美术'"为独立的内容，专取对于美术有价值的文字发表，有着明确的编辑办刊宗旨、固定的作者群、稳定的栏目以及大量学术性较强的文章，并刊登了大量及时有效的美术界消息，是一本典型的专业化美术期刊。本文通过研究《美术》杂志对美术技法的传播、美术评论的专业性以及《美术》杂志对美术界消息传播的及时性和有效性三个方面的内容，阐释出《美术》杂志的专业性特色，揭示《美术》杂志的专业化对推动中国美术学科期刊的编辑出版及对中国现代美术发展的贡献。

【关键词】《美术》　美术技法　美术评论　美术信息　专业化

作者简介：

王芷岩，女，美术学硕士，商务印书馆编辑。
主要研究方向：中国美术史、编辑出版学。

通过反复斟酌《美术》杂志并对其作定量定性的研究，笔者认为《美术》杂志不仅是中国最早的一种学院化的美术期刊，而且还是中国最早的一本专业性的美术期刊（图1）。尤其是关于其专业性美术期刊的属性，其他学者也有类似的观点看法。黄可在《中国第一本美术专业性杂志——〈美术〉》中对《美术》杂志的专业性给予肯定，称："于一九一八年十一月创办的《美术》杂志，这可说是中国第一本专业性杂志。"[1] 罗一平在《中外美术信息》一书中说："专业性的美术期刊则出现在'五四'新文化运动时期，上海美术专科学校在1918年创刊的《美术》杂志，比较明显地反映了'五四'运动时期提倡新文化、新科学的思潮。"[2] 在他的论述中，1918年及其之前的专业性期刊只提到了《美术》杂志，可见罗一平将《美术》杂志视为最具代表性的第一本专业性的美术期刊。乔志强也将《美术》杂志作为较早的专业性美术期刊，他指出："1918年，由上海中华美术专门学校和上海图画美术学校分别编辑出版的《中华美术报》和《美术》相继问世，这大概是最早的专以美术为独立内容的期刊了。"[3] 由此可见，《美术》杂志已经被众多学者称作"中国最早的专业性的美术期刊"。

我认为《美术》杂志专以美术为独立内容的期刊，是一本专业化的美术期刊。首先，《美术》杂志有着明确的办刊宗旨，把"研究'真实的美术'，提倡'美的人生'"作为《美术》杂志的编辑旨趣（图2），对《美术》杂志发展有着相对明确的总体定位和目的性。其次，《美术》杂志拥有比较固定的作者群，它的作者以上海美专的师生为主，这批思想观点较为一致的人群对问题的探讨比较集中深入，易形成较强的学术影响，如《美术》杂志第二卷第三号在"本刊革新通告"中，发布"从前是学校编辑的，现在是学生编辑的。……现在专取对于美术有价值的文字发表"。（图3）《美术》杂志以其较强的思想导向性吸引一群与该杂志观点相同的人一起交流，从而形成一定的艺术群体，以更强的力量推动美术创作和研究的发展。再次，《美术》杂志刊登了大量学

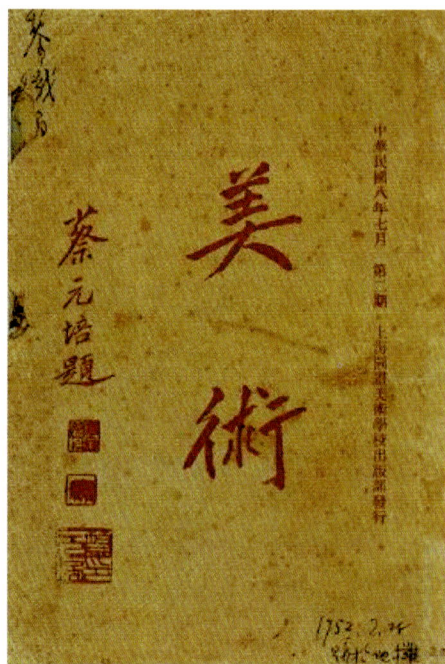

图1　美术第二期(1919年)封面

术性较强的美术史论、美术创作、杂评、美术思潮以及美术界消息，对美术研究、美术教育以及美术界的动态非常关注。最后，《美术》杂志在栏目设置上较为稳定，"学术""思潮""记载""消息"几乎贯穿始终；另外"杂评"在后几期也较为稳定，栏目的稳定性突显了杂志目的的明确性，这更加有利于文章的征集与排比，能够比较全面地反映美术界创作、研究的成果及动态。《美术》杂志栏目设置的稳定性影响了上海美专于1926年1月10日创办的《文艺旬报》，本刊在栏目设置上有广告、消息、文坛、艺苑、杂记等专栏，这些专栏具有相对的稳定性。[4]这些均

是《美术》杂志被称为专业性期刊的原因所在。

这一时期的专业性美术期刊，除了《美术》杂志之外，还有与《美术》杂志几乎同一时期出现的《中华美术报》（图4），北京大学画法研究会于1920年6月出版的《绘学杂志》。马琳在《周湘与上海早期美术教育》一书中指出《中华美术报》是中国第一本专业性美术杂志。[5]笔者通过分析《美术》杂志与《中华美术报》《绘学杂志》的区别，从而说明《美术》杂志是中国最早的专业性美术刊物，同时找出《美术》杂志专业之处。

《中华美术报》具有非常明确的办

刊宗旨，《中华美术报》第二号刊登了秃翁《中华美术报序》一文，阐述了创办该报的目的："本校所以有美术报周刊，以说明种种美术之历史。……至于学术之为术也，首重渊源，不知本末，学无根蒂。故本报之刊于新旧学说，更无不搜罗必录。以是而研究美术，可以究源而竟委，以是而发明美术，则学有指南矣。"[6]《上海美术志》曾对《中华美术报》作如下记述："周刊。中国第一种美术专业性综合杂志。1918年（民国七年）9月1日创刊，为（上海）中华美术专门学校校刊，该校校长周湘主编。每周出一期。该刊颇重视学术性文章，主要栏目有文录、撰录、杂著、

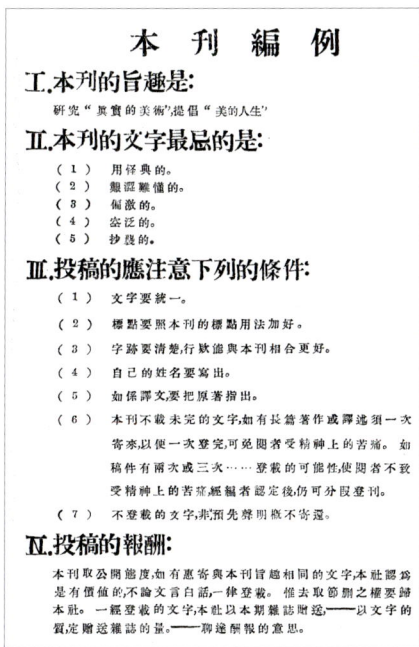

图2 《美术》杂志第2卷第4号刊登本刊编例

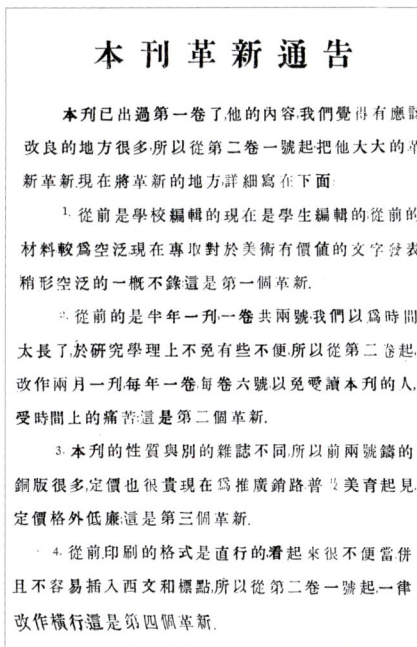

图3 《美术》杂志第2卷第3号"本刊革新通告"

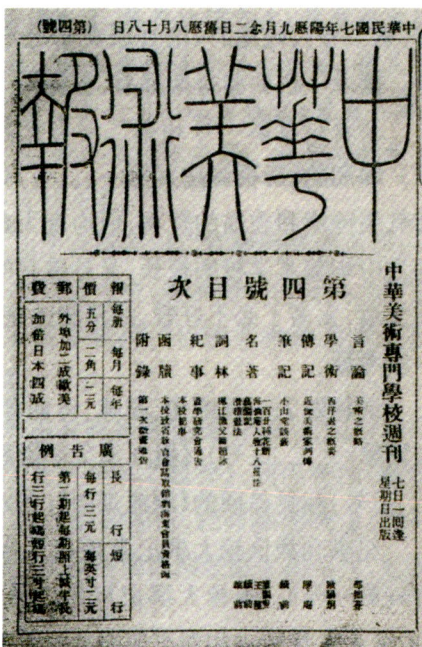

图4 《中华美术报》

词林、记事、函牍、附录，有时又分别增加余录、传记、名著、介绍、言论、学术、笔记、译丛、调查等栏目。曾刊有康有为的《万木草堂藏画目》，邓天乎的《论中国之美术》，钝庵的《论吾国美术之沿革》《印学渊源》，欧阳亮彦的《西洋画浅说》《中国画与西洋画之异同》，巢民的《吾国美术学校当改良教授法》，灌园叟的《一百二十种花谱》，邵拙庵的《美术之概论》，周湘的《陈老莲传》《近世美术家小传》《小山堂谈薮》《雪庐印章款识》等。该刊出版期数和停刊时间不详，国内收藏有第一期至第八期。第八期的出版日期为1918年10月20日。”[7]由此可见，首先，《中华美术报》虽然为综合型期刊，刊载内容有中国画、西洋画的论述文稿，以及美术史、美术理论、美术教育等内容，但是内容的涵盖面广体现了该杂志的专业性不强，使得文章内容泛而不专。其次，作者以周湘为主，其余作者较为分散，且“文录”一栏主要是转载艺术类论述文章，该杂志的作者群不稳定，因此对问题的探讨不能够集中深入。

《绘学杂志》（图5）由北京大学绘学杂志社编辑，胡佩衡任编辑主任。1920年6月1日创刊，1921年11月停刊，共出版4期。《绘学杂志》是在蔡元培“以美育代宗教”思想的指导下创办的。北京大学画法研究会的宗旨为：“研究画法，发展美育。”这些影响了《绘学杂志》的办刊宗旨。《中国美术期刊过眼录》对该杂志的内容做了简要记录：“本刊是发表该会会员研究美术理论成果的园地，内容丰富，图文并重。设有通论、专论、画诀、史传、讲演、纪实、杂俎和图画等栏目（图6）。主要论文有胡佩衡的《美术之势力》《中国山水画气韵的研究》、冯稷家的《书画同源论》、贺履之的《中国山水谈》、陈师曾的《清代山水之派别》《文人画的价值》《清代花卉之派别》、徐悲鸿的《中国画改良论》、李毅士的《西画浅说》、胡锡佑的《论王石谷》、钱稻孙的《画形》、余锟的《艺术谈话》等。这些著述，不仅在一定程度上反映了当时绘画创作的状况，并不乏有独到的见解，是研究‘五四’时期绘画的有价值的史料。”[8]该杂志刊载的文章以中国美术画法为主，文章作者以北京画法研究会的人员为主，他们都是在蔡元培“美育”思想的影响下，发表对中国画的认识，促进中国绘画的发展。

图5 《绘学杂志》第一期封面

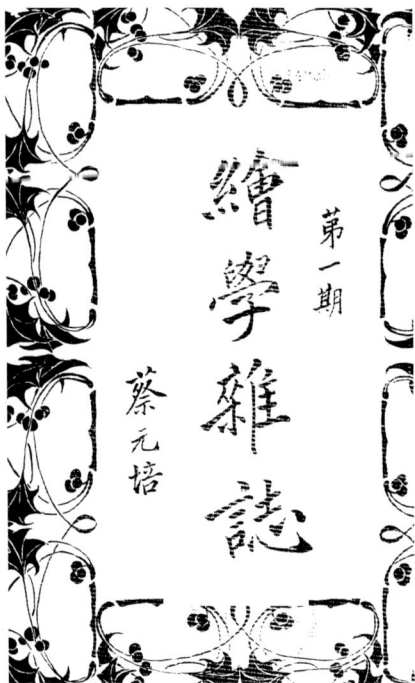

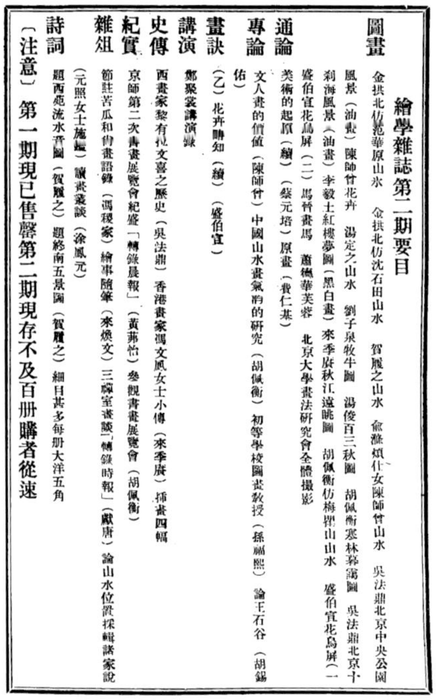

繪學雜誌第二期要目

圖畫　金拱北仿范華原山水　金拱北仿沈石田山水　賀履之山水　俞滌煩仕女陳師曾山水　吳法鼎北京中央公園風景（油畫）陳師曾花卉　湯定之山水　劉子泉牧牛圖　湯俊百三秋圖　胡佩衡寒林暮靄圖　吳法鼎北京十剎海風景（油畫）李毅士紅樓夢圖（黑白畫）來季賡秋江遠眺圖　胡佩衡仿梅瞿山山水　盛伯宣花鳥屏（一盛伯宣花鳥屏（二）馬晉畫馬　蕭愻華芙蓉　北京大學畫法研究會全體撮影

通論　美術的起原（續）（蔡元培）原畫（費仁基）

專論　文人畫的價值（陳師曾）中國山水畫氣韵的研究（胡佩衡）初等學校圖畫教授（孫福熙）論王石谷（胡錫佑）

畫訣　（乙）花卉畊知（續）（盛伯宣）

講演　鄭聚裳講演錄

史傳　西畫家黎有拉文喜之歷史（吳法鼎）香港畫家馮文鳳女士小傳（來季賡）插畫四幅

紀實　京師第二次書畫展覽會紀盛「轉錄晨報」（黃茀怡）參觀書畫展覽會（胡佩衡）

雜俎　節註苦瓜和尚畫語錄（馮稷家）繪事隨筆（來煥文）三磚室畫談「轉錄時報」（獻唐）論山水位置採輯諸家說（元照女士施𧟌）讀畫叢談（涂鳳元）

詩詞　題西苑流水音圖（賀履之）題終南五景圖（賀履之）細目甚多每册大洋五角

〔注意〕第一期現已售罄第二期現存不及百册購者從速

图6 《绘学杂志》第二期要目

相比于《中华美术报》和《绘学杂志》这两种专业性的美术期刊，《美术》杂志的特色之处体现在以下几个方面：（一）《美术》杂志对美术技法的传播；（二）观点独到的美术评论；（三）《美术》杂志对美术界消息与动态的关注。我试图在本节通过以上三个方面的分析，阐释出《美术》杂志的专业性特色，揭示《美术》杂志

的专业化对推动中国现代美术发展的贡献。

一、《美术》杂志对美术专业技法理论平台的构建

《美术》杂志作为一种专业性的期刊，杂志的专业性非常鲜明，中国美术教育在民国初期处于刚起步之时，《美术》杂志刊登的技法类的理论以及具体的操作方法解决了当时美术教育资源匮乏的现状。对于上海美专的教学而言，它弥补了教材与讲义方面的缺乏，辅助了美专的教学。

这些体现《美术》杂志专业性的文章既有色彩学、透视学等理论类文章，又有具体操作技法的文章。色彩学以及透视学等理论文章如《色彩略说》和第二期的《色彩学述要》（图7）。技法类文章如《石膏模型写生与人体写生的着力点》《风景画写生的便利方法》，等等。《美术》杂志刊登了《西画钩玄》《石膏模型画法》《粘土石膏细工》《风景画写生的便利方法》《石膏模型写生与人体写生的着力点》等。这些技法类文章以讲授“写生”为主，写生是上海美专推行西画教学的重要部分，不论是石膏模型写生、人体写生或是旅行写生都是上海美专的教学特色。1913年美专首先在教学中推行写生，扭转了油画入境后，追寻早期以临摹为主的“临画教法”，推动了中国西洋画教学向规范化、科学性的转折。李超在《上海油画史》中称：“这种初期的西画教学格局，一直持续到上海图画院创办的初期。当时‘无则可依，全在摸索中’。先画铅笔素描，请木匠做几个立体几何模型予以临摹，后自日本购得石膏模型供实习，接着画木炭画、钢笔画、水彩画，其中纸、笔、色皆依赖外来。‘学校偏重实技，对学理并无讲述’，又自洋行书店中购得欧洲名画印刷品加以油画临摹。自以陈抱一为代表的留日画家，任教于上海图画美术院之后，‘写生’作为西洋画教学的新概念，成为西画教育的方法的重要突破点。”[9]上海美专于1917年后提倡写生，1918年4月，上海美专师生赴杭写生并举办“旅行写生成绩展览会”，此后，上海美专一直坚持着学生一年两次写生的制度。上海美专的模特儿写生在民国时期产生了重大影响，也引发了极大的争论，上海美专自从1915年3月雇用幼童作模特儿，自后来采用女裸体以及举办的成绩展览会上展出人体素描，引发了社会上的广泛争论，且伴有尖锐的批判。在这种境况下，以刘海粟为首的上海美专继续实行人体写生教学，在他们的努力下，上海美专的人体写生得以保存并逐渐被社会认可。上海美专实施的写生是他们在学习西方教学经验的基础上针对自身探索出来的艺术之路。《美术》杂志对上海美专的“写生”类文章是在上海美专实践基础上总结而来的，因此文章中论述的方法具有可操作性。

这些专业的写生技法类文章辅助了上海美专的西洋画教学，同时增加了社会大众对写生的认识，推动了写生在具体绘画中的运用。这些文章既有风景写生的方法，如《伊斯托画风景的方法》《风景画写生的便利方法》；又有探讨石膏模型写生的具体方法，如《石膏模型画法》《写生画之实测与比例》等文章。刘海粟在《石膏模型画法》中指出：“石膏模型写生画法，盖此乃研究西洋画者所必经之阶段。”[10]并对石膏模型的选择、绘画工具的材料和画法梗概做了精辟的阐述。同时有大量探讨裸体人物写生的文章，如《说人体写生》《模特儿》等文章。此外，洪野的《我之旅行写生观》以自己治西洋画十年的经验，对旅行写生目的地的选择、气候的注意、掌握熟练速写生、写生取景的地点注意事项等问题，逐一进行简单扼

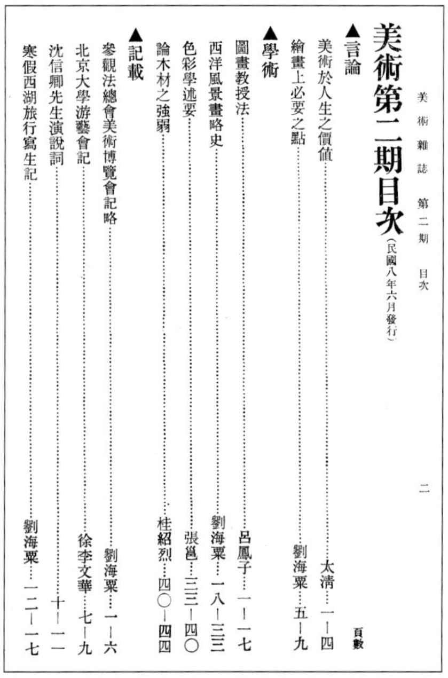
美術雜誌 第二期 目次 二

美術第二期目次（民國八年六月發行）

頁數

▲言論
美術於人生之價值……太清……一—四
繪畫上必要之點……劉海粟……五—九
▲學術
圖畫教授法……呂鳳子……一一—一七
西洋風景畫略史……劉海粟……一八—三三
色彩學述要……張邕……三三—四〇
論木材之強弱……桂紹烈……四〇—四四
▲記載
參觀法總會美術博覽會記略……劉海粟……一—六
北京大學游藝會記……徐李文華……七—九
沈信卿先生演說詞……十—一一
寒假西湖旅行寫生記……劉海粟……一二—一七

图7 《美术》杂志第二期目次

要的介绍。写生对于学习绘画者尤其是学习西方绘画者极为重要，只有《美术》杂志对写生技法做了详细专业的论述，这足以证明《美术》杂志在推动美术发展方面做出的努力。

综合看来，这些专业性画学、技法类文章，搭建了一个专业性美术平台，弥补了民国早期美术技法类教材的不足，或是教材质量低下的缺陷，满足了大众学习绘画的欲望，推动了美术专业人才的产生。

二、美术评论的专业性

《美术》杂志中包括了“美术评论”、美术界消息以及美术界动向等方面的文章。《美术》杂志对这几方面内容的刊登，显示了《美术》杂志对美术界美术展览、美术言论、美术会议等重要信息的关注。《美术》杂志通过美术《杂评》一栏刊载了评论美术家、展出的美术作品以及美术言论的文章，这些文章对美术的交流、发展都起了推动作用，这体现了《美术》杂志的专业性。《美术》杂志对美术界信息的关注并且及时传播给大众，一方面在更广大的范围内使社会大众掌握美术信息，了解美术界事件，扩大美术在社会上的影响力，这应是一种专业性的美术杂志所应该发挥的作用；另一方面，《美术》杂志刊登的美术界消息中的一些报道，现在已经成为珍贵的美术史料，从这一角度看，它也是一种专业性的美术期刊。

《杂评》是《美术》杂志的栏目之一，评论内容涉及面广：有对画家的评论，如二卷一号《评画家李超士》；有对绘画作品及展览会的评论，如二卷二号的《评安田稔展览会》、二卷三号《江苏全省小学图画成绩展览会我见》、三卷二号《对中日联合绘画展览会的管见》《看了刘海粟绘画展览会后》《对刘海粟先生的图画展览会之批评》等（图8）；有对他人文章的评论，如二卷一号《读星期日的“什么叫做美术”》、二卷二号《读陈独秀的“新文化运动是什么？”》《评白华君所咏的“艺术家的定义和内容”》《我对于丰子恺君“图画教授谈”的一个疑问》、二卷四号《评近世温克尔曼“非道德与艺术”后面译者的附志》等文章。通过对画家、美术作品、美术言论的批评，推动了美术的发展；这些评论类文章经由《美术》杂志的传播，扩大了“美术批评”的影响力，加深了画家、作品和社会大众之间的关系。

《美术》杂志上刊登的“杂评”类文章，大部分文章内容以客观性、学术性的视角对美术界卓有成就的美术家、新近的美术展览作品以及最新的美术言论做出评价。文章作者敢于发表自己的观点，从正反两个方面看待问题并提出有建设性的意见。唐隽的《读陈独秀“新文化运动是什么？”》以及《评白华君所讲的“艺术的定义和内容”》两篇文章（图9），指出自己认为陈独秀和白华君论述中的不恰当之处，并发表自己的看法。如他在《读陈独秀“新文化

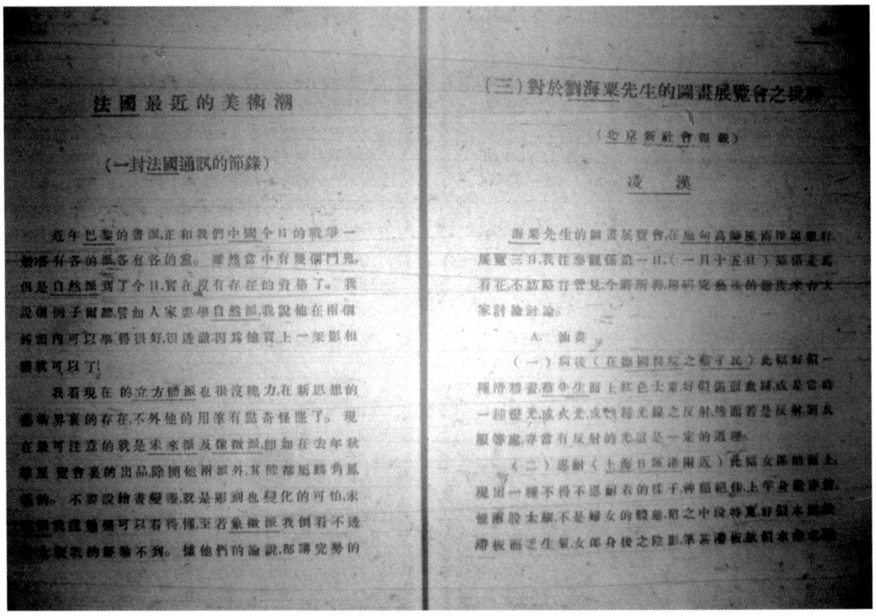
法國最近的美術潮
（一封法國通訊的節錄）

（三）對於劉海粟先生的圖畫展覽會之批評
（北京新社會報載）
凌漢

图8　《美术》三卷二号第113页刊登凌汉《对刘海粟先生的图画展览会之批评》

运动是什么？”》一文中探讨了两个问题：（一）美术与音乐的关系；（二）应反对郑曼陀的仕女画以及大舞台、天蟾舞台的皮簧戏。因为郑曼陀的仕女画引起人生欲肉上的坏感和阻碍真美术的发展。文中指出现在的舞台是社会中最不良的分子，社会里面许多的罪恶都是由它造成的。他针对陈独秀提出的“如若我国连郑曼陀的仕女画以及皮簧戏曲都没有，便会可悲”，指出我们中国现在最缺乏的是美术，要提倡美术，就要从真实的方面做起。他针对《时事新报》中白华君所说的“人类的一种创造的技能，创造出一种具体客观的感觉中的对象，这个对象能引起我们精神界的快乐，并且有悠久的价值”以及“这是就客观方面而言，就主观方面——艺术的方面——说，艺术就是艺术家的理想感情的具体化、客观化所谓自己的表现……”并指出：“艺术是人类的理想的感情的主观化，借自然客观化的融铸；而自然的客观化，又要借主观化的正确的批判；由此批判的里头，创造出超观和主观化的一种具体的超然化的对象，这种创造的技能，就叫做艺术。”[11]本文针对白华君的极端的主观主义提出艺术是要经过自然，超越于自然。

在对展览会的杂评类文章中，以《美术》杂志刊登转载北京晨报和北京新社会报的两篇文章评价刘海粟的绘画展览会的文章最具代表性。前份报纸刊载了史琬的《看了刘海粟绘画展览会之后》，后份报纸刊载了凌汉的《对于刘海粟先生绘画作品之批评》。这两篇文章分析了刘海粟的绘画作品，表达了自身对刘海粟作品的不同观点。史琬针对刘海粟的绘画作品，以一种专业性的视角分析他的画面表现，如在分析第八号作品《罪恶之窟》时指出：“他是用粗大的笔触，极冷静的色调，写繁华世界，混浊世界——上海新世界——的情景。门前画着无数的男女不息的来往，照着灿烂夺目的电灯、光，一望上去，就使人感到无限的烦厌。从色觉上也能使人受到一种剧烈的刺激，所以作者思想怎样的深浅，表现出艺术怎样的充实和浮躁，这种充实的作品实能将作者思想一齐煎熬出来，真使人佩服。再拿他那灯光的表现法，细细地分解起来，窗外之光、窗内之光，电光灯与汽油灯光，明暗各殊，变化丰富，初看上去，只觉得那画面上杂乱的手法和重厚的颜色有莫名其妙之感。”[12]史琬分析了这幅画的用笔、用色、色调的表现以及画面传达出的艺术感染力。对刘海粟展出的绘画作品分析之后，总的评价了刘海粟的艺术，并对他给予肯定。文章又写了作者对艺术的一些认识，指出看画者应该怎样看画，如何评价绘画。凌汉着重指出了刘海粟作品中的不足之处，如分析《罪恶之窟》，文中指出：“无论如何细看，近看、远看的都表不出立体来，楼上电灯近旁，毫无反光，想亦不对，楼上几层，横线甚直，想亦不合透视法。”分析《深秋之夕阳》时指出：“秋日，虽说是秋高气爽，我想夕阳西下的光景，终有点晨气朦胧的，绝不能是清晰，此种清晰大有清晨旭日将出的景象。”[13]从作者对这两幅画的评论中可以看出本文主要以论述刘海粟绘画作品中的缺陷为主，指出刘海粟画中对透视法不甚讲求，使得位置不够妥当的短处。《美术》杂志将两篇观点不同的文章同时刊登出来，显示了该杂志的客观公正性，对于文章内容的选择是以增强美术交流、推动美术发展为旨向。

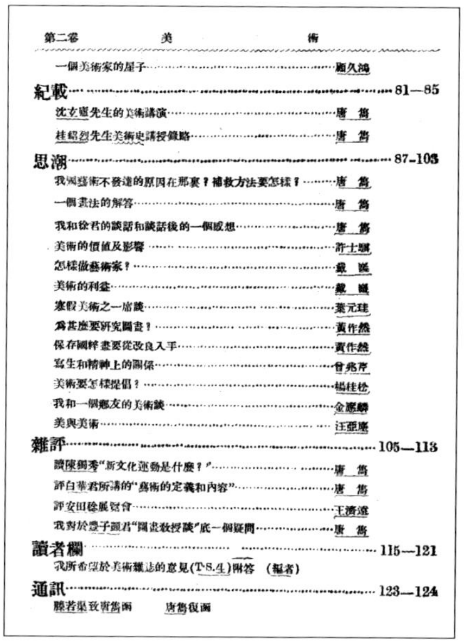
第二卷　美　術

一個美術家的屋子……顧久鴻

紀載……81—85

沈玄廬先生的美術講演……唐　雋

桂紹烈先生美術史講授錄略……唐　雋

思潮……87-103

我國藝術不發達的原因在那裏？補救方法要怎樣？……唐　雋

一個畫法的解答……唐　雋

我和徐君的談話和談話後的一個感想……唐　雋

美術的價值及影響……許士騏

怎樣做藝術家？……戴　嶽

美術的利益……戴　嶽

寒假美術之一席談……葉元珪

為甚麼要研究圖畫？……黃作燊

保存國粹畫要從改良入手……黃作燊

寫生和精神上的關係……曾兆芹

美術要怎樣提倡？……楊桂松

我和一個鄉友的美術談……金應麟

美與美術……汪亞塵

雜評……105—113

讀陳獨秀“新文化運動是什麼？”……唐　雋

評白華君所講的“藝術的定義和內容”……唐　雋

評安田稔展覽會……王濟遠

我對於豐子顗君“圖畫教授談”底一個疑問……唐　雋

讀者欄……115—121

我所希望於美術雜誌的意見(T·S.4)附答　(編者)

通訊……123—124

滕若渠致唐雋函　唐雋復函

图9　《美术》杂志第二卷第二号目次

《美术》杂志刊载的有关画家的评论文章主要是对画家李超士的评论，评论者有刘海粟、汪亚尘、王济远、江小鹣、丁悚。他们首先对李超士的人格给予肯定，刘海粟称“李超士是凭借良心作画的，他的艺术学识、主义都值得钦佩”。其次，肯定了李超士的绘画艺术，王济远称：“李超士的作品能够表现真诚和静穆，写出他的自然和柔美，能符合绘画的真理，发挥艺术的主旨。”

由此看来，《美术》杂志刊登的这些美术"杂评"类文章之所以体现出《美术》杂志的专业性：一方面，它刊载的评论类文章的评论观点明确，具有时效性、针对性，对作品的鉴赏不仅介绍了作品的内容，还对作品做出说明判断；另一方面，《美术》依赖其传播媒介的特性使这些评论类文章发挥作用。首先，通过这些文章对美术作品的分析和阐释、批判确立其审美价值，文章中对美术作品的科学分析和评判，在美术家的创作与大众接受之间的沟通起到了中介作用。将这些信息反馈给美术家，能够对美术家的创作给予帮助，美术家需要在广大观画者、批评家的帮助下深刻认识自己，去攀登艺术的高峰。这些文章对美术接受者的鉴赏活动给予影响和指导。能够引导人们更好地鉴赏美术作品，提高鉴赏力和鉴赏水平。因此，《美术》杂志刊载的这些评价作品类的文章，于艺术家、于观者都有着重要的意义，既能够指导美术家的创作，扩大美术家优秀作品的社会影响力，又能够提高绘画作品接受者的审美趣味和欣赏能力，从而推动整个社会美术的发展。其次，这些文章中关于美术观点的探讨经由《美术》杂志的传播，强化了学术之间的交流性，增加了学术讨论的广泛性，通过这些探讨深化美术理论，指导美术创作。再次，《美术》杂志对美术家的评价，既扩大了美术家的社会影响力，又能够通过剖析艺术家的优点为学画者树立学习的榜样。因此，从这一方面来说，《美术》杂志刊载的美术"评论"

对推动中国美术的发展所发挥的作用可以证明它是一种"专业性"的美术期刊。

三、《美术》杂志对美术界消息传播的及时性与有效性

期刊本身具有信息传播的作用，《美术》杂志对美术界动向的关注以及对美术信息的传播，充分发挥了期刊的媒介作用，不论信息内容还是对受众的影响都展示了期刊的专业性。《美术》杂志刊载的美术界消息在内容上具有集中性、全面性、时效性和有效性。信息的集中性体现在《美术》杂志传播的信息只关于美术界，或是美术教育、美术家、美术展览、美术会议等，这些信息展示了美术界的动向。美术信息的全面性指《美术》杂志针对美术界的信息报道内容的全面，它开辟有美术信息的专栏，不仅介绍了国内美术界信息，对国外美术信息的传播成绩也尤为显著。《美术》杂志刊载美术信息的全面性可以通过下述例子表现出来，《20世纪早期中国的美术展览会摭言》列所撰清末民初（1918年）美术展览会年表：1918年（民国七年）4月30日，大野隆德油画个展在上海虹口日本俱乐部举行（《美术》第一期）；7月6日，上海图画美术学校开始举行第一届成绩展，19日闭幕（《美术》第一期）；12月5日，英国马喀丽夫人在上海环龙路法国总会举办美术博览会，展出野外写生、人体写生、肖像等1 000余件（图10）[14]。由此可

见，1918年举办的重要的美术展览会均被《美术》杂志记载下来，足以见出《美术》杂志对美术信息传播的全面性。美术信息的时效性指《美术》杂志刊登的美术界信息均为新近发生的事。如《美术》杂志1919年6月出版发行（图11），在本期的《美术界消息》栏目中，刊有北京大学画法研究会近闻（包括徐悲鸿赴法留学）；记录了苏城美术赛会，从1月起至20日止，神州女学校成绩展览会举办于民国八年，波兰日本画品展览会举办时间为5月16、17、18三日（图12），由此可见，《美术》杂志均能够及时地将美术界的动向展示给读者。美术信息的有效性主要指《美术》杂志能够从众多的美术事件中选取出具有代表性的美术实

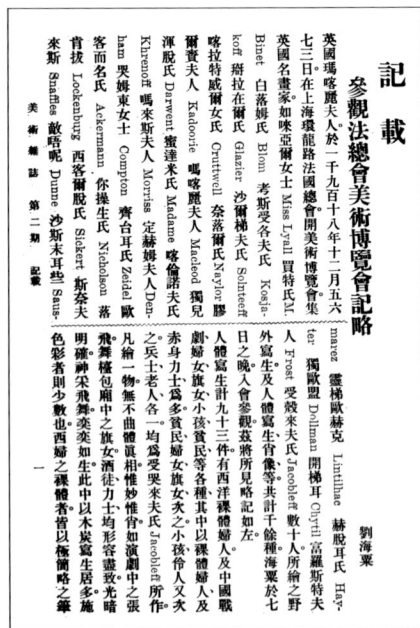

图10　英国马喀丽夫人在上海环龙路法国总会举办美术博览会

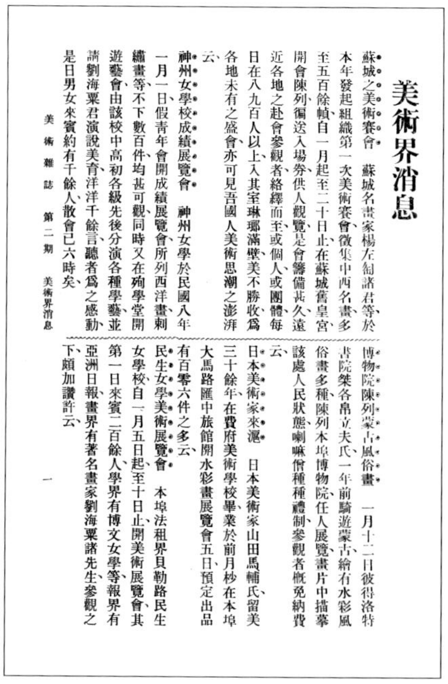

美術界消息

蘇城之美術賽會　蘇城名畫家楊左匋諸君等、於本年發起組織第一次美術賽會、徵集中西名畫多至五百餘幀、自一月起至二十日止、在蘇城舊皇宮開會陳列、徧送入場劵供人觀覽、是會籌備甚久、遠近各地之赴會參觀者、絡繹而至、或個人、或團體、每日在八九百人以上、入其室琳瑯滿壁、美不勝收、爲各地未有之盛會、亦可見吾國人美術思潮之澎湃云、

神州女學校成績展覽會　神州女學於民國八年一月一日假青年會開成績展覽會、所列西洋畫、刺繡畫等、不下數百件、均甚可觀、同時又在殉學堂開遊藝會、由該校中高初各級先後分演各種學藝、並請劉海粟君演說美育、洋洋千餘言、聽者爲之感動、是日男女來賓約有千餘人、散會已六時矣、

博物院陳列蒙古風俗畫　一月十二日彼得洛特書院槃各帛立夫氏、一年前騎遊蒙古、繪有水彩風俗畫多種、陳列本埠博物院、任人展覽、畫片中描摹該處人民狀態、喇嘛僧種種禮制、參觀者概免納費云、

日本美術家來滬　日本美術家山田馬輔氏、留美三十餘年、在費府美術學校畢業、於前月杪在本埠大馬路匯中旅館開水彩畫展覽會五日、預定出品有百零六件之多云、

民生女學美術展覽會　本埠法租界貝勒路民生女學校自一月五日起、至十日止、開美術展覽會、其第一日來賓二百餘人、學界有博文女學等、報界有亞洲日報、畫界有著名畫家劉海粟諸先生、參觀之下、頗加讚許云、

美術雜誌　第二期　美術界消息　一

图11　《美术》杂志第二期《美术界消息》栏目1

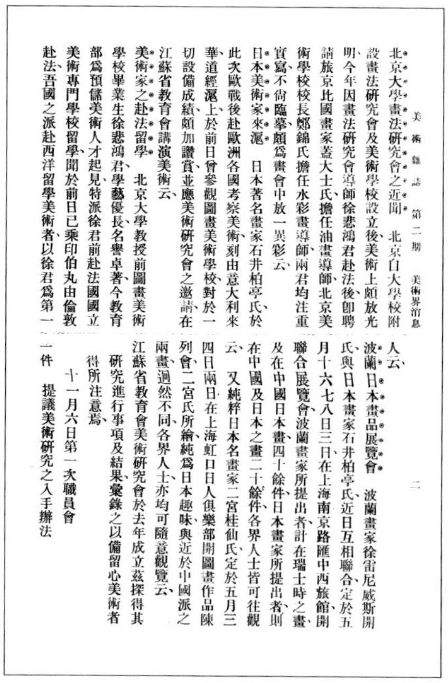

美術雜誌　第二期　美術界消息　二

北京大學畫法研究會之近聞　北京大學校附設畫法研究會及美術學校設立後、美術上頗放光明、今年因畫法研究會導師徐悲鴻君赴法後、即聘請旅京比國畫家蓋大士氏擔任油畫導師、北京美術學校校長鄭錦氏擔任水彩畫導師、兩君均注重實寫、不尚臨摹、頗爲畫會中放一異彩云

日本美術家來滬　日本著名畫家石井柏亭氏、於此次歐戰後赴歐洲各國考察美術、刻由意大利來華、道經滬上、於前日曾參觀圖畫美術學校、對於一切設備成績、頗加讚賞、並應美術研究會之邀請、在江蘇省教育會講演美術云、

美術家之赴法留學　北京大學教授前圖畫美術學校畢業生徐悲鴻君、學藝優長、名譽卓著、今教育部爲預儲美術人才起見、特派徐君前赴法國國立美術專門學校留學、聞於前日已乘印伯丸由倫敦赴法、吾國之派赴西洋留學美術者、以徐君爲第一人云、

波蘭日本畫品展覽會　波蘭畫家徐雷尼威斯開氏、與日本畫家石井柏亭氏、近日互相聯合、定於五月十六七八日三日、在上海南京路匯中西旅館、開聯合展覽會、波蘭畫家所提出者、計在瑞士時之畫及在中國日本畫四十餘件、日本畫家所提出者、則在中國及日本之畫二十餘件、各界人士皆可往觀云、　又純粹日本名畫家二宮桂仙氏、定於五月三四日兩日、在上海虹口日人俱樂部開圖畫作品陳列會、二宮氏所繪純爲日本趣味、與近於中國派之兩畫迥然不同、各界人士、亦均可隨意觀覽云、

江蘇省教育會美術研究會於去年成立、茲探得其研究進行事項及結果、彙錄之以備留心美術者得所注意焉、

十一月六日第一次職員會

一件　提議美術研究之入手辦法

图12　《美术》杂志第二期《美术界消息》栏目2

践刊登出来，证明这些美术活动的重要性，这些信息对读者的影响更大，从而使信息更为有效。在这一信息选择的过程中，《美术》杂志的编辑们用他们的专业视角筛选信息，将有价值的重要信息刊登在《美术》杂志上，使读者在阅读《美术》杂志时能够快速了解美术界的动向。

美术信息通过《美术》杂志的传播证实了信息自身的作用，《美术》杂志刊登这些信息具有重大的意义。首先，《美术》杂志刊登这些信息符合大众阅读该杂志的需求，在那个信息不发达、交通不太方便的时代，大众想要及时掌握美术界动向不是一件容易的事情，《美术》杂志集中、全面地刊登有效的信息，及时传播给读者，这满足了读者的愿望。其次，《美术》杂志刊登的这些信息，通过展示中外美术界的状况，扩展了人们的眼界，加深了人们的认识，受众对这些信息的吸收也是《美术》杂志传播它们的目的所在。再次，《美术》杂志刊载的一些美术信息具有史料价值，为以后对民国时期美术的专业研究提供了珍贵的史料。由此看来，《美术》杂志的编辑们凭借自身的专业性知识，选取重要的美术信息刊登在《美术》杂志上，这些集中且全面展示中外美术界的重要信息获得有效及时地传播，满足了读者的需求，推动了美术的发展，达到了《美术》杂志刊登这些信息的目的，显示了《美术》杂志作为专业期刊在传播美术信息方面做出的努力。

结　语

《美术》杂志由上海美专师生联合编写，他们组成了一个团结合作的高素质的团队，团队人员共同为将《美术》办成一种高质量杂志而努力。《美术》作为一个发现人才、培养人才的平台，既充当了老师教授学生的第二课堂，又是学术交流的平台。编者、作者于一体，尤其是他们也是读者群，更加突显了《美术》杂志作为一种大学学报在培养人才方面的作用。《美术》杂志的办刊宗旨在与上海美专建校宗旨契合的基础上体现出了学院化倾向，刊登文章内容体现了上海美专在美术史学理论、美术教学论文等学术性文章，《美术》杂志已经作为一种研究机构推动学术的进步。“美术思潮”的论争展现了《美术》杂志在美术思想层面的独特思考，推动了美术创作的发展，提升了大众的审美水平，促使大众接受裸体艺术等西方绘画，为中国画的发展探寻出路。《美术》杂志传播了大量有关美术教育类信息，这些有价值的信息促进了美术教育的交流。《美术》杂志刊载的专业技法理论或是具体操作等文章、“美术杂评”、“美术信息”等内容均体现了美术杂志的专业性。技法理论以及技法实践的文章体现了《美术》杂志充当了一种专业性的美术教材的职能，造就更多的美术专门人才的同时满足了广大美术爱好者学习美术的愿望。美术信息的有效性，对社会大众深入认识美术起了重要作用。此外，《美术》杂志刊载的对外国美术的引进与介绍类的文章，加深了大众对西方美术尤其是西方现代美术的认识。综合看来，《美术》杂志凭借它内容上的专业性，指导了艺术家的创作，推动了美术的发展，普及了美术教育，发展了大众的审美趣味。《美术》杂志所发挥的这些作用也正是一种专业性美术期刊的办刊目的。

《美术》杂志是中国第一种学院化学报与专业性期刊，它的价值得到了人们的肯定。鲁迅在看了《美术》杂志第一期后，在高度评价该杂志的同时并寄以希望。他于1918年12月在《每周评论》上发表文章对该杂志的出版给予这样的赞扬："……《美术第一期》……内分插画、学术、记载、杂俎、思潮五门，并附增刊同学录。学术、杂俎、思潮，多说理法，关于绘画的约居五分之四。"在肯定内容丰富的同时，指出："这么大的中国，这么多的人民，又在这个时候创办《美术》杂志，确如雪中送炭。"同时鲁迅称："我希望从此能够引出许多创造的人才，结得极好的果实。"可见鲁迅对《美术》杂志给予的深切希望。它完成了同时期的人对它的期望。作为后来学者同样高度评价《美术》杂志，黄可认为："《美术》如此致力于为建设进步的新美术教育奠定理论基础，为发展进步的新美术事业制造舆论，是大大有益于中国进步的。"[15]费毓龄在《情感、个性和主

观表现说——刘海粟绘画美学思想探微》一文中对《美术》杂志在近现代美术史中发挥的作用非常重视，他指出："《美术》杂志的创刊，打开了中国人民眺望艺术世界的窗户。继此，北京出刊《绘学杂志》，上海出刊《美育》等杂志。顿时，绘画理论研究之风蔚然而起。"[16]

注释：
[1]黄可：《上海美术史札记》，上海人民美术出版社，2000年版，第27页。
[2]罗一平：《中外美术信息》，高等教育出版社，2002年版，第48页。
[3]乔志强：《中国近代绘画社团研究》，荣宝斋出版社，2009年版，第141页。
[4]许志浩：《中国美术期刊过眼录1911—1949》，上海书画出版社，1992年版，第32页。另外，关于专业化期刊，乔志强对专业性的美术期刊作过如下描述：专门化的美术期刊则以反映美术创作和研究的状况为宗旨，其对于美术学科本身发展的意义当然更加重要。综合起来可以概括为以下几个方面：第一，专门性美术期刊一般都有一个对美术及其发展的基本观点，并以此作为办刊宗旨，因此会有意地在某些方面加以侧重，从而以期刊的方式引导和促进美术的发展。第二，近代美术期刊有比较固定的作者群，对问题的探讨比较集中深入，易于形成较强的学术影响。此外，专门性美术期刊还非常注意从美术创作和研究多个方面编发稿件，一期刊物中往往包括了理论、创作、评论、消息和动态等诸方面的文章，对美术的创作、研究交流和教育均予重视。见乔志强：《美术期刊与中国近代美术史学的发展》，《美术研究》2008年第2期，第72-73页。
[5]文中指出，在《美术》第一期创刊时，《中华美术报》至少也应出至第13期了。故笔者以为把《美术》作为中国第一种美术专业性杂志是不符合历史事实的。虽然《美术》的办刊规模和影响要大于《中华美术报》，但《中华美术报》开启了中国早期美术类刊物的先河，起启示和引导作用。参见马琳：《周湘与上海早期美术教育》，天津人民美术出版社，2007年版，第86页。
[6]秃翁：《中华美术报序》，《中华美术报》第二号，1918年9月8日；引自马琳：《周湘与上海早期美术教育》，第77页。
[7]徐昌酩：《上海美术志》，上海书画出版社，2004年版，第198页。
[8]许志浩：《中国美术期刊过眼录（1911—1949）》，上海书画出版社，1992年版，第14页。
[9]李超：《上海油画史》，上海人民美术出版社，1995年11月版，第50页。
[10]刘海粟：《石膏模型画法》，载《美术》第一期。
[11]唐隽：《读陈独秀"新文化运动是什么？"》，载《美术》第二卷第二号。
[12]史瑕：《看了刘海粟绘画展览会后》，载《美术》第三卷二号。
[13]史瑕：《看了刘海粟绘画展览会后》，载《美术》第三卷二号。
[14]《美术》第二期"记载"栏目刘海粟《参观法总会美术博览会记略》第1页。有关转述见李伟铭：《20世纪早期中国的美术展览会摭言》，《美术家通讯》1997年第8期；余丁、赵力编：《中国油画文献（1542—2000）》，湖南美术出版社，2002年版，第353页。
[15]黄可：《中国第一本美术专业杂志——《美术》》，中国美术家协会上海分会会刊《上海美术通讯》第18期；引自余丁、赵力编：《中国油画文献（1542—2000）》，湖南美术出版社，2002年版，第405页。
[16]费毓龄：《情感、个性和主观表现说——刘海粟绘画美学思想探微》，摘自刘海粟艺术馆编：《刘海粟研究》，上海画报出版社，2000年版，第123页。

（胡光华审稿）

上海洋画运动前夜研究

王 韧

（上海大学美术学院，上海，200444）

【摘 要】上海洋画运动堪称20世纪中国美术史上的新文化运动，是中国美术从古典形态转向现代形态过程的重要写照和近代美术史上的一场重大变革。本文以1913年前的上海洋画运动前夜为主要研究内容[1]，回顾运动前夜的社会文化背景，透析运动前夜的时代特征。围绕周湘、徐咏青、张聿光、丁悚、乌始光、沈泊尘等拓荒先锋在洋画运动中的功绩，揭示他们为运动过渡至初期所作的铺垫。

【关键词】上海洋画运动 洋画教育 美术学校 西画社团 洋画展览 洋画家

作者简介：

王韧，女，上海人，美术学博士（上海大学和美国加州大学联合培养博士）。主要研究方向：美术史。

"大概谁都知道'美专'之诞生是在相当早的时期……那个时期可以作为洋画气运渐将萌发的初幕，则是否还可以想到在其略前还有一个序曲的阶段——'洋画运动前夜'的情调呢？"[2]在那个前夜时期，从事洋画的作家，诚如陈抱一所言："至少，我们可以知道有张聿光、徐咏青、周湘等几位。"[3]（图1）因此，这些早期洋画家的艺术活动构成了上海洋画运动前夜的主旋律。

一、上海洋画运动前夜的社会文化生态

1.上海洋画运动之时代土壤

任何一种文化的发展变化都会体现出一定历史阶段性的特点，不同的历史阶段具有不同的历史特性。中国是在民族危机深重、内忧外患的历史背景下从西方移植了近代文化。这种背景下的"西学东渐"，不同于以往中西方的文化交流，它是通过武力方式强行实施的，因而具前所未有的强迫性和攻击性。对此，一种"山河已割国抢攘"、"天涯何处是神州"的悲愤情绪在国人中间迅速弥漫开来。一批先知先觉者开始审视中国政治、经济、文教的弊端，从洋务派的实业救国到梁启超和康有为的维新思想，从"师夷长技以制夷"到"变法图存"，从"中体西用"到"除旧布新"，教育的变革无不贯彻于其中。废八股、办新式学堂、开展留学教育等一系列改革举措催生了中国的近代

图1 陈抱一《上海洋画运动过程略记》图片《上海艺术月刊》第五期，上海艺术大学会发行，1941年3月1日出版

新式教育，加速了近代美术教育的兴起，使西方绘画得以在中国移植，为上海洋画运动的出现酝生了最富动荡变进性的时代土壤。

随着1840年鸦片战争爆发，拉开了西方列强角逐瓜分中国的序幕。一系列不平等条约的签订，让中国沦为帝国主义的战场、游戏的舞台；割地赔款、国破人亡，日益加重的民族和经济危机使中国逐渐步入半殖民地半封建的深渊。这期间清政府内的洋务派奕䜣、曾国藩、左宗棠、李鸿章等人，已经意识到军事与科学技术是资本主义列强取胜的主要原因。因此，他们在"师夷长技以制夷"的方策上，主张学习西方军事和

科学技术，兴办洋务学堂，强调"中体西学"，派遣学生留洋，以自强、求富为目标推行了一场自上而下、实业救国的"洋务运动"。洋务教育是洋务运动中的重要内容，以京师同文馆、福州船政学堂等为代表的一批洋务学堂的建立，使得教育指导思想、内容、体制、目标、观念等方面都有了历史性的突破，极大地促进了中国传统教育向近代新式教育的转型，可以说中国近代的新式教育即滥觞于洋务教育之中。由于上海的特殊地位，1863年，清政府"仿照同文馆之例"（京师同文馆）创办了上海同文馆，开国人兴办上海近代新式学校之先河。继上海同文馆之后，上海兴办的学堂还有上海江南制造局操炮学堂（1874年）、上海电报学堂（1882年）等。

同时，还有一些开明的知识分子成为洋务运动的积极参与者。他们赴海外考察西方社会的政治制度、文化教育及艺术等领域，以一种客观的态度来看待西方文明，是"洋务运动"中具有前瞻性思想的代表，为中国社会维新思潮开启了前奏。在他们撰写的书稿和日记中，可以发现许多关于洋画的记录。如黎庶昌（1837—1896），他曾出使欧洲并任英、法、德、西班牙四国参赞，在其撰写的《西洋杂志》中有对油画作专门的描述：

数百年来，西洋争尚油画，而刻板照印之法渐衰。其作画，以各种颜色调橄榄油，涂于薄板上，板宽尺许，有一椭圆长孔，以左手大指贯而钳之。张布于坐前，用毛笔蘸调，画于布上。逼视

之粗略无比，至离寻丈以外，山水、人物，层次分明，莫不毕肖，真有古人所谓绘影绘声之妙。[4]

然而在偏重学习西方先进科学技术的"洋务运动"中，这些先觉之士的思想并未形成气候。中日甲午战争后，严重的民族危机极大地刺激了中国人的民族自觉意识，"抱有中国伸眉吐气之志愿"[5]的一代精英们集结成队并形成规模，渐而出现了维新思潮。这场思潮的主要代表是深受西学影响的康有为、梁启超等人。梁、康二人皆力倡废除八股取士、兴办兼习中西学堂。在他们的力促之下，光绪帝颁布了一系列教育改革法令，后颁布《定国是诏》（1989年），废除八股，宣告了沿袭千年的传统教育体制的解体。此间，维新运动中另一位杰出人物——谭嗣同（1865—1898）极力主张"广兴学校，无一乡一村不有学校"[6]，还曾呼吁开设女学校。至20世纪初，中国出现了一股兴办近代学堂的热潮，在这股热潮中，建立师范学堂尤为受到重视。从1897年公立南洋公学设立的师范院到1903年张謇创立的专门师范教育机关——南通师范，师范教育体系至此基本建立。而师范图画手工科的开设，契合了美术教育发展对于专业师资的需求。如1902年和1904年相继颁布的《钦定学堂章程》（"壬寅学制"）和《奏定学堂章程》（"癸卯学制"），将图画、手工课程作为从小学堂直到高等学堂、优级师范学堂和京师大学堂的课程，章程的实施即反映了对专业美术教师的大量需求。

值得注意的是，1906年南京"两江优级师范学堂"（1902年创立时名"三江师范学堂"）设置图画手工科课程，开创了近代美术教育的风气，日本学者鹤田武良认为这是1906年发生的两件重要事情中的一件。他在《中国油画的滥觞》一文中阐述道：

1906年，发生了两件重要的事情。一件是南京的两江优级师范学堂和保定的北洋师范学堂设置培养图画手工科教员的课程。图画课程设置以东京高等师范学校为范本，但在中国，以图画、手工为主，音乐为辅。图画科分为国画和西画，西画教员是从日本招聘来的盐见竞（明治35年东京美术学校西洋画科毕业）、亘理宽之助。国画科教山水和花卉，西画科教铅笔画、水彩画、油画，也教用器画（平面图、立体图、远近法）、图案画。授课需要的工具、石膏模型从日本运来，教科书也采用日本文部省的。[7]

从鹤田武良的论述中，我们可以发现，图画手工科教员主要以日本人为主。据查，学堂曾先后延聘亘理宽之助、盐见竞、杉田稔、一户清方、山田荣吉担任图画手工科教员，这也可从姜丹书的《两江优级师范学堂与学部复试毕业生案回忆录》中得到证实。

聘请日本教员的办学模式，其实质是洋务运动以来倡导的"中体西用"的体现。明治维新使日本一跃成为军事、经济强国，这一过程中日本大量引进了西方科学文化，其美术教育体制即西学的产物，由于近邻的地理便利条件和民

族互律性因素，张之洞、李瑞清等"两江优级师范学堂"办学者希望借鉴日本美术教育的模式达到间接学习西方美术的目的，而这些受过专业美术熏陶的日本教员就成为传播的主体。但对于日人教习的依赖性显露出当时美术教育的局限性和片面性，这些问题在中国第一代留日美术学生归国后渐明朗。随着这些留学生归国，及本土培养的首批专业美术教师学业的完成，日人教习逐渐被替代，加上当时时局的不稳，大多数日人教习者于1912年前后离开回到了日本。

"两江优级师范学堂"图画手工科设立前，洋务学堂中虽然也有开设绘图课程，如福建船政学堂（1867年）开设"绘事院"、上海格致书院（1874年）开设"运规图画法"课、天津电报学堂（1880年）设有"制图"课程等，但从教学目的到教学内容上看，这些学堂都是一种识图、绘图的技术训练，不是严格意义上的美术教育。因此，"两江优级师范学堂"这一创举，在理念和方式上，标志着近代中国学校艺术教育已从一般意义上的非专业教授（即技艺练习）向全面系统的专业艺术教育的转型。

上海洋画运动的发展过程是与专业美术教育的改革息息相关的。自"两江优级师范学堂"首度建立图画手工科后，一批学校如保定优级师范学堂、上海城东女学、湖南民立第一女学、江苏师范学堂、广东优级师范学校、浙江两级师范学堂等也纷纷仿效，开设图画手工科，"图画"教育渐见普及。1913年前后，第一批专业美术留学生相继回

国。他们受过西方艺术专业训练，掌握扎实的技术，成为中国新兴美术教育的支柱，是洋画运动的肇始的主要推动力量，为运动做了大量前期铺垫。可以说，1913年前的上海洋画运动前夜是洋画教育运动力量的储备期。

2. 上海洋画运动之地域文化基础

上海因地处中国南北海岸线的中点，是南北海上运输必经之地，又处在"黄金水道"长江的最东端，是中国内河运输的起点，因此，素有"江海之通津，东南之都会"之称。1843年11月17日，随着上海开埠通商，一个为世界瞩目的国际大都市宣告诞生。作为中国近代第一批对外开放的通商口岸，上海资本主义工商业迅速发展，渐而超过广州成为全国的经济中心。且上海拥有全国最大的外国租界，华洋杂处的环境使得上海人有更多的机会了解西方文化，对开放的社会风气的形成有直接的影响。反映在美术教育上，是集各层次的学校、各种办学机构和办学模式于一体的特色教育，培养出了中国近代一批精英人才。优越的地理位置、独特的地域文化、海纳百川的胸襟建构了上海洋画运动前夜的地域文化基础。

上海的文化地位是由其经济地位决定的。开通口岸后的上海，以超常的速度加快了其城市化的进程，不仅表现在城市人口的激增，更表现在资本主义工商业的迅猛增长，渐而向各地辐射。同期开放的其他4个口岸，也在很大程度上受其影响。因此，上海由海边小商镇一跃成为中国乃至远东地区最大都会。

同时，上海能够成为经济中心，根本原因在于其开放的社会风气。这种开放的胸怀对于吸纳西方先进科学文化、吸引国外精英来上海创业具有重要作用。它间接促进了上海城市的繁荣，也无疑给洋画人才提供了一个实现他们梦想的舞台，为上海洋画运动创造了先机。

随着经济的发展、城市近代化的日趋完善，加之租界文化的影响，上海的文化发生了很大的转变，明显带有欧美化、商业化、市俗化等趋向。上海新式的文化教育事业就是在此商业基础上建立起来的。

由于地理和经济上的优越条件，且处于中西文化冲突的前沿，上海总是得西学东渐之先。因此，在创办新式教育方面，上海走在了全国的前列，为洋画发展创造了得天独厚的文化背景。如第一个外国人在中国创立的使用铅印设备的翻译出版机构——墨海书馆（1843年）、中国最早的儿童画报——《小孩月报》（1875年）、中国近代第一所研习西学课程的新型学校——上海格致书院（1876年）、中国自办的第一所女子学堂——经正女学（1898年）、中国最早的全国留学生组织——环球中国学生会（1905年）等。此外，1872年，中国首批学生也是由上海赴美留学[8]。这些先例奠定了上海作为中国近代文化教育事业领头羊的地位，并引导全国步入教育近代化。

值得注意的是，传教士在近代上海文化教育发展中扮演的西学传播者的角色，及对上海早期的洋画教育起到的

启蒙和催化作用。明清之际，中西文化的交往活动主要是通过传教士进行的。1846年道光皇帝发布了对天主教的弛禁令，传教士再次获得了传教的机会，他们通过出版报刊书籍、办学校[9]、建医院等活动进行传教，渐而传播西方科学文化知识，实质上他们扮演了西学东渐进程中传播者的角色。上海作为首批对外开放的通商口岸之一，自然成了传教士活动的区域，是中西文化交流的一个重要窗口。

徐家汇"土山湾画馆"，作为传教士在上海建立的最早以学徒方式培养中国西洋画人才的场所，可谓近代传教士艺术活动的一个生动缩影。"虽然，据可靠的文字记载，至迟在唐代初期，西洋画已经被欧洲基督教传教士带入中国，而在清代宫廷中的欧洲画家如郎世宁等，也曾向少数中国画家介绍过西洋画法；但是，如土山湾画馆正式教授中国孤儿西洋画和雕塑，并培养出人数众多的人才，可谓在中国历史上前所未有。"[10]无疑，作为前所未有的规模化的西画传授机构，"土山湾画馆"对中国美术的近代化具有深远的影响，培养了一批中国近代西画活动的先驱，上海洋画运动前夜几位主要人物，如徐咏青、张聿光、丁悚等就曾在这里学画。此外，"土山湾画馆"创办初衷是为了培养宣传外国宗教的本地绘画和雕塑人才，其教学方法以传习为主，专门教授擦笔画、木炭画、铅笔画、钢笔画、水彩画、油画等西洋技法，教授内容为临摹复制宗教性和非主题性商业作品。

1907年，土山湾印书馆还出版有《绘事浅说》、《铅笔习画帖》等教材。可见，由传教士创办的"土山湾画馆"是上海早期洋画教育机构的雏形，其西画传习经验和办学模式对近代美术教育实践起到启蒙的作用。

受"土山湾画馆"西洋画传习教育模式及"两江优级师范学堂"图画手工科等一些"洋学堂"日式美术教育模式的影响，上海的学校也相继开设有图画手工科及创办专门的图画专修学校，对上海洋画运动前夜的洋画启蒙教育起到积极的推动作用。如1907年2月，民立上海女子学堂设立图画、手工科，课程包括油画、铅笔画、水彩画等[11]。

同时，"土山湾画馆"的画工开始自制油画颜料，虽然规模不大、方法简易，但开启了上海洋画运动前夜本土画材建设之先河。1909年前后，上海还出现了一些国外书店，如"别发"、"普鲁华"、"伊文思"，他们有Winsor & Newton和Reeves牌的水彩和油画颜料等美术用品出售，但可供选择颜料色种和数量比较少。位于南京路上的"伊文思"书店除销售颜料、画具、纸张等美术用品外，还经营印刷精美的西洋画片。这些西洋画片也在上海各大洋行普遍销售，其中一些洋行还出售各种洋画、外国美术画册，1900年前后的《申报》上常刊有拍卖的广告信息。民国初期，上海也出现了国人开设的经营画材、画刊、画片的书馆，如高剑父、高奇峰在河南路开设的"审美书馆"（1913年）。该书馆除具"别发"、"普鲁

华"、"伊文思"等外国书店经营特色外，还兼售中国画和文房四宝，因此，该书馆是中西结合经营理念的一种尝试，为洋画的发展奠定了画材的基础。

博览会作为美术展览会的雏形，是近现代文明发展的产物。在西学东渐的影响下，举办博览会被视为发展国力、增强国家竞争力的手段。1910年6月至10月，由清政府两江总督端方策划的"南洋劝业会"是中国近代第一次全国性的博览会。此次劝业会仿照自19世纪下半叶流行于欧美、日本的博览会形式，并设立专门的美术馆，展出绘画作品、美术工艺品等。而在此前，1909年11月底，上海协赞会首先举办了"上海张园工业博览会"，作为"南洋劝业会"的预备展，这次博览会彰显了上海的商业文化地位。南洋劝业会事务所陈兰熏就曾高度评价"上海张园工业博览会"道："上海为我国第一商埠，中外物品皆于此转输，居世界第七之位置，而其地实辖于南洋……今者贵会适届开幕，而装饰之美、搜集之丰富，殊已具劝业会之形体……"[12]张园工业博览会设置有美术馆陈列书画、刺绣、古董等。因此，"上海张园工业博览会"不仅是"南洋劝业会"在上海的预演，更是上海洋画运动前夜美术展览会的先声。此后，这种工业博览会很快成为美术活动的载体，并发展为美术家和公众间交流的重要平台。

人的流动总是伴随着文化的传播，移民社会的人口异质性，必然造成各种异质文化的汇聚和传通。上海租界曾被

称为西方文化在中国的"飞地"，租界内各国的侨民与来自中国各地，方言、习惯各有不同的华人共处在一个狭小的空间范围内，进行着频繁的社会互动，使跨文化传通成为晚清上海最突出的社会功能之一。上海租界的侨民国籍最多时达到58个[13]，人口达7万多。在这些外国侨民中就有身怀绝技的美术大家或艺术爱好者。他们来到上海，在立足居住的过程中，办各种形式的洋画展览，开画室招收中国学生等，传播其本土文化。因此，这批"艺术移民"构成了西画东渐中国的第四条途径[14]，为上海洋画运动前夜的地域生态平添了一丝异域情调。

二、上海洋画运动前夜的拓荒先锋

1. 上海洋画运动的先行者：周湘

作为近代中国西画启蒙时期的重要画家，周湘对于上海洋画运动有着不可磨灭的功绩[15]。他是上海早期西画教育的开拓者和传播者之一，也是中国近现代最早的私立美术学校创始人之一，在上海早期美术教育走向现代化的过程中起了积极的推动作用。

周湘（1871—1933），字印候，号隐庵，上海嘉定人（图2）。周湘从小随杨伯润、钱慧安习画，戊戌变法后出走日本，在日两年间以鬻字画篆刻自给，生活困顿，幸得故友帮助，1900年随故友父子（父为中国驻法外交官）远赴欧洲学习。此后，他先后在法国、比利时、

瑞士等国学习油画和水彩，虽然周湘没有就读于正式的美术院校，但他通过结交西洋画家开阔艺术眼界。1902年，因其弟丧，周湘归国。1909年至1922年间他个人先后创办十余所私立美术学校，有"图画速成科"、"中西图画函授科"、"背景画传习所"、"上海油画院"、"西法绘画补习科"、"西法油画传习所"、"中华美术学校"等，这些学校"是继土山湾画馆西画传习之后，中国近代又一次早期美术教育的尝试"[16]，基本教学内容皆以西画为主。相较之前一些学校的昙花一现，周湘这十余年的办学历程对上海洋画运动具有开拓之功，极大地促进了西洋画在中国的传播。

在长达十余年的办学期间，受周湘熏陶的学生难以确计。丁健行《周湘

图2　周湘

先生传》称"学生逾千人"[17]，丁翔华《周湘》也记述道："西洋画流传中国，先生实开其先河，门墙桃李，近五千人。"[18]周湘自述："隐庵写西洋画二十年矣。始学于法，继学于比，于瑞士，虽步欧美之后尘，却开我国之先河。今环顾国内之饮斯食斯，无非隐庵之一鳞一爪。盖隐庵以此术设学，学者已逾千人。"[19]这个庞大的数字无疑确立了周湘在中国近代美术史上的地位。正如李铸晋所言："一位重要人物之早年教育，是影响其将来任何成就的一项重大因素。"[20]周湘正是早教之师，他为中国西画的发展造就了一大批人才，其中就有上海洋画运动中成就卓著的乌始光、丁悚、陈抱一、刘海粟、张眉荪、杨清磬等人。

除创立美术学校外，周湘创办了两份美术期刊，一份是1926年1月创刊的《美术画报》，另一份是1918年9月创刊的中华美术专门学校校刊——《中华美术报》；还曾担任《美育》杂志图画编辑主任。通过这些与洋画相关的活动，周湘介绍西画历史和国外美术教学状况，并传播西画理论和美育思想。据统计，仅《中华美术报》刊载周湘的文章就占一半之多。

由此可见，上海洋画运动前夜周湘在洋画理论传播上功勋卓著。陈抱一在其《洋画运动过程略记》中仅提及了绘制杂志、刊物封面画的人是丁悚，而并未对周湘所办刊物作描述。此外，有学者认为："在清末的上海洋画运动中，就个人成就而言，或者可以说，主要有三

个人起了先导作用。首先是徐咏青，第二为张聿光，接着是周湘。"[21]这里他将周湘在上海洋画运动中的地位置于徐咏青和张聿光之后，笔者认为有待商榷。根据前文分析，周湘在早期洋画教育、传播西方美术思想上的作为，明显徐氏和张氏不可与之同日而语。从周湘培养的一大批洋画运动中成就卓著的人才，足见其地位应先于二人。当然，上海洋画运动前夜，其他的先驱们也为上海洋画运动的兴盛与发展做出了积极的贡献。

2. 上海洋画运动的重要先驱：徐咏青、张聿光

徐咏青在上海洋画运动前夜产生了重要的影响且占有重要地位，是运动的先导者。

徐咏青（1880—1953），上海松江人，9岁时随刘德斋和外籍画家习西画，16岁入土山湾印书馆，从事插图创作和装帧设计（图3）。徐咏青擅长水彩和油画，尤精水彩画，早在光绪、宣统年间他就开始绘制水彩，因而胡怀琛认为"后来上海盛行的水彩画，可说是从徐氏起头"。[22]他曾著有《水彩风景写生法》一书，该书是中国最早传授水彩画技法的著作之一。他还曾与郑曼陀合作过一段时间，将水彩画的技法运用到擦笔年画中，创作了具有商业美术性质的月份牌画。这种艺术的形成体现出洋画家极高的绘画造诣，月份牌画是海派西洋画的典型形式，而徐咏青无疑在其形成以及促进海派艺术发展方面功不可没。

1913年起，徐咏青主持上海商务印书馆图画部，当时有许多书籍、刊物的封面和插图，都出自其手，题材内容涉及人物、风景等。特别是风景画，他绘制了大量的月份牌画，在他的影响下，商务印书馆对于月份牌画领域不断重视。在其主持期间，他培养了一批商业美术人才，如杭穉英、何逸梅、金梅生、金雪尘、戈湘岚、李泳森、鲁少飞、陈在新等。其中，杭穉英还建立创作月份牌年画的"穉英画室"，培养了新一代以擦笔水彩画方法创作月份牌的画家。

此外，徐咏青对上海洋画运动前夜另一功绩在于积极投身于早期洋画教育事业。作为中国近代著名的早期洋画家、商业美术教育家，徐咏青曾任职于多所美术学校教授西洋画，如爱国女学、图画美术院、中华美术专门学校、

图3 张聿光

女子艺术师范。他还拟创办"女子美术图画专门学校"[23]，开设"图画事务所"，并在自己寓所招生教授铅笔、擦笔、水彩画、油画、五彩石印等[24]。他还积极参与、发起创立美术社团，如参加丁悚、张聿光等人发起组织"振青书画会"[25]，组织成立"上海五彩花石印社"并担任社长[26]，与郑曼陀、杭穉英、谢之光等人共同发起成立"艺友社"（1929年）。徐咏青可谓早期洋画活动家的典范。

无论是早期洋画教育和西画传播方面，徐咏青都坚持身体力行，因此，他是上海洋画运动的先导者。同时，他培养了一大批商业美术人才，奠定了新兴画种"月份牌画"发展的基础，促进了上海洋画运动由传统形态向现代形态的发展。

张聿光也是上海洋画运动前夜的一位重要人物。他既是洋画教育家，曾担任"图画美术院"第二任校长，同时，他又是中国最早的舞台布景美术家，堪为洋画运动的先行者。

张聿光（1885—1968），字鹤苍头，自号"冶欧斋主"，浙江绍兴人，长期居住上海。早年在土山湾画馆学习西洋画，1904年，张聿光进入上海华美药房画照相布景，所作布景采用油绘和粉画两种形式。1905年，他前往宁波益智堂任图画教师，1907年回到上海，在中国青年会学堂任图画教员，陈抱一就是此时受到张聿光的指导，为以后发展打下了良好的西画基础。1914年7月，张聿光被"图画美术院"聘定担任教务。同年

8月，他被聘为该院院长。后因艺术风格上的意见不同，张聿光与刘海粟产生矛盾，于1919年5月登报辞去校长之职。1928年，张聿光担任新华艺专副校长、教授。"综观他的一生，仅在西画教育事业上，前后也辛勤劳动有四十年之久了"[27]，因此他对近代中国西画教育、人才的培养做出重大贡献，可谓西画在中国广泛传播的先行者。

在"上海图画美术院"任职期间，他倡导西画写生，与刘海粟、丁悚二人合编美术自修书——《铅画集》，共四期，每期12幅作品（图4）。该画集刊载了他们三人的写生作品，其中张聿光就占16幅，画法极为生动。作为范本，画集由"上海图画美术学校"出版发行并广为传播。这阶段学校因缺乏教材，

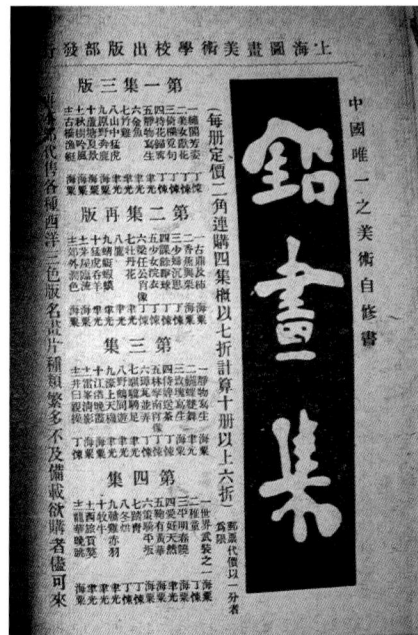

图4 《铅笔画集》上海档案馆，全宗号Q250–1–153

一度让汪亚尘深感误人子弟，后辞去职务，因此该书的出版对西画教育教材匮乏的境况可谓解了燃眉之急。在《美术》杂志第一期的广告上，还赫然写着"中国唯一之美术自修书"[28]，虽然广告有夸张之嫌，但也足见这本画集的重要性。此外，我们还能在振青书画会刊行的《振青画集》中看到他的作品[29]，他也曾出版过两集《聿光画集》（1935年）。

作为我国早期的舞台美术家，他创作了大量适合中国国情的布景画。1908年，张聿光与夏氏三兄弟等人组建"振市公司"，建造了可容纳观众2 000余人的"新舞台"，并首度为京剧设计布景，改变了京剧传统的舞台风貌。此后20年间，他致力于"新舞台"的设计和绘制舞台美术，可谓舞台布景的一支笔，为中国舞台美术发展奠定了基础。

此外，张聿光积极参与西画活动，如发起组织"振青书画会"[30]，参与"晨光美术会"、"艺苑绘画研究所"活动，赴日考察美术并参与日帝国二科两大展览。他还投身西洋画材的研制及推广事业。1918年，他在上海参与创办"六合公司"，以专门研究生产西洋画颜料为目的。1919年5月，他合股创办"马利工艺厂"，继续研制西洋画颜料和西洋画工具材料，并建立了"马头牌"这一国产知名品牌。

综观张聿光艺术上多方面的造诣和成就，及西画教育上的功绩，奠定了他上海洋画运动中先行者的地位。

3. 其他风云人物

上海洋画运动前夜还有其他一些风云人物，如丁悚、乌始光、沈泊尘等，他们在上海洋画运动之初的推动上可谓功不可没。

丁悚（1891—1969）原名慕琴，浙江嘉善人。他一生以教授洋画、编辑刊物、创办西画社团、筹办参与美术展览为主，是上海洋画运动前夜涉猎领域较为全面的洋画家。同时，他也是中国近现代美术史上最早的西画团体之一"天马会"的命名人。

乌始光（1885—?），字廷芳，浙江宁波人。他是上海洋画运动前夜一位不可忽视的积极参与者，也是"图画美术院"最初创办的策划者。作为该校的首任校长，他有效地推动了上海早期的洋画教育。同时，他也是早期的西画活动家，创办了中国近代第一个洋画研究机构"东方画会"。

沈泊尘（1889—1920），原名学明，亦名涛，浙江桐乡人（图5）。他的时装仕女水彩画为洋画运动前夜增添了洋画氛围，作为当时新进崛起、中西并陈的我国第一代漫画大师之一，沈泊尘也积极投身于洋画教育事业之中。因此，研究上海洋画运动前夜，沈泊尘也是不容忽视的一员。

由上可见，最富动荡变进性的时代土壤、海纳百川的地域文化基础，构筑了上海洋画运动前夜的社会文化生态。在此背景下，一批洋画运动的拓荒先锋，筚路蓝缕，通过洋画创作、编辑刊物、创办西画社团、筹办美术展览和西画教学等活动，既活跃了上海洋画界的氛围，又培养了许多后来致力于洋画运

图5 沈泊尘

动的新生代艺术家。同时，他们在洋画人才的培养上为后人探索出一条适合当时社会条件发展的有效途径。1913年以后，在当时以上海为中心的洋画运动的发展中，这些画家的活动可以说是贯穿和渗透其始末。从上海洋画运动前夜的探讨，不难了解运动初幕、兴起和现代弄潮几个阶段的渐进发展，为后续研究做了铺垫。

注释：

[1]陈抱一在《洋画运动过程略记》指出，"上海方面洋画运动的发端，也可以说是中国洋画运动的开始"，"洋画运动发端于上海，而无形中上海一向成为洋画运动的中心"。基于上述"中心说"的观点，且依据美术史上对于"洋画运动"起始时间的各种述论，笔者认为这场"洋画运动"应始于1913年"图画美术

院"（"上海美术专科学校"前身）的正式开学。因此，本文所研究的"上海洋画运动前夜"时间为1913年前。

[2]陈抱一：《洋画运动过程略记》（1942年），原刊于《上海艺术月刊》，1942—1943年，第5—12期，引自郎绍君、水天中编：《二十世纪中国美术文选》（上卷），上海书画出版社，1999年版，第544-574页。

[3]陈抱一：《洋画运动过程略记》（1942年），原刊于《上海艺术月刊》，1942—1943年，第5—12期，引自郎绍君、水天中编：《二十世纪中国美术文选》（上卷），上海书画出版社，1999年版，第544-574页。

[4]黎庶昌：《西洋杂志》，湖南人民出版社，1981年，第106页。

[5]宋希尚：《张謇的生平》，台北中华丛书编审委员会，1966年版，第496页。

[6]《谭嗣同全集》上册，中华书局1981年版，第161页。

[7]【日】鹤田武良：《中国油画的滥觞》，冯慧芬译，《艺苑》，1997年第3期。

[8]1868年，李鸿章奏请清政府，希望能派"颖秀青年"出洋留学。1870年获准。翌年招生。1872年8月，30名幼童在陈兰彬的率领下由上海出发赴美，这是中国学生留学的开始。

[9]上海是近代教会学校最早登陆的中国城市之一。且在中国早期（1839—1860）的教会学校中，上海占了大部分。教会学校提供了上海人接受教育的机会，同时指明了上海教育发展的方向，使上海人也参与到办教育的行列来。

[10]万青力：《并非衰落的百年——19世纪中国绘画史》，《雄狮美术》，1994年第2期。

[11]《时报》，1907年2月25日。

[12]《申报》，1909年11月23日。

[13]熊月之：《异质文化交织下的上海都市生活》，上海辞书出版社，2008年版，第31页。

[14]李超：《上海油画史》，人民美术出版

社，1995年版，第79页。

[15]阮荣春，胡光华：《中国近现代美术史》，天津人民美术出版社，2005年版，第31页。

[16]李超：《中国早期油画史》，上海书画出版社，2004年版，第357页。

[17]丁健行：《周湘先生传》，载周湘《周湘山水画谱》第四册画山水法，上海卿云出版社，1946年版。

[18]丁翔华：《周湘》，载丁翔熊等编：《蜗牛居士全集》，丁寿世草堂，1940年版。

[19]《中华美术报》第三号，1918年9月15日。

[20]李铸晋：《鹊华秋色——赵孟頫的生平与画艺》，台湾石头出版社，2003年版，第24页。

[21]徐昌酩编：《上海美术志》，上海书画出版社，2004年版，第22页。

[22]阮荣春，胡光华：《中国近现代美术史》，天津人民美术出版社，2005年版，第33页。

[23]《申报》1917年6月13日。

[24]《申报》1919年1月12日。

[25]《申报》1914年8月3日。

[26]《申报》1917年6月17日。

[27]朱伯雄，陈瑞林：《中国西画五十年（1898—1949）》，人民美术出版社，1989年版，第35页。

[28]朱伯雄，陈瑞林：《中国西画五十年（1898—1949）》，人民美术出版社，1989年版，第35页。

[29]《振青画集》第一集刊行，该集收有杨守敬、高邑之、李然昌、吴昌硕、林希声、胡炎卿、方涛、丁悚、张聿光等人书画。参见《申报》，1914年10月11日。

[30]《申报》，1914年8月3日。

（胡光华审稿）

冲破封建伦理束缚　走向现代审美趣味

——民国时期人体美术展览会的启蒙教育意义研究

朱亮亮

（常州工学院艺术与设计学院，江苏常州，213022）

【摘　要】一百年前的近代中国社会，封建思想禁锢着民众的思想，他们对于裸露的人体是批判的。民国初期的人体美术展览会通过其公开展现和表达人体的曲线美与艺术旨趣，让民众从愚昧的封建道德伦理的束缚中逐渐走出，开始接受人体艺术所带来的纯洁与高尚的现代审美趣味，起到了对民众思想启蒙教育的作用。

【关键词】民国　人体美术展览会　启蒙教育

作者简介：

朱亮亮，男，汉族，常州工学院艺术与设计学院讲师，美术学博士。主要研究方向：近现代美术史、艺术市场、公共艺术。

现在谈起人体艺术，大家都觉得司空见惯、习以为常，已经普遍为社会民众所接受。这是民众思想开放与社会文明进步的标志。但在一百年前的近代中国社会，封建思想仍占据着主导地位，对于裸露的人体是无法接受与容忍的。正如刘海粟所说："二十世纪初，画人体仍相当困难。这主要有两方面的压力：一是封建礼教的压力，认为大伤风化，污浊社会；二是封建迷信，误以为人体绘画摄魂夺魄（当时农民连拍半身小照都以为是勾灵魂的）。"[1]民国时期有关人体教学以及有人体绘画作品参加的美术展览就面临着巨大的冲击与挑战，甚至是社会各界的斥责与攻击。但民国初期的人体美展通过其公开展现和表达人体的曲线美与艺术旨趣，让民众从愚昧的封建道德伦理的束缚中逐渐走出，开始接受人体艺术所带来的纯洁与高尚的现代审美趣味，起到了民众思想启蒙教育的作用。本文从人体美展的发端及其发展历程、对推动民众的观念开放与思想启蒙教育的意义两个方面进行论述。

一、从风波到风暴的人体美展

民国初年，受到西方新式美术教育体制的影响，我国的西洋画教学体系中很自然地引入了模特写生课程。但这个在西方美术学院的教学中不可或缺的基础课程却在封建思想禁锢下的近代中国社会引起了极大的社会争议，甚至可以说是一场猛烈的斗争风暴。人体模特儿的积极倡导者与勇敢践行者——著名画家、美术教育家刘海粟（图1）在《人体模特儿》一文中记述道："今者模特儿之訾讼纷纭，变本加厉：流氓伪模特儿以诈财；迂儒谤模特儿以辅道；官厅皇皇颁发禁止模特儿明文以示威；报馆记者冷刺热讽以模特为论资；画匠画贩亦能学说模特儿、人体美、曲线美以影射；甚至有因请禁模特儿而呈请执政严惩刘海粟者。群盲呶呶，亦复窥时俯仰，以赴势物之会，视模特儿为洪水猛兽。"[2]

可见，无论是政府官员、知识分子、艺术家，亦或是民众分别从各自的立场出发，对人体模特儿议论纷纷，变本加厉，视其为洪水猛兽。当然，这其中也包括一部分投机分子是为谋取私

图1　创办上海图画美术院时的刘海粟像（1912年）

图2　李叔同《裸女》油画

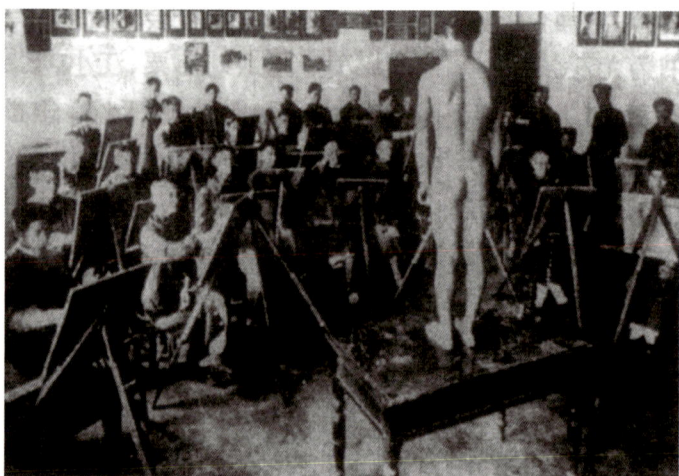

图3　1914年浙江省立第一师范人体写生教学，后排右起第二人为李叔同

图4　上海美术专门学校校门及外景

图5　1918年7月，上海图画美术学校第一届成绩展览会中的人体绘画作品

利在社会上制造种种争端。作为矛头所指，政府扬言要严惩的刘海粟，面对如此艰险与复杂的局面，非但没有被吓到与退缩，而是毅然提出："愚认为此乃提倡艺学之良机，当鼓吾勇气，诠释真谛，彰艺学以帅天下。"[3]中国最早进行裸体模特儿写生课教学的是1914年李叔同在浙江省立第一师范学校（图2）。根据李叔同的学生吴梦非回忆："李叔同先生教我们绘画时，首先教我们写生。初用石膏模型及静物。1914年后改用人体写生。本文所附照片便是我们第一次用真人作模特儿写生的留影。"[4]（图3）这在当时来讲是一次非常大胆的创举，并开创了近代中国人体写生的先河。但引起震动最为强烈的当属刘海粟创办的上海美术专科学校所进行的"裸体模特写生"实践。

上海美专（当时叫上海图画美术院）（图4）从1915年3月，根据学程规定，西洋画科三年级学生要用人体模特儿写生，一开始雇佣一名15岁少年做模特儿，后来采用壮年男子全裸进行人体写生。1917年暑假，上海图画美术院选出学生习作50件，于静安寺张园安垲弟大厅举行学生成绩展览会（图5），会上展出有人体素描习作，参观的人莫不惊诧，社会也为之哗然。上海城东女校校长杨白民竟指责称："刘海粟真艺术叛徒也，亦教育界之蟊贼也！"[5]并在《时报》上发表了一篇题为《丧心病狂崇拜生殖之展览会》的文章，从而引发民众群起而攻之。[6]同年，上海美专西洋画系在虹口校舍内举办成绩展览会。展品中有学生男女裸体画习作，引起社会褒贬不一的争议声不断，并在《申报》、《新闻报》上持续争论数年。在此之后，1919年8月26日刘海粟参加了天马会在环球中国学生公寓举办的画展，"陈列一幅模特儿创作，大得和屋子一样，上面画着五个赤裸裸的、大屁股、细脰颈的蓬头女子，标价五千元。看画者为之咋舌，说海粟画我们看不懂，他的胆子是大的"[7]。刘海粟以其裸体画创作在美术展览中的呈现来吸引人们的眼球，并渴望得到民众的关注和认可。但遭到了种种非议：当时的报纸斥责他们为狂妄，许多人写信来痛骂。其中，有一位海关某监督以人体画展出有伤风化，请工部局查禁。1920年7月，上海美专雇佣了一位俄籍女模特儿进行写生教学，从此开启了裸体女模特儿的先例。1921年晨光美术会的主要发起人朱应鹏、陈抱一、宋志钦等人在上海跑马厅附近的晨光画室里雇到了一个俄国女子为模特儿研究人体习作，画了相当长的时间。该会还设立人体研究部，在卡德路环球学生会的研究室内陈列油画人体及写生作品多幅，进行观摩、交流与研究。1922年，在国民政府颁布的新学制中明确规定，艺术专门学校列人体模

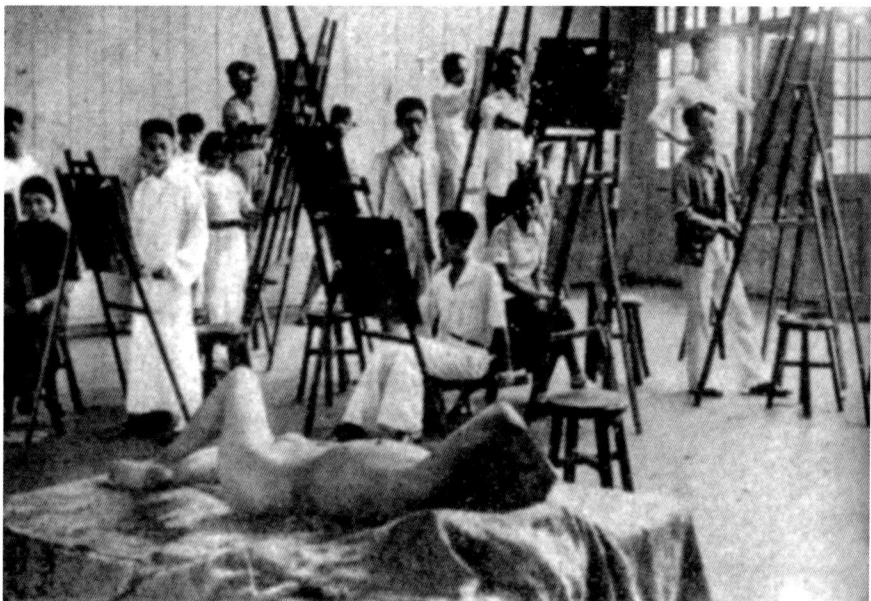

图6　上海美专裸体模特儿写生课（20世纪30年代初）

特儿为绘画实习之必要课程，并指出："学制变更一事，非局一隅；学术兴废之事，非一人而定。"[8]在这之后，北京美术专科学校、上海艺术专科学校、上海神州女学、东方绘画研究所、上海大学美术科等陆续开始人体模特儿写生教学（图6）。陈抱一在回忆当时洋画界的人体美展时所指出："大概民九、十年以前的洋画展览会中，裸体人物画之陈列还不轻易实际，往往受到无常识无理解的干涉。但民十年以后，对于裸体画之陈列，已渐次不致有人过分神经过敏了。"[9]同时，刘海粟也乐观地表示："社会上对于人体模特儿也似乎稍稍了解，没有人出来反对，我以为一般人爱美之观念渐深，觉得很安慰。"[10]可没有料到的是，1924年上海美专校友，曾

是刘海粟的学生饶桂举在南昌举行绘画展览会，陈列人体习作，被江西警察厅勒令禁闭[11]，后经刘海粟出面向江西省当局致信交涉才得以平息。

到了1926年，又有教育总长章士钊、上海参议员姜怀素、上海总商会会长兼正俗社社长朱葆三、上海县长危道丰等先后请禁止美专人体作品展览，并要求"恳请查禁，严惩祸首，以维风化而敦末俗"[12]。封建军阀、五省联军总司令孙传芳也致函刘海粟，要求停止使用模特儿。遭刘海粟拒绝后，孙传芳密令通缉刘海粟。生性豪迈、个性张扬的刘海粟并没有被这一纸密令所吓退，而是以拥护艺术、坚持真理的坚定立场与之抗争……这场争论长达十年之久，人体模特儿才得以在中国艺术院校中应

用，作品亦得以顺畅展出。[13]刘海粟推行的裸体写生以及社会上所举办的一系列有关人体画作的展览引起了社会的极大争论，这场争论持续时间之长、争论范围之广，涉及艺术与社会、艺术与科学、艺术与伦理道德等的问题，引起了社会的极大关注以及对裸体艺术的重新认识，民众的思想与观念也逐渐摆脱封建思想禁锢，开始走向开放。

二、人体美展促进民众思想的解放与观念的开放

从1917年第一次陈列人体习作的展览举行到1926年刘海粟以赔款50大洋的审判结束[14]，有关人体模特儿以及人体美展的一系列纷扰与斗争过程，已经超出了美术史和艺术教育的范畴。它是20世纪初期中国新旧文化斗争的集中体现，也是民众思想解禁与观念开放所经历的特殊进化历程。

人体美展中所展示的裸体画所持续引发的数十年的争论，实质上是封建礼教在近代社会逐渐被人们摆脱和抛离的过程。它促使民众正确辨识人体艺术与淫欲思想，促使人们思想观念的更新。诚如李寓一在分析裸体画时指出的那样："道德之心久没，人们爱念散尽，有心者痛之，弃一切荣利而日以倡言美术为事；排斥数千年鄙陋之习，而研究裸体艺术，其志岂在一艺之扩张，要以挽回已丧之人心，为最大目的也。"[15]我国古代的封建陋习与鄙见认为人体与淫欲、腐朽相关联。画中的人体暴露在公众场合是有伤风化和道德败坏的行为，尤其是女人的身体裸露给别人看，就好像是自己老婆脱光了给别人看一样，罪大恶极。刘海粟分析了当时国人厌恶人体的三大病源——分别为儒教思想的根深蒂固、封建迷信顽劣不堪以及佛教教义的束缚压迫。[16]而裸体艺术在展览中的公开呈现就是要打破这种陈旧、落后的观念。上文所提及的上海城东女校校长杨白民在观看了1917年的上海美专所举办的成绩展览会上的人体习作展之后大骂刘海粟为艺术叛徒，并指出："公然陈列裸画，大伤风化，必有以惩之。"[17]作为接受了西方现代教育观念的教育家，其在女子教育方面是有着进步思想和突出贡献的。但他却并不能接受人体画的公开展示，究其原因是因为他的夫人和女儿一同参观了展览，他认为人体画是对于女性身体的暴露，不符合社会伦理道德。杨白民的这一思想在当时的中国社会具有较为普遍的共识——人们羞于在公开场合谈论人体，特别是以绘画的形式将人体展现出来。随即，杨白民将其所写《伤心病狂崇拜生殖之展览会》一文投往《时报》，意欲激起民众群起攻讦。又趋江苏省教育会告沈君信卿，请上书省厅下令禁止，以敦风化。但实际情况并未如其所愿："《时报》与教育会皆不之应，校长怒愈甚，遏不可息，竟为世道日非，净言不彰也。"[18]这说明，以杨白民为代表的带有封建落后保守思想的一派在民初民主进步思想和舆论的大环境下渐渐失去主流位置。

社会的进步促使民众思想和观念上的进步，加之美术展览会上人体画作的公开展示，所引起的社会宣传效果和影响更为广泛。傅雷也证实："'艺术叛徒'对于西方美学，发表了冗长精博的辩辞以后，终于获得了胜利。从此，画室内的人体研究，得到了官场正式承认。"[19]所以，报界和教育界也逐渐接受民众关于人体绘画的思想转变，顺应了这一时期民众的观念趋势。从落后的封建伦理道德层面上去看人体裸露在公众面前是淫欲，但在现代文明尤其是西方艺术的表现与观念等方面来看，人体美展是人性美、曲线美以及高尚道德的展现与宣扬，可以使人们摆脱封建愚昧和无知，挽回已丧失的人心。展览中的人体画不是社会上所贩卖的低俗裸体妓女照片和恶劣画报，而是美术家通过纯美的眼光对于人体曲线、精神、灵性的至尚呈现。正如陈抱一所表述的："美术家对于人体美完全是从纯美的眼光观察。人体美在绘画及雕塑的技术上是至难的事体。所以美术家对于人体的研究及人体艺术的表现，不得不尽他最大的努力来从事，在技术表现上是最难的，而且肉体美的精神是最高尚最优美的……人体美的艺术须经多年真挚的实习，然后探求可以渐渐达到表现外部所有的美感（生理的）及人性内部深潜精神（心理的），而再与艺术家的纯美感觉相融和方才成为人体美的纯艺术的表现。"[20]

由此可见，通过人体美展所展示的人体作品是经过美术家精心艺术加工

和艺术化的人体美的呈现，是脱离了一般意义上的裸体写真。这与社会上那些"轻薄少年及盈利无耻之徒，遂利用机会，以裸体画公然出售"[21]的不道德的商业行为是截然不同的。通过美术展览这种公开的平台向社会大众展示人体艺术作品，接受各界人士的参观与批评，是能够使民众正确、公正地认识裸体画的艺术内涵与价值，突破封建伦理道德的束缚和禁锢。李文华在参观北京大学游艺会时的所见所感很能体现此时的社会各界关于"裸体艺术"的态度转变以及接收程度的有所改观：

"民国八年（1919年）二月二日，北京大学特开学生游艺大会。以为该校画法研究会筹基本金。约愚夫妇往任招待，并嘱余扶七弦琴数调以助兴致。余语言木讷，不善交际，而古琴一道尤肤浅，不敢夸炫。惟以会为美术之发达而开，且陈有古今名人字画。余既欲饱眼福，且愿于美术界略效绵力。……日中职员四五十人齐集会场摄影。后由蔡孑民先生致开会词，略谓各家所藏古人书画在今日展为第二次。其第一次因有极大题目于某年曾在中央公园陈列。今日因本校画法研究会筹基本金故各藏家皆乐与展览。……各艺场此地开幕，来宾亦渐集，女宾约到数百人。余导往各处参观。至古画室及画法研究会成绩室，众皆啧啧称赏。可知美之感人极易极深，又极普遍。……有水彩裸体画四帧，态度俱佳。尤以徐悲鸿君所绘为巨，乃绘一力士骑狮身，以两手张狮吻，狮竖耳伸爪，怒势汹汹，终不能

动。力士全身筋脉横露，凸凹毕现，其全力贯注，势将破纸而出。裸体画用在此等处，可谓得其旨矣。西洋各国盛行裸体画甚早。我国近年来亦渐注意此事，而议者各不同。老宿者以此为伤风败俗，极宜禁止。而新流者则以能表真美，正当发扬。……吾观今日我国社会上其于裸体画既不习见，故其审美之观念不真，而往往易其所向，害多而益少。故吾以为宁勿妄用也，或以为习惯者非生而有皆由不习惯来。今日观裸体画者以不习惯而有害何如？养其习惯以收将来之益。……（附注）篇中对于裸体写生之感想至为钦佩。今日社会上一辈无知画匠每以裸体画导人于淫恶，读此亦当知所自返。但绘画练习的基本必取于裸体。盖天下至美之物为曲线，曲线最多之物为人体，求写肌肉的真美非画裸体不可。编者识"[22]

可以说，这次美术展览会上展示的人体绘画作品让观众既新奇又有所顾虑。而对于创作者而言，如何让自己对于人体艺术的美展现和诠释给大众，美术展览会无疑提供了一个开放的宽广平台。在展览会上不管男女老幼，皆可以观看，也可以自由评说，这是一次又一次地接受民众的检验，也是如李文华所说的"由不习惯至习惯""天下之美之物的曲线"如何在裸体画中得到体现并为民众所接受并认可。这个过程在当时社会保守自闭思潮中显得尤为珍贵和重要。倪贻德在《论裸体艺术》一书中总结出裸体艺术在当时中国发展的艰难处境，主要有三种人对其误解较深：一是

戴玳瑁老花的眼睛，立足于旧道德的观念之上，视裸体艺术为伤风败俗的淫画，而绝端反对；二是认为裸体画可以练习，作为故事风俗画或复画的预备；三是盗取裸体画的美名而从中图利。我们要从人体的形式美、人体之肉感、圆味、色彩而引起的美的陶醉出发，用艺术家的爱去得到无限的灵感来完成伟大的人体画创作。[23]只有这样的作品在美展上展出才能给观众以美的启迪和心灵的震撼。

另据《申报》记载，1922年6月15日至20日，晨光美术会在半淞园第二次展览会中西洋画部陈列有人体画多幅，该会以人体研究为西洋艺术根本，中国在幼稚时代极应提倡。因为展览第三日有天主教会神父数十人入会参观大不满意。该会接到园中通告令将人体习作悉数除去。该会与之作几度之交涉申明人体画之重要，始得无事云。[24]可见，当时的人体画展出还是受到各方的干涉与限制的。但是通过这样公开的展出，使得人体艺术逐渐为人们所接受并理解。此后数年间一些美术学校以及西画社团、画家个人也积极参与到人体写生、创作与展览中。正如刘海粟在《人体模特儿》一文中所描述的："九年（1920年）七月，吾等乃设法雇佣女模特儿，先雇一俄人为例，于是继续为模特儿者，亦不以为奇。嗣后如北京美专、上海之神州女学以及其他美术研究所等皆有人体模特儿实习；画家个人雇佣者亦日有所闻；留日学生陈抱一、王悦之归国，皆以其夫人为模特儿。社会司空见

惯，亦不以为怪，群众亦似是而非，有以人体美为流行风尚矣。数年来对于人体模特儿似已无怀疑，展览会时时陈列裸体画，亦无非之者。且也，每届美术展览会时，群众鹜趋，方谓社会爱美之观念渐深，将与欧人之艺苑、观众可并驾齐驱。"[25]此外，刘开渠在《禁止展览裸体画》一文中记载："上月我们心琴画会在公园开展览会的时候，有某君在批评簿上写：'……绝无一幅裸体画……更见其人品之高矣。'这不是明确地反对裸体画吗？"又有"山西省警察厅传知一则：饬禁裸体画，以其迹近海淫……"[26]说明在当时的社会风气下，裸体画展出还是受到了很大的障碍。那么，艺术家就要肩负让广大民众了解人体美的责任。刘开渠也意识到艺术家应该主动、积极承担起这个重任，并持有乐观的态度——"我们只要尽力地去说明、宣传，不怕一般人不欢迎！到了某个时期，恐怕还要向艺术家去求呢！"[27]

三、结　论

综上所述，"裸体艺术"思潮通过美术展览会中的作品展示以及参观展览专业人士的宣传，在某种程度上获得了社会民众的认可，从而推动了"裸体艺术"的美术创作与发展。正是在不断地创作与展出中，使得民众一次又一次地接受人体美的洗礼和教育，从而得到社会各界的认可，起到了解放思想与开放

观念的教育作用。

注释：

[1] 刘海粟：《艺术叛徒》，江苏文艺出版社，2006年，第154-155页。

[2] 刘海粟：《人体模特儿》，《时事新报》，1925年10月10日增刊。

[3] 刘海粟：《人体模特儿》，《时事新报》，1925年10月10日增刊。

[4] 陈瑞林：《20世纪中国美术教育历史研究》，清华大学出版社，2006年，第89页。

[5] 美国学者安雅兰（Julia Andrews）根据刘海粟于1925年的回忆"模特儿问题反动之第一次起因于某年夏天，上海美专成绩展览会中列出的男性人体写生引起骚动"一事而推测此人只可能是城东女学校长杨白民，并分析杨白民愤怒的原因有二：一是其夫人和女人面对男性人体画时手足无措；二是刘海粟在杨的朋友李叔同运用同样的人体写生教学后，还宣称他在中国首创人体写生。详见安雅兰（Julia Andrews）：《裸体画争论及现代中国美术史的建构》《海派绘画研究文集》，上海书画出版社，2001年，第125-129页；实际上，第二个原因的可能性并不高，因为杨白民死于1924年，我们没有任何证据指出刘海粟在1922年《时事新报·学灯》的文章之前，或1915年至1917年间——甚至之前作过类似的宣称，因此也不可能因此在此时一件尚未发生的事触怒杨白民。参见吴方正：《裸的理由——20世纪初期中国人体写生问题的讨论》，刘伟冬，黄惇：《上海美专研究专辑》，南京：南京大学出版社，2010年，第157-158页。

[6] 朱伯雄，陈瑞林：《中国西画五十年（1898—1949）》，人民美术出版社，1989年，第51页。

[7] 陈定山：《艺术叛徒刘海粟》，《春申旧闻》，世界文物出版社，1971年，第181页。

[8] 《刘海粟复孙传芳函》，《申报》，1926年6月10日。

[9] 陈抱一：《洋画运动过程略记》，引

自赵力、余丁：《中国油画文献（1542—2000）》，湖南美术出版社，2002年，第790页。

[10] 刘海粟：《艺术叛徒》，江苏文艺出版社，2006年，第59页。

[11] 警厅禁示云："饶桂举现任《正义报》八版《艺术周刊》编辑，已在九月二十四日第二期内，载其师刘海粟做《创始雇佣活人模特儿之经过》一文，此为鼓吹裸体画之萌芽，以后类此者或有甚于此者，必层见叠出，以教育最发达、风气最开通之江苏，尚呈请官厅禁止，而江西竟有此社会蟊贼饶桂举，公然提倡淫风，言之痛心，若不禁止，为患滋多等因。"引自朱金楼、袁志煌：《刘海粟艺术文集》，上海人民美术出版社，1987年，第107页。

[12] 上海市参议员姜怀素呈请当局严禁模特儿、严惩刘海粟。详见刘海粟：《人体模特儿》，《时事新报》，1925年10月10日增刊。

[13] 阮荣春，胡光华：《中国近现代美术史》，天津人民美术出版社，2005年，第39页。

[14] 危道丰向上海法院起诉，控告刘海粟侮辱长官，但法院认为理由不充分，不予受理。后危道丰重新以私人资格起诉，控告刘海粟侮辱其个人人格，毁谤名誉，要求赔偿损失。在法庭上，围绕对刘海粟是否侮辱、毁谤危道丰人格名誉的论争，上演了一场滑稽剧。法院最终判决刘海粟罚款50大洋，由于事先承审这件案子的法官已与刘海粟私下沟通好，最终刘海粟表示不在上诉而了结。详见朱伯雄，陈瑞林：《中国西画五十年（1898—1949）》，人民美术出版社，1989年，第60-62页。

[15] 李寓一：《裸体画之美点》，《时事新报》，1925年10月5日。

[16] 刘海粟：《人体模特儿》，《时事新报》，1925年10月10日增刊。

[17] 刘海粟：《人体模特儿》，《时事新报》，1925年10月10日增刊。

[18] 刘海粟：《人体模特儿》，《时事新

（下转第61页）

土山湾画馆对中国工艺与美术教育发展的影响

洪 霞

（南京艺术学院，江苏南京，210013）

【摘 要】土山湾画馆是在西方教会的直接影响与需求下创办的，是中国有史以来最早的西洋美术教育机构，土山湾画馆本身是以西方传教士文化为载体，在复杂多变的社会环境下，渗入了中国的文化形态，建立了适于自身长期运营的模式，并在客观上对中国近代的工艺与美术教育起到启蒙与推进作用。从土山湾画馆走出来很多杰出的画家和美术教育家，他们对中国近百年的美术发展有着深远的影响。

【关键词】土山湾画馆 工艺 美术教育 影响

作者简介：

洪霞，女，江苏句容人，华东师范大学艺术研究所博士研究生。现供职于南京艺术学院。主要研究方向：美术史与美术教育。

中国近代美术教育是伴随着封建社会末期的资产阶级改良主义运动而兴起的，其发展是伴随着经世致用的实用科学而进行。美术教育家姜丹书认为"须知最易感受欧化的，莫先于艺术，莫捷于艺术，莫普遍于艺术，亦莫深刻于艺术"。[1]西洋人传教和通商的关系，使得西方的艺术为国人所认识。

一、对早期美术工艺发展的推进

中国近代美术工艺，从资本主义萌芽的明清江南地区，由分散的、作坊式的生产方式到洋务运动引进西式较为先进的光电、声学等科学技术，尤其是一些有识之士开工厂、办实业，掀起了中国近代工业化道路，并且将近现代的美术工艺与工业生产相结合。到了19世纪中叶的英国就已经将艺术运用到工业化的生产中，出现了工业美术设计，随后手工艺开始复兴，艺术和科学相互渗透的这种形式逐步蔓延到世界各地。

在西方绘画传入的过程中，土山湾画馆正是通过西方传教士将解剖学、光色原理、制图学等相关的学科知识，与美术基础知识、基本技能对接并应用到美术工艺的活动中。在20世纪初，土山湾画馆的印刷、五金、制鞋、月份牌工艺广告画、彩绘玻璃等工艺的急速发展，使原先处于中国美术传统底层的民间艺术，如金工、木工、钳工等技艺性和实用型的艺术门类均得以发展，中国这个时期的美术工艺既接受了西方的新

式工艺，又继承了传统的民间工艺，使美术和工艺向专业化方向更加迈进。

（一）对印刷工艺发展的影响

19世纪下半叶，铅字印刷与排版同时传入上海。1874年，法国严思愠神父（Stanislaus Bernier，1839—1903）来到上海成为土山湾画馆的首任管账，并监管铅版和印书事务，他负责开印第一部书即为《周年占礼经》。1874年，法国翁寿祺修士（Casimirus Hersant，1830—1895）也来到土山湾，帮助严思愠神父掌管印书馆的事务。

从1859年至1878年，这期间翁寿祺修士有13年的时间效力于土山湾画馆，他最大的成就在于他对土山湾印刷厂所做的贡献——是他引进了活字印刷术，使得印刷厂能够以更少的开支印出更多有用的作品。严思愠神父专管排字印书时，翁寿祺修士除了自学排铅字还兼管石印。其印石与石印架子为徐汇堂比利时娄良材修士（Leopaoldus Deleuze，1818—1865）所办。娄良材死后，石印架子因无人使用遂搬入土山湾。起初，印书馆只有两间，故将石印架子装于印书馆西面司务房，由几名法国神父先后写石印小抄（图1）。所抄内容即江南传教事务、新闻等，以满足江南地区的传教所需。

1872年，苏念澄神父从上海购得一台印刷机器，苏念澄便请他来研究这台机器的功能和用法，并培训几名孤儿来操作它。他印刷的中文报纸《益闻录》由李问渔神父主编，该报一直是上海地区发行量最大的刊物之一；凸版印刷的

图1 土山湾彩石印机车间

图2 印刷厂——活版印刷间一角

气象预报也完美到无可挑剔。[2]

后来邱子昂先生帮助翁寿祺司职印书馆十多年，所出版的中西宗教、文学等书籍，散布各地，四海闻名（图2）。

（二）对五金和制鞋工艺发展的影响

早在1880年，土山湾就根据教区各教堂和住所的修葺需要制造各种铁器；自1894年起，又采用中国传统的金箔工艺，开始生产各种弥撒用的镀金产品。1901年，建成中式铸造厂；1907年，又建成锻造工场；最后于1908年建成五金工场，从而将五金工场从细木工场里完全分离出来。

土山湾五金工场有二层，下面一层设有销售处、陈列厅。工场里有很多镀镍、镀铜、镀金、镀银的大槽和很多抛光成品的刷子。上面一层，是金银细作工场。这个工场主要生产、修补各类圣教器皿和一些祭祀用品。在整个远东地区都有人给他们寄圣爵、圣盘、圣餐盒、圣体盒让他们重新镀金。新产品的定单就更多了，世俗用品同样不逊色，在上海的欧洲人十分青睐土山湾生产的大烛台、餐盘、托盘乃至整套厨具。

值得一提的是，很大一部分铜制品的铜都有一个特别的来源。由于1913年7、8月间二次革命中讨伐袁世凯军队，攻打江南制造局的战争，成千上万的子弹或是空弹壳被丢弃在军械所附近曾有过战争的田野里。上海的警察把它们收集起来，并以铜的价格卖掉了弹壳。土山湾生产的很多弥撒器皿用的铜就是这个来源，为徐家汇新祭台新近制造的两个枝形大烛台也是用这批弹壳的铜做的。

在土山湾，有一个大而通风的房间与五金工场平行，那里就是冶炼车间。从创办这个工场以后，这里生产了无数口钟，其中最大的一口有一百公斤重；一些有残疾的工人每天在那里推拉熔炉的中式风箱，靠这种机械的工作挣口饭吃。隔壁的库房下面是锻造工场，生产铁床、教堂和墓地的铁十字架、家具的支架，甚至日式小车（黄包车），这里生产的铁制品可以满足各种定制需要。1911年，一位法国飞行员在执行很了不起的飞行任务时途经上海，发现飞机上的一些零部件在飞行过程中损坏了，好几个部件需要重新制作或者修理。正在这位旅行者一筹莫展之际，人们向他推荐了土山湾的工场。之后他十分满意地看到了自己修整一新的飞机，正如他所说："飞机状况与在巴黎时一样好。"42名工人、50名学徒在这个工场的不同车间里工作。

在土山湾工场的最顶头，有一幢不起眼的小楼，那里是制造和修理管风琴的地方。3名工人和1名学徒在一名神父的临时指导下为教区修理管风琴；利用从法国进口的零部件，他们已经制造出多架管风琴。

此外，自孤儿院创建以来，简单且成本低廉的中式制鞋也是当时年轻人最主要的职业之一。后来，西式制鞋也加入了进来，由工人带领学徒学习，很快学徒就对制鞋要领掌握得非常熟练：女士高帮皮鞋、军用大头靴、走步用或运动用皮鞋、护鞋套，以及各类拖鞋在土山湾都有生产；上海许多中学、中国邮政部门以及当地警局都向土山湾工场订货，这个工场很少有歇工的时候。而且，后来发展为西式制鞋远远超过中式鞋作的规模。

可见，土山湾画馆引进西方先进的工艺技术，这些新技术的使用对当时中国社会的印刷、五金、制鞋、广告及装饰等行业都有较为明显的影响。

二、对中国近代美术教育的影响

土山湾画馆本身不仅是西洋美术教育在中国最早的实践，而且对于打开中国近代美术大规模的专业教育也有着直接的影响。清末以前，国内还没有一所自主创办的近代新式美术教育机构，尤其在科举取仕的制度下，美术是难以受到重视的，在常人眼中那仅仅是些雕虫小技，社会对于美术教育是漠然的。

国内传统的美术教育尚且如此，西画教育则更是无从谈起。这种状况在1902年（农历壬寅年）得以改变，当时管学大臣张百熙、吴汝纶等人以到日本的考察报告为基础，草拟了《学堂章程》，同年8月15日奏准颁布，也就是《钦定学堂章程》，史称"壬寅学制"，这是我国第一个由国家颁布的近代学校体系的法令，虽已公布，但并未执行。

1904年，张百熙、张之洞、荣庆一起合作对《钦定学堂章程》进行修改，于1904年1月（农历癸卯年底）由清政府正式颁布，即《奏定学堂章程》，史称"癸卯学制"。这是我国经法令公布、正式在全国实行的第一个完整的近代学校体系。"癸卯学制"的实施对整个国家的学校教育系统、课程设置、教育行政及学校管理等都做了明确的规定。

"癸卯学制"的施行，真正将美术教育纳入了教学内容，清政府规定凡高级小学以上均应开设美术必修课，从而打破科举制度对美术教育的长期禁锢，为中国近代美术教育奠定了制度基础。

到了20世纪初，在土山湾画馆接受过西画教育的部分学生，一同组织了"加西画室"，他们不仅创作绘画作品，同时也教授西洋美术理论和技法。"这些人中推广西洋画最得力的有著名画家徐咏青、张聿光、丁悚等人。"[3]曾受教于土山湾画馆的周湘是中国近代美术教育的开拓者之一，因当时西画新奇，易于招致有志从事于西洋画艺术的学生，所以他就用油画院的名，设立了这个学院。

1910年，周湘首创中西图画函授学堂和布景传习所于上海旧八区褚家桥，凡聪俊而有志于中西画学者，咸乐于进该校。开学仪式时社会名流梁启超、吴稚晖等皆出席祝贺。……学校除主课绘画外，兼授书法、雕刻、木刻、油画、炭墨等课程，教学法亦颇新颖。时王师子、杨清磐、丁慕琴、张眉荪等均为其最早的学生，乌始光、丁悚、汪亚尘、丁健行等皆为布景画传习所学生。再后又在董家渡天主堂右侧创办上海油画院。受教于土山湾画馆的另一位画家徐咏青也曾在上海四马路开设了一间水彩画馆，在接受商业订作的同时，吸引了大批青年来学习西方绘画。

1912年，张聿光与周湘的学生乌始光、刘海粟、汪亚尘、丁悚等人创办了中国第一所正规新型美术学校——上海图画美术院（后更名上海美术专科学校），张聿光担任校长，刘海粟任副校长。作为西画教育的开拓者，从土山湾画馆走出来的以周湘、徐咏青为代表，通过多年的办学实践为20世纪初近代正规的专门美术院校的建立奠定了基础。上海美专的成立，为中国培养了一大批在中国近代美术教育界有举足轻重地位的美术人才，难怪上海美专自信地认为："如果中国有像西洋似的文艺复兴运动，这（所学校）便是文艺复兴的种子。"到1952年全国高等院校调整，上海美专与苏州美术专科学校、无锡艺术专科学校、山东大学艺术系合并为华东艺术专科学校，后迁址到南京，成立了今天的南京艺术学院。近百年来，这所著名的艺术学府为中国培育了大量的艺术人才。

雕塑方面，受教于土山湾画馆的张充仁于1936年在上海合肥路开设了"充仁画室"，用来培养雕塑上的艺术人才。另一位工艺大师徐宝庆，幼年进入土山湾画馆学习圆雕，一生执着地追求雕刻艺术，成为上海"海派"黄杨木雕的创始人。

土山湾在实业学堂的职业教育上也开了先河，从清政府最初创办学堂的记载中，可以明确了解到西方美术教育，是随着新式学堂的创办而设置的一门学课。早在1864年土山湾创建之初，比利

图3 土山湾雕塑品出售4.2米×4米（550美元）不含四尊雕塑，来自徐家汇藏书楼

时的娄良材修士就成为工场的负责人。娄良材在欧洲的时候就对众多职业的培训工作进行了精心准备，这在他1846年至1864年的传教过程中大派用场——上海和徐家汇的教堂里竹管制作的管风琴就归功于他。他对土山湾教授的所有职业都有十分积极的推动作用。缝纫、印刷、雕刻、绘画、镀金、上漆、木工、管风琴制造、制鞋、耕种，所有职业都归娄良材修士管辖。在职业教育上，土山湾画馆工场的教学模式本身就是职业化的技能养成教育，土山湾画馆的教育方式就是将艺术教育与技能培养充分融合在一起，使这里的学徒学业期满后有安身立命之本，这种教育理念就是现在看来还是先进的（图3）。

从土山湾画馆走出的最早一批从事西洋画活动的画家，他们所处的时代正是我国政治、经济和思想意识上起着巨大变化的时期。他们开创了学习油画、水彩、水粉画的风气，试图用西洋的绘画技法，培养更多学生，改进中国的艺术教育。这种活动具有启蒙的性质，对中国近百年的美术发展，起着积极的推进作用。像刘海粟最早介入美术教育领域，是在周湘的绘画传习所学习，接着

走上创办美术学校的道路，并且一生致力于美术教育。刘海粟的办学基本思路就是在宏阔的社会背景下，强调要在不息的变动中产生不息的研究精神。顺应个性张扬、人性解放的社会思潮，他提出了破除学院主义、容纳新兴画风、尊重自然造化、反对因袭模仿之风，在教育方法上从不笃守一种体系。在他创办上海美专的初期，以其独特的美学思想和艺术教育观念影响了中国近代美术教育方向。土山湾画馆培养了许多优秀的画家和美术教育专家，在很大意义上对中国近代美术教育起到了启蒙与推进作用，在中国近代美术史乃至近代文明史上具有重要的地位。

注释：

[1] 姜丹书：《姜丹书艺术教育杂著》，浙江教育出版社，1991年10月出版，第108页。
[2] 王仁芳：《早期土山湾印书馆沿革》，见《新民晚报》2008年6月25日版。
[3] 朱伯雄，陈瑞林：《中国西画五十年》，人民美术出版社，1989年出版，第30页。

（胡光华审稿）

拉卜楞地区唐卡艺人调查

高 莉[1] 牛 乐[2]

（1.西北民族大学格萨尔研究院，甘肃，兰州，730030）
（2.西北民族大学美术学院，甘肃，兰州，730030）

【摘 要】 坐落于甘南藏族自治州夏河县的拉卜楞寺被称为"世界藏学府"，亦是清代以来安多藏区的政教文化中心。自拉卜楞建寺以来，唐卡艺术就在其周边传承与发展，并逐步形成了独特的师承体系和创作规范。尽管当代拉卜楞地区的唐卡文化已经受到了商业文化的显著影响，出现了传承方式和经营格局上的变化，但是本地画师对于唐卡宗教属性的认知，对于创作中宗教仪轨的重视仍体现了其与拉卜楞寺宗教文化之间密切的关系。

【关键词】 拉卜楞寺 唐卡 传承 调查

作者简介：

高莉，女，汉族，1973年生，甘肃省兰州市人，西北民族大学格萨尔研究院在读博士。《中国唐卡文化档案·甘南卷》项目组成员。主要研究方向：藏族民间美术。

牛乐，男，汉族，1971年生，甘肃省兰州市人，文学博士，西北民族大学美术学院教授，硕士生导师，艺术理论教研室主任，西北民族民间美术研究所所长，《中国唐卡文化档案·甘南卷》项目组成员。主要研究方向：艺术人类学及西北少数民族地区非物质文化遗产研究。

[基金项目]：本论文为2013年度国家社科基金特别委托项目《中国唐卡文化档案》子项目《甘南卷》阶段性成果之一。

拉卜楞寺位于甘南藏族自治州夏河县境内，系藏传佛教格鲁派六大宗主寺之一，始建于清康熙四十八年（公元1709年），位于大夏河上游的夏河县城西，由嘉木样一世华秀·俄昂宗哲应青海和硕特前首旗河南蒙古亲王察罕丹津之请返回故里后募建。在拉卜楞寺未建之前，其地为甘加卡加部落之属地，建寺后，寺院附近地区均随之称为拉卜楞，拉卜楞是藏语"拉章"的音变，意为"佛宫"。拉卜楞寺300余年来经数代嘉木样大师的苦心经营，现已成为继拉萨之后的又一个藏文化中心，是青藏高原上著名的藏文化学府。

自2012年起，课题组对甘南州境内的唐卡艺术发展状况进行了调研，调研内容包括唐卡的从业群体、传承谱系、艺术风格、经营状况等内容。从调查数据来看，大多数从业人员的活动范围均以拉卜楞寺为中心，唐卡画师的艺术水准以及唐卡作品的流通数量亦以夏河拉卜楞地区为首。

一、拉卜楞地区唐卡画师的师承关系

在拉卜楞寺附近居住并从业的唐卡画师占夏河地区画师总数的百分之八十以上，有名气的画师大约有十多位（拉卜楞寺南街画廊画师另附说明），他们多在家中绘制唐卡并收徒授业，学徒少则四五人，多至三四十人不等，这些学徒的来源比较广泛，包括直系亲属、邻居、同乡、慕名而来的外地学艺者（汉族、土族）等，年龄从15、16岁到40岁不等，学徒学习期间的生活费用有的自行承担，也有的由师傅提供，所需的绘画工具材料等均由师傅无偿提供。学习三至五年后能够帮助师傅绘制完整唐卡的学徒，师傅除了负担其生活费用还发给工资，工资的多少根据其工作的数量与质量而定。（参见图1、图2）

在藏族画师家中吃、住、学的徒弟和师傅的关系通常十分融洽，对于学成出师后自谋出路的学徒师傅大都比较宽容，也很乐意继续帮助他们，但是这个周期通常在三五年以上。在采访中，也遇到过出师后继续留在师傅身边工作的徒弟，也有未完成学业即自己开设画廊独立经营的学员。此外，学习过程中重新选择师傅的学徒也比较常见，对于

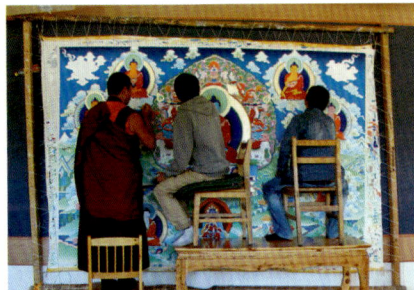

图1 唐卡画师指导弟子

图2 工作中的唐卡学徒

这种情况很多的师傅居然表示理解与支持，这一点让我们十分意外，这一情况也验证了为什么画师们通常表示自己有好几位师傅（藏族唐卡画师一生中只跟随一位师傅学艺的徒弟并不多见），这种传统的授业方式不但增进了师徒的感情，也使得唐卡画风格的传承避免了单一化的发展。

唐卡画师们对入门前的唐卡学徒通常有这样的要求，第一，不能抽烟、喝酒。第二，要保证学习时间，不能无故缺勤。第三，崇敬唐卡艺术，在绘制时不能有任何不敬的行为，如在画之前，念经、祈祷、洁身，在绘制过程中不近女色，不吃蒜，注重保持端庄的坐姿、站姿等。一般来说，唐卡学徒的学习时间为三至五年，但师傅们普遍认为要想成为一位合格的唐卡画师通常需要学习10年的时间。在学习期间，离家较远的学徒多住在师傅家中（藏式木结构的二层楼房间很多）或在附近租住房屋，离家近的则每天往返。学徒对师傅非常尊敬，多数师傅都是亲自教授新学徒，也有因为学徒众多而无暇亲授，让自己的高徒教授新学徒的情况，不过只限于一两家大型的商业画室。

二、对唐卡画师的采访

（一）女性画师的出现

在拉卜楞寺附近，我们遇到一些正在学习或绘制唐卡的青年女性，据当地画师说，5年以前都没有见到过哪位画师

招收女性徒弟的，但是近一两年内招收女性徒弟对画师们来说逐渐变得平常。我们在附近的画廊或画室中见到了很多位学习唐卡的年轻女性，这些女性有画师的亲属，也有慕名来学艺的女性出家人，其中还有一位来自河北的21岁汉族女孩，她是家中的独生女，现在是拉卜楞寺附近尼姑寺院的出家人，除了在寺院完成必须的功课之外，在寺院师傅的允许下来学习绘制唐卡。在采访中女孩们介绍，她们学习唐卡均出于个人的喜好，以前唐卡画室不招收女性学徒，现在能来学习唐卡她们感到十分幸运，从她们认真的绘制中，明显能感受到她们对唐卡艺术的热爱。（参见图3）

一般来说，这些女性学员和其他的男性学徒作息时间一致，早上8点开始学习，中午休息，下午2点半继续学习，有时女孩们还会帮助师傅家准备大家的午饭。她们在学习了基本的度量方法和规则之后开始练习上色技巧，主要内容是

渲染唐卡边上的小花瓣，还有专门练习勾线、熬胶和调配颜料的课程。在学习绘制唐卡的过程中，女性学徒并不会受到特殊的照顾，有些女孩子反而比一些男学徒更加刻苦。据了解，这些女学徒的亲属对此大都十分支持，不过到目前为止，夏河地区的女性唐卡画师还没有学成出师的。[1]

（二）祖孙三代的唐卡画师之家

在拉卜楞寺附近我们寻访到了祖孙三代绘制唐卡的画师家族，现年83岁高龄的唐卡画师乔丹加先生讲述到，他出生于青海同仁的牧民家庭，自小家境贫寒，学习唐卡一方面是为了生计，另一方面也是出于个人喜好，他21岁时来夏河县绘制唐卡，随后在夏河的扎油乡成家定居，因绘制唐卡的技艺高超被当地人美称为"扎油画师"。乔丹加的儿子仁子道吉和孙子娘吉合加均是当地有名的画师，儿子仁子道吉常年在广州等地绘制唐卡，孙子娘吉合加自小受到他的精

图3 学习唐卡的女性出家人

心培养，乔丹加对孙子的画技相当认可，但是对儿子常年在外地从事唐卡的工作有些看法。

乔丹加先生患有严重的眼疾，近一两年来已很少绘制唐卡。我们采访他时，他家中还有半年前开始绘制但尚未完成的释迦摩尼像，他说要尽快治愈眼睛后好完成这幅作品。（参见图4）乔丹加先生不会书写藏文，每次在完成的作品背面拓印上自己的私章防止他人仿冒。他还把从印度和尼泊尔带来的优质矿物颜料和一些自己常年使用的自制绘画工具尽数传授给自己的孙子娘吉合加，娘吉合加也十分珍惜爷爷送给自己的绘制工具，倍加珍爱，言谈之中自豪之情溢于言表。

乔丹加祖孙三代都认为绘制唐卡不但是养家糊口的工作，同时也是一项神圣的工作，是他们的人生修为，因此每画一幅唐卡就是一次虔诚的修行过程，并且认为绘制的过程和寺院僧人的修行

有同样的功效。他们对自己现在的生活状态比较满意，认为这是因为常年绘制唐卡而受到了神佛的保佑与庇护的结果。

（三）僧侣画师希热布

希热布是一位53岁的僧侣画师，据他介绍，自己出生于青海果洛，自幼出家并在10多岁开始学习绘制唐卡，21岁时来到夏河拉卜楞寺跟随寺内的唐卡师傅进一步学习唐卡，后又在青海同仁学习，25岁时还跟随名师安多强巴学习过一年。希热布绘制的唐卡题材十分丰富，除了传统题材之外甚至也画老虎、牦牛等动物。这些唐卡不但有传统的勉唐风格，也有很多写实性作品，体现出安多强巴式的立体造型手法，在布景和构图方面亦有自己的独创（在配景处添加吉祥动物）。自2005年以来，希热布已经举办过近20次唐卡画展，足迹遍布国内外，经常举办大规模的画展花费了他很多的心血，但是他也在这个过程中发现了商业契机，找到了属于自己的位

置。

希热布所开设的唐卡画室在拉卜楞寺附近规模最大，学徒多达三四十位，还投资开设了唐卡展览中心和唐卡文化艺术公司，并投资旅游业和餐饮业等商业实体，其中展览中心还在2008年6月获得了国家级非物质文化遗产传承基地的荣誉。由于社会活动繁忙，希热布近年已经很难抽出时间来亲自教授学徒，但是慕名而来的客户和学习者还是络绎不绝，目前他的画室除了绘制传统题材的唐卡外还绘制各种商业用途的大型唐卡。

在夏河，我们和当地的群众进行了一些交流，当地的普通百姓们对希热布画师从事各类商业活动并无异议，但是对他创作的"牦牛"的唐卡（用写生的方法描绘了一只站立在雪地的牦牛）却很有意见，大家甚至认为，作为僧侣画师不该有如此行为，认为"唐卡"本应是祭拜、供奉的法物，而牦牛是牲畜，因此把牦牛画成唐卡的做法欠妥。

从这一情况可以看到，唐卡在藏族百姓的心目中不是单纯的工艺品与商品，而是宗教仪轨的延伸，在大多数藏族百姓的观念中，不论是绘画、印刷品还是照片，只要表现的是神佛图像就可以认作是"唐卡"，这种对唐卡的观念和态度与历史上唐卡的产生、发展、用途是保持一致的。

（四）贡去乎嘉措画师和他的恩师柔扎活佛

贡去乎嘉措画师今年42岁，生于夏河县甘加乡的普通牧民家庭，自幼学

图4　乔丹加画师和他待完成的唐卡

习绘制唐卡。他的恩师是拉卜楞寺的柔扎活佛，今年已经有89岁高龄。据他介绍，师傅在绘制唐卡之前有很多宗教方面的仪式，比如看日子、念经，绘制过程中还强调一些禁忌。在贡去乎嘉措画师的心目中，师傅作为一位活佛不但修为出众，而且学识渊博，为人谦和，师傅的高尚品德是他终生追求的目标。

就在我们采访他之前不久，由于远居印度的恩师身体不适，贡去乎嘉措不远万里前去探望。他提到师傅曾经对他说："如果我能再画50年的话，恐怕才能够懂得一点点的唐卡知识"，言语中透露出对于恩师的敬爱之情。我们的采访过程中，听到多位画师提及柔扎活佛，包括很多在当地很有名气的年长画师也很推崇这位活佛，甚至一致认为柔扎活佛的作品可以代表夏河拉卜楞地区唐卡的最高水准。

贡去乎嘉措本人在当地也是非常有名的画师，备受同龄画师的推崇，他的作品在严格遵守《度量经》的基础上糅合了一些西方的明暗画法，尤其佛像面部的明暗渲染恰到好处，不同于传统的渲染方式，似乎是受到了印度佛像雕塑的影响。他的作品形象十分生动，衣纹、花饰的线条流畅，色调丰富绚丽，层次感强烈，配景部分的描绘亦十分的精致。他的徒弟们介绍说，师傅对他们的要求很严格，尤其是注重品德方面的培养。

（五）青年画师仁青道吉

仁青道吉今年29岁，是夏河人，目前在距离夏河县城30公里之外的王格尔塘镇开设唐卡画室，画室毗邻213国道，从省城兰州开车进入夏河收费口之前，就可以看到他的唐卡培训中心。

仁青道吉和我们攀谈起来有条不紊，很认真地回答我们提出的所有问题，让人感觉他是个内心很平静的人。据他介绍，他初中起就跟随叔叔学习绘制唐卡，后又跟随康区的画师进行过一段时间的学习。仁青道吉还说他不喜欢喧闹的拉卜楞大街，因此不想在县城中心开画廊。由于他的画技出众，镇政府支持他在这里设立了唐卡培训中心。唐卡培训中心有三间简易的砖房作为工作室和展馆，展厅中间展示着一幅他耗时两年绘制的大型唐卡，装裱十分精美，展厅靠南面设有供桌，师徒几人每日都在此举行一些供奉仪式。

仁青道吉师徒平时的生活比较简朴，对来访之人都很友好。仁青道吉对唐卡的供奉仪轨十分重视，认为只有心灵纯净之人绘制出的唐卡才有价值，他只画唐卡给供奉者本人，不接受中介商的求购，也不承接低价的应制唐卡。

三、唐卡画师们的行为规范及商业活动

近年来随着甘南州地方经济的发展和旅游业的兴起，从事唐卡绘画的从业人员也迅速增加，其中既有学艺时间较长有一定成就的画师，也有只学习一两年就急于从事商业绘画的学徒，甚至听说有个别画技勉强的画师自己并不能很好地画出佛像的基本轮廓，因而借助扫描和打印别人作品的手段起稿描绘。对于这种行为，画师们普遍都比较鄙夷。但是在采访过程中，我们并未在现场发现此类行为，因此这种情况应该属于特例，如果真有此类情况，画师们在这个行业中也难以立足。

拉卜楞地区的画师们普遍认为，现在画唐卡的人越来越多，但是和他们的师傅辈相比，优秀画师的比例却在减少，因为更多的年轻画师只是把画唐卡作为谋生手段，不再作为一种修行过程。由上述观点可以看到甘南地区唐卡画师的传统，那就是将宗教仪轨作为唐卡绘画重要的组成部分。但是在采访中，我们也的确遇到一些画师很看重仪轨，他们能做到在画唐卡时清洁身体、不吃气味强烈的食物、不讲粗鄙的话语，在自己的画室洁净处都供奉佛像，并且将一些仪轨作为每日必做的功课之一。

在拉卜楞寺南面有一排专门经营唐卡的画廊，画廊对面每天都有络绎不绝转经筒的藏族群众和游客。最早在这里开设唐卡商铺的画师今年30多岁，是贡去乎嘉措画师的徒弟，跟随师傅学艺之后于1997年开设了拉卜楞第一家专门给游客画唐卡的画廊，这家画廊空间不大，只有三十平方米左右，前厅用做接待客户和绘制唐卡的场所，后厅用于休息和用餐。

总体来说，拉卜楞寺南面画廊的顾客主要是外来的游客，因此生意十分兴隆。到目前为止，这里的唐卡画廊已经发展到15家，经营者既有夏河本地画

师，也有青海热贡、果洛以及西藏地区的画师，他们也招收一些帮助绘制唐卡的学徒。此外，这里还有两家专门装裱唐卡的商铺。（参见图5）

当地藏族百姓把常年在家中绘制唐卡和招收徒弟的画室称作"画师家"，而把拉卜楞寺周围的唐卡商铺称作"画廊"，意思是这里的唐卡主要是为了满足商业需求，是专门对外地游客出售唐卡的地方，在绘制的过程中也没有必要的修行和仪轨，因此和他们心中真正意义上的唐卡有所不同。

图5　唐卡画廊内景

四、唐卡画师的画具及颜料

在绘制唐卡的工具和材料方面，我们发现当地的画师并不自制研磨颜料，而是直接使用磨制好的粉末颜料。因为甘南本地出产少量的颜料原矿，多数画师使用的颜料都从外地采购，每个画师的采购地点不完全一样，采购地点和师承的出处也有一定的联系。这些颜料粉既有从青海热贡、西藏拉萨采购的，也有从印度、尼泊尔采购的，还有从内地一些大城市采购的，在采访中我们也遇到在兰州城隍庙采购的情况，但是画师反映那里的颜料性能始终不够稳定，完全靠运气。此外，也听说有画廊的学员用广告颜料绘制唐卡的，我们也的确见到过用广告颜料绘制的小幅唐卡。

根据采访和调查，我们得知夏河拉卜楞本地并不出产颜料矿石，所以用于唐卡绘制的颜料均从外地购进，有些画师看到有好品质的粉状颜料，就大量购入一些，也有不慎用了质量差的颜料而毁掉了一幅画的情况，多数画师仅凭眼睛就能分辨出颜料的优劣来。对唐卡画师来讲，颜料的好坏直接关系着唐卡的好坏，因此画师们对颜料的要求普遍都很高。由于一般唐卡中使用的黑色比例很小，所以夏河的唐卡画师们使用的黑色并不是磨制颜料，而是国画中使用的瓶装"一得阁"墨汁。

金色在唐卡的绘制中十分重要，一幅唐卡"描金"的好坏直接影响着唐卡的质量等级，所以画师们对"金"的要求较高，描金使用的金色是画师们用纯金金箔碾磨和揉制出来的。这是一项很费力的工作，一般用金箔制成能够使用的金色要有一到两天的研磨时间，磨制的过程在外人看来是十分枯燥的，中间不能停顿，据说研磨的时间越长画出来的金色越明亮。这些金色先用手研磨到一定程度之后再揉成绿豆大小的圆形颗粒并收入小盒子中备用，使用时再用少许熬制好的木胶（或再加入少许胡麻）捣碎调和使用，我们在桑德加画师家中看到女眷为他磨制金箔，手指和鱼际上已经磨出了一层厚厚的茧。（参见图6）

拉卜楞地区的画师对于画具十分关注，对于画具的使用甚至有某种神秘主义的认识，十分珍视一些传统的或者祖传的画具，但是也并非永远墨守成规。画师们常用的画具如画笔、炭笔、量尺、标尺、圆规、手垫等多数是自己加工制作的，偶尔也用买来的大白云、湖笔之类的毛笔，但是普遍反映最好用的还是自己用貂毛制成的笔（一种小型的黄鼠狼的皮毛，体长大约为30—40厘米）。例如，娘吉合加画师的爷爷送给他的自制貂毛笔他只在绘制重要部位时

图6 研磨金色颜料

才使用，平时绘制时用自己做的貂毛笔。一般来说，画底稿用的炭笔都是画师自己烧制的，有用柳条枝的，还有用椴木条的，最近仁青道吉画师发现用一次性的木质筷子烧制出来的炭笔也很好用，也有画师现在直接用马利画材出品的木炭条。

此外，还有一些更为细致的自制工具，如娘吉加合加画师使用的月牙形的玛瑙笔是他描绘金线的独门法宝，据说是爷爷的师傅辈曾经使用过的，经过几代唐卡画师汗水的浸染，玛瑙笔已变得晶莹剔透。

五、唐卡画师对甘南唐卡的源流之争

在采访画师之前，我们专门设立了一些与拉卜楞地区唐卡源流相关的问题，没想到这些问题却引来了画师们的争论。这些争论大致分为两派：一派认为甘南的唐卡艺术源于热贡；另一派的看法截然相反，认为甘南唐卡源于藏传佛教的传入，兴盛期和传播期应是第一世嘉木样雅巴（华秀·俄昂宗哲）对夏河拉卜楞寺的创立时期。

乔丹加画师认为甘南的唐卡是从青海热贡地区传承过来的，宁玛派僧侣画师桑德加则认为是和佛教的传播以及寺院的建立相关联的。贡去乎嘉措画师的论述较为详细，他认为甘南唐卡自寺院建立之初就有唐卡画师汇集，以后的活跃是因为拉卜楞寺近300年来在佛学界研究的建树和知名程度吸引大量的唐卡画师集聚在拉卜楞寺的。他听师傅说以前的热贡地区并没有现在这样的繁荣，绘制唐卡的人只有吾屯村里为数不多的画师，虽然在热贡地区隆务寺周围也集聚了一些画师，但多数以游走于各大寺院常年以绘制壁画为主。从拉卜楞寺建寺

以来，经过历代嘉木样的次第经营，佛学事业的空前发展吸引了四面八方的信徒汇集此地，供奉和需求唐卡的人群随之猛增。同时，由于热贡距离拉卜楞寺不足100公里，所以热贡的唐卡画师也被吸引到拉卜楞寺地区生活和工作，而拉卜楞寺地区对唐卡的大量需求也促使了热贡地区唐卡产业的发展。

据《甘肃文史资料选辑·第一辑》，《拉卜楞寺概况》卷中记载：第一世嘉木样初建拉卜楞寺，从印度和尼泊尔请来了画师和铜塑师，尼泊尔工匠在工程完工后未回国，落户于寺东之霍尔卡加。[2]我们在夏河的达麦乡也找寻到了当代人称之为"瓦吾仓"（藏语意为尼泊尔家庭）的尼泊尔铜塑师后裔。

此外，根据许多画师的口述，直到"文革"前夕的几年内，拉卜楞寺地区的唐卡艺术还很兴旺，有很多从各地来的画师们在这里生活，因此他们的师承关系也都比较广泛。"文革"期间甘南各地的寺院均遭受到了不同程度的严重破坏，僧人们被强行遣散，民间供奉唐卡的需求量减少，也直接破坏了唐卡艺术的生存环境，画师们也被迫返回各自的家乡以农牧业为生，因此，当代拉卜楞地区的唐卡画室都是改革开放后逐渐恢复起来的。

结　语

经过多次田野调查，我们对夏河拉卜楞地区唐卡艺术的传承与现状有了一个初

步的了解和认识，总结起来有如下几点：

首先是拉卜楞地区唐卡画师的来源和传承情况。根据文献记载和口传史的叙述，唐卡最初都是由寺院的僧人绘制和传授的，但是在走访中我们发现现在的拉卜楞寺并没有专职画唐卡的僧人，据拉卜楞寺印经院的僧人叙述，拉卜楞寺内已经有很多年没有专门绘制唐卡的僧人了，但是有出家后还俗在外学习唐卡绘制的人。同时，在调查过程中许多画师都表示，他们中的大部分人并不是在夏河拉卜楞本地出生的，是寺院文化和周边良好的商业环境吸引着他们在此生活与工作，这一情况说明了寺院的营造、宗教文化的传承和商业旅游文化的需求同为构成拉卜楞地区唐卡艺术发展的重要基础，而商业旅游文化的发展则是近年拉卜楞地区唐卡产业快速发展最直接的动力。

其次是对于"唐卡"的界定以及评价标准，从田野调查中我们了解到，普通的藏族群众和职业的唐卡画师对于唐卡的界定和评价标准有所不同。对于不从事唐卡绘制的普通藏族群众来说，区别唐卡与非唐卡的标准并不是材质和形式，而是内容和使用功能。因为唐卡艺术是供奉品，因此必然和宗教规范有密切联系，只有被供奉的法物才是真正意义上的唐卡，否则，纯粹商业用途的、没有适合的供奉场所的唐卡则不是真正意义上的唐卡。而唐卡画师们则认为一幅唐卡要从两个方面去评价：一是画师的技艺水准和艺术表现能力的高低；二是画师是否在绘制过程中怀有虔诚的心境以及是否遵循必要的宗教仪轨，正如青年画师仁青道吉所述，品德端正的人绘制出来的唐卡也很端正。从这一点可以看出，拉卜楞地区的画师们大多对于职业操守十分重视，并且将其当作重要的行业评价标准，这些特点应该与拉卜楞寺300多年的寺院宗教文化传承有密切的联系。

注释：
[1] 笔者在2009年拉萨附近的画廊中见到过18岁的女性学习绘制唐卡的情况，据时间推算，拉萨画廊招收女性要早于夏河。
[2] 见于内部资料《甘肃文史资料选辑·第一辑》，《拉卜楞寺概况》卷，中国人民政治协商会议甘南藏族自治州文史资料委员会，1982年4月编辑。

参考文献：
[1] 智观巴·贡却乎丹巴绕吉.安多政教史.甘肃民族出版社，1989
[2] 康·格桑益希.藏族美术史.四川民族出版社，2005
[3] 察仓·尕藏才旦.热贡唐卡.青海人民出版社，2011
[4] 甘南藏族自治州文史资料委员会.甘肃文史资料选辑·第一辑.拉卜楞寺概况，1982年4月编辑。
[5] 华锐东智.拉卜楞民俗文化.青海民族出版社，2004

（汪小洋审稿）

（上接第50页）

报》，1925年10月10日增刊。
[19] 傅雷：《现代中国艺术之恐慌》，《艺术旬刊》，1932年第1卷第4期。
[20]《陈抱一先生对于人体画之解释》，《申报》，1925年10月7日。
[21] 刘海粟：《人体模特儿》，《时事新报》，1925年10月10日增刊。
[22] 李文华：《北京大学游艺会记》，《美术》，1919年第二期，第7-9页。

[23] 倪贻德：《论裸体艺术》，节选自倪贻德：《艺术漫谈》，上海光华书局1928年，引自赵力，余丁：《中国油画文献（1542—2000）》，湖南美术出版社，2002年，第470-471。
[24]《申报》，1922年6月21日。
[25] 刘海粟：《人体模特儿》，《时事新报》（增刊），1925年10月10日。
[26] 刘开渠：《禁止展览裸体画》，《晨

报》（副刊），1924年7月，引自郎绍君、水天中：《二十世纪中国美术文选（上）》，上海书画出版社，1999年，第120-121页。
[27] 刘开渠：《禁止展览裸体画》，《晨报》（副刊），1924年7月，引自郎绍君、水天中：《二十世纪中国美术文选（上）》，上海书画出版社1999年，第121页。

（胡光华审稿）

犍陀罗佛像起源问题的再讨论

——贵霜佛陀钱币研究

赵 玲

（浙江大学人文学院，浙江杭州，310028）

【摘 要】佛像创始于古印度贵霜王朝，这是佛教艺术史上的大事件。从贵霜秣菟罗和犍陀罗的考古遗品来看，迟至迦腻色迦王即位前后，佛像就已经诞生了。犍陀罗地区出土的一批"BOΔΔO"铭贵霜钱币，是长期以来备受关注的具有贵霜王序的佛像基准之作，有学者指出，这是佛像的最早遗例。但是，将佛像铸于流通的钱币上，理应是佛像盛行之后的事。而且，贵霜佛陀钱币的数量极少。可以说，至少在迦王前后，犍陀罗地区还并不特别关心佛教。

【关键词】贵霜王朝 佛像 钱币

作者简介：

赵玲，1981年生，女，汉族，江苏常熟人，浙江大学人文学院博士后。主要研究方向：佛教美术。

［基金项目］本文为第53批中国博士后科学基金资助项目"南印度阿玛拉瓦蒂佛教造像研究"（资助编号：2013M531444）阶段性成果。

公元1世纪前后，古印度贵霜王朝（Kushana）统治下的犍陀罗（Gandhāra）和秣菟罗（Mathurā）与南印度安达罗王朝（Āndhra）的阿玛拉瓦蒂（Amarāvatī），分别兴起了佛教造像活动，掀起了兴建佛塔、雕造佛像的高潮。然而，近百年来，以欧洲学者为先导的佛教美术研究，对犍陀罗艺术倾注了极大的热情，认为佛像起源于犍陀罗，是源于欧洲人的信仰和偶像传统，是西欧艺术在东方的荣耀。然而，这一意见直到现在还有种种争议。基于海内外学者对古印度早期佛教造像的考古发现以及近年来中国出土的考古遗物，我们越来越倾向于这样的认识：佛像起源于中印度秣菟罗，犍陀罗晚于秣菟罗或受其造像风尚的影响而产生佛像；独具风貌的阿玛拉瓦蒂佛像，具有显著的本土渊源[1]，犍陀罗在古印度佛教艺术中的地位和作用有待重新评估。之所以认为佛像首先产生于秣菟罗，第一，犍陀罗出土的公元2世纪向佛陀出示佛像的优填王造像，已表明2世纪犍陀罗地区的佛像制作者也认为佛像首先产生秣菟罗地区。[2]第二，佛像在印度产生并向周边扩散，就中国发现的最早佛教造像遗物，主要受秣菟罗影响。[3]第三，现存诸种以秣菟罗为佛像起源地的传说版本，说明这种说法在公元2世纪前后已经得到了公认。[4]第四，犍陀罗出土的贵霜钱币上铸造的佛像，不会是佛像的首例，而且恰恰体现了佛像在当时的流行。

在释迦牟尼佛涅槃[5]后的数百年内，并没有创制佛像。即使是在佛教艺术兴起以后，也只是创造了以窣堵波崇拜为主体的艺术形式，用菩提树、空宝座、法轮、窣堵波、佛足印等象征物来代替佛陀的存在。直到贵霜王朝[6]迦腻色迦王时期（Kanishka，约公元78—101年，参见附表），在犍陀罗、秣菟罗和阿玛拉瓦蒂三地各自创制了专门用于礼拜、供奉的迦王铭释迦石像。所以，迟至迦王即位前后，古印度就已经诞生了最早的一批释迦造像。其中，贵霜国王[7]发行的在反面铸有佛像、铭刻"BOΔΔO（佛陀）"的钱币，是具有明确断代基准的佛教造像，自发现以来就受到学术界的广泛关注。这些钱币主要在贵霜朝统治下的犍陀罗及附近的迦毕试（Kapisa，今阿富汗）等地流通，我国新疆和田地区和楼兰遗址等处，也有少数出土。所以，贵霜佛陀钱币是构成和判定犍陀罗佛像断代序列的重要考古遗物，并对佛像东渐的历史有重要参考价值。

一

由于贵霜佛陀钱币形成了独立的佛像风格序列，是作为犍陀罗佛像起源和佛像编年问题的重要参照，获得了国际学界的广泛关注和讨论。

首先，欧日学者的研究，体现了对犍陀罗佛像起源说的极大热衷，其中就包括佛像起源于犍陀罗贵霜钱币的说法。美国学者因·戈尔特（Harald Ingholt）曾在他1957年的著作《巴基斯坦犍陀罗艺术》中，明确了佛像起源于贵霜钱币的看法："佛的人格化最初出现在迦腻色迦时的某些铸币上，那自然是无可争议的事实"[8]。巴基斯坦学者穆罕默德·瓦利乌拉·汗曾指出，"佛陀像最早被铸在钱币上，而后才产生了灰泥塑像和石雕像"[9]。

稍后，休玛（S. J. Czuma）和乔·克里布（Joe Cribb）等人的钱币研究则指出了佛像的秣菟罗起源说。1985年，美国克利弗兰美术馆出版了《贵霜雕刻》展览图录，作者休玛指出，虽然迦腻色迦王钱币上雕刻的佛像是犍陀罗除迦腻色迦舍利容器之外具有明确纪年的最早佛像，但秣菟罗佛像的制做要早于犍陀罗。[10]英国的钱币学者乔·克里布也在同年发表了类似的见解。[11]他基于迦腻色迦王钱币上佛像的图像表现，推定此种式样佛像的样本及年代，明确了迦腻色迦王钱币上表现的佛像是模仿大型石刻佛像制作的，秣菟罗佛像早于此年代。[12]

另外，对于佛像何时起源于铸币的讨论，学界主要有塞种纪元说和迦腻色迦纪元说两种观点。印度学者那拉因（A. K. Narain）依据佛像初创于钱币的看法，开创性地提出了佛像塞种起源的新说，他指出，塞种人（Saka）[13]在毛厄斯（Maues，约公元前95—前75年）时期就在国王钱币上制作了结跏趺坐，施禅定印的佛陀形象；阿瑟斯一世（Azes I）钱币也表现了结跏趺坐的佛陀像，或者至少是菩萨像；他还进一步认为，贵霜朝丘就却王钱币的结跏趺坐人物也是

佛陀。从而，他得出了早于塞种时期，佛陀造像就已经被制作的结论。[14]事实上，那拉因将毛厄斯等国王钱币背面人物认作佛像，尚无明确的依据。法国碑铭学者付斯曼（G. Fussman）以能推断犍陀罗美术年代的作品为依据，尝试性地对初期犍陀罗美术进行了单独的编年。他得出了迦腻色迦钱币上佛立像属于迦腻色迦最晚年代遗品的结论，即75年（+x）+22年（+x）=100（+x）年间[15]（x为迦腻色迦王即位的公元纪年数）。

由此可见，犍陀罗出土的佛像钱币，是关乎犍陀罗佛像起源的具体时间、佛像起源点，以及西域佛教美术入传中国的时间等关键问题的重要考古资料。

二

根据考古资料和发布的钱币图像分析，贵霜佛陀钱币主要有金币和铜币两类，其中，金币约4枚、铜币约14枚（资

料收集或还有疏漏，但并不影响对钱币造像序列的讨论）。这些铸币多属迦腻色迦期间铸造。金币均为正面国王像，反面佛陀立像，刻有希腊语铭文和迦王戳记，可推定所属年代为公元78至101年间。铜币有立像和坐像两种，对其所属国王和佛像身份等的判定较金币则具有较大争议。

（一）金币（AU）：四枚金币币面上均表现了祭坛前站立着的迦腻色迦王，反面是立佛，有头光和身光，身着袈裟，右手举起施无畏印，左手举起握着衣袍的一端。佛像右侧铭刻"BOΔΔO"，左侧刻迦王戳记（文中讨论的铭文、戳记的左右位置，均以国王和佛像为基准）。佛陀均为正面立像，造像特征几乎相同，但佛像头光有单轮和双轮两种样式，故分为两类讨论。另外需要说明的是：

第一类金币，正面迦腻色迦王，反面佛陀立像，单头光样式。这类金币仅见一枚（图1），是在Ahin-posh（阿富

正面　　　　　　　　　反面

图1　迦腻色迦金币。采自：克雷文著，王镛等译：《印度艺术简史》，中国人民大学出版社，2004年，第68页，图50。

汗）的一座废塔出土的。表面有磨损，保存基本良好，属佛像金币的典范之作。货币直径2.03厘米，重7.08克，大英博物馆藏。[16]

钱币正面为迦王立像，面朝向右侧基坛，带着头盔和王冠，穿着长袍、长靴、披风，有焰肩纹。迦王右手提着小型圣火坛，左手拿着长矛，左腰佩有一把剑。钱币边缘刻希腊文铭文，从七点钟位置顺时针旋转为：p AONANO p AOKA（右侧），NH p KIKO pANO（左侧）。

反面为佛陀正面站立像，佛陀头部的细节由于磨损变得模糊不清，但是拉长的耳垂和头发梳起顶髻（uśnisa）或发束清晰可见；头后有单轮头光和椭圆形身光；穿着郁多罗僧（uttarāsanga，上衣）、安陀会（antarvāsaka，内衣）和僧伽梨（sanghāti，大衣），三衣刻线清晰可见；右手举起施无畏印，左手握僧伽梨。铭文位于佛陀右侧，从上往下是BO Δ Δ O。佛陀左侧为迦王戳记"𐨀"，

可知此枚钱币的制作年代属公元78至101年的期间。

第二类立像金币，正面迦腻色迦王，反面佛陀立像，双头光样式。共见三枚。从这三枚金币正反面的造像、铭文、戳记来看，与前述大英博物馆藏者并不出自同一模具。其中，第一枚波士顿博物馆藏和第二枚日本私人藏两币很可能用同一模具压制而成，属相同年代范围。第三枚巴黎图书馆藏的金币则为又一种模具所制，但从造像特征和压制技法看，应为与前两枚相同时期之作。

1. 波士顿博物馆藏的这枚迦王佛陀金币（图2），保存十分完好。[17]正反面造像样式基本与大英博物馆藏金币相似。钱币表面基本无磨损，造像面部特征、衣纹刻线均清晰可见。略有残损的是钱币正反面右下方由于压制位置不正导致缺损。

正面为迦王立像，国王身体正面直立，脸朝右侧。国王留有络腮胡，头戴

宝冠，身着长袍、长筒靴和披风，肩部有火焰刻纹，右手拿圣火坛，左手执矛，腰部佩剑。周围刻希腊字铭文，正面从七点钟位置顺时针旋转为：p AONANO p AOKA（右侧），NH p KIKOpANO（左侧）；

反面佛陀立像，佛陀面部特征明显，头部有明显的头发刻线，头顶似乎为束起的发束而不是肉髻。头后有双轮头光。衣袍为通肩对称式，从举起的右手悬挂至握着衣袍的左手，悬挂成一个大大的U字形。施无畏印的右手掌心有法轮印。佛陀右侧铭文从上往下读为：BOΔΔO。左侧迦腻色迦王戳记："𐨀"。

2. 田边胜美发布的一枚日本私人收藏的金第纳尔（Dinar，货币单位）钱币（图3），重7.89克，直径2.07厘米。[18]此枚金币与前一枚波士顿博物馆藏的很可能是用同一模具压制出来的，但是压制的位置不同，因而两者的图像信息可互作参照补充之用。

钱币正面是迦腻色迦一世立像，脸朝右侧，右手执圣火坛，左手抓着长矛；国王留着络腮胡，头戴华丽的王冠，腰间佩戴一把长剑。从这枚金币看，国王上身裸露，仅在颈部系着披风，尾端迎风飘起，右侧肩部有火焰纹，双脚穿着巨大的长筒靴。周围刻有希腊字铭文，正面从七点钟位置顺时针旋转为：PAONANO PAOKANHPKIKOPANO。

反面释迦牟尼佛穿着僧服（僧伽梨）正面直立，身着通肩对称式僧袍。右手举起施无畏印，手掌刻着一个表示法轮的圆环，左手抓着衣袍的一端，呈U字形衣纹特征。头后有头光和身光表

正面

反面

图2 迦腻色迦金币。采自：[巴基斯坦]穆罕默德·瓦里乌拉汗著，陆水林译：《犍陀罗》，五洲传播出版社，2009年，图12-1（2）。

现，头光为双环状，身光为椭圆形；佛陀面部特征清晰，眉毛表现很浓厚、笔直，呈水平状；眼睛睁开，呈现大圆形，耳垂拉长；头部笔直而浓密的刻线更像头发，顶部突起更像发束。双脚的侧面表现较粗糙。佛陀右侧铭文从上往下为BOΔΔO，左侧是迦腻色迦一世在钱币上通用的国王戳记"𗀁"。

需要说明的一点是在双层光轮的左侧还有一个椭圆形的凹陷。田边胜美认为这一点与波士顿博物馆藏钱币是用一个模具压制而成的。[19]因为类似的表现也出现在波士顿博物馆藏金第纳尔钱币上。这个事实说明了这两件第纳尔属相同模具压制而成，这个凹陷记号至少证明了它们是用同一个模具压制而成，是属于相同年代或时期的作品。

3. 另一枚藏于巴黎国立图书馆（bibliothèque Nationale，Paris）的四分之一第纳尔金币，仅见发布钱币反面照（图4）。[20]从发布的反面图像来

看，佛像表现与上述波士顿博物馆藏金币和日本私人藏金币造像和铭文为同一类型，佛像正面直立，穿U字形通肩对称式衣袍。右手施无畏印，掌心有法轮印，左手举起握着衣袍的尾端。双轮头光样式。头发刻线明显。佛陀右侧铭文BOΔΔO，左侧是迦王戳记"𗀁"。

（二）铜币（AE），迄今发现约十四枚。这类钱币的佛像有立像和坐像两种。整体来看，这些铜币似乎并没有一定的铸造规范，尤其是反面造像、铭文和戳记的排列，具有较大的偶然性和随意性，且铜币的铸造工艺更为欠佳。因此，为佛像铜币的铭文释读和年代判定带来了困难。大致而言，根据立像的基本特征，可以分为正面直立样式和三屈式两类，其中，正面直立式又据衣纹特征分为通肩对称和袒右肩两种样式，共计八枚。坐像则仅一种，共七枚。以下对钱币铭文、戳记的左右位置的说明，也是以国王和佛陀为基准的。

反面

图4 迦腻色迦四分之一第纳尔，反面，巴黎国立图书馆藏。采自：G. Fussman, Monnaie d'or de Kanishka inedite，au type du Buddha, *Revue Numismatique*, t. 298（1982），图1。

第一类立佛铜币是与金币相同的造像特征，铭文均为Sakamano Boudo或为其缩写。与金币不同的是，这类铜币反面的国王戳记，大多数位于佛像右侧边缘，由于佛像的铭文占据了左右两边，戳记只能压印在右侧铭文右端，钱币边缘的狭小空间内。这种情况看似是由于铸币工人没有计算好准确的空间位置而造成的。

1. 现藏大英博物馆的一件保存较为良好的迦腻色迦铜币（图5），[21]双面压制稍有错位，钱币正面上方铭文残缺不全；反面佛像右侧戳记和铭文略有残缺。

钱币正面与金币相似，为国王正面站立像，脸朝右侧圣坛方向，穿着长筒靴和披风，右手提着小型圣火坛，左手执长矛。钱币因磨损，无衣纹刻线。钱币边缘希腊字铭文，从七点钟位置顺时针旋转为：（ρAO）KA（右侧），NH

正面

反面

图3 迦腻色迦一世金第纳尔，日本私人藏。采自：Katsumi Tanabe, Kanishka I's Coins with the Buddha Image on the Reverse and Some References to the Art of Gandhara, *Orient*, Vol. 10（1974），pp. 31-56，图1，图2。

正面　　　　　　　　　　　　反面

图5　迦腻色迦铜币，背面立佛，大英博物馆藏。采自：Harald Ingholt，Gandharan Art in Pakistan，New York：Pantheon，1957，图版III.3。

反面　　　　　　　　　　　　反面

图6　维玛·卡德费赛斯王（？）立像铜币，反面。采自：A. Cunningham, Coins of the Kushans or Great Yue-ti, pt. III, *Numismatic Chronicle*, vol. 12（1892），图版VIII，9。

图7　维玛·卡德费赛斯王立像铜币，反面，像容类似图5。采自：Wilson，H. H., *Ariana Antiqua: a descriptive account of the antiquities and coins of Afghanistan*, London：East India Company，1841，图版XIII，1。

（pKI）（左侧）。

反面为释迦牟尼佛正面立像，像容和金币相似，头后有单轮头光表现，无身光。佛陀面容已磨损，有长耳垂和顶

髻特征，穿着僧袈裟，通肩式，无衣纹刻线。佛陀右手举起施无畏印，左手握衣袍边缘。（在这个类型的钱币上，佛像的左臂和身体形成一个角度，身体表

现僵直）。铭文从十一点钟位置逆时针旋转为：CAKAMA（右侧），NOBOΔΔO（左侧），译为Sakamano Boudo。国王戳记：反面右侧，铭文外侧的钱币边缘，疑为迦腻色迦王戳记。

2. 另一件由坎宁汉（Cunningham）发布的铜币，（图6），与前一枚大英博物馆藏铜币基本类似。[22]

钱币正面未见发布。反面佛陀立像身着通肩式僧袍，无衣纹刻线。双手举至胸前，疑为转法轮印。佛陀像容不详，头后单轮头光。反面铭文从十一点钟位置逆时针旋转为：CAKAM（右侧），NOBOYΔO（左侧）。国王戳记也刻于佛陀右侧，铭文的外部边缘，疑为丘就却王（Kujula Kadphises，公元前20—20年）戳记符号："𝍶"。但是从造像样式和铭文书写来看，疑与前述迦腻色迦铜币（图5）相同时期之作。

3. 相类似的还有另一件仅发布反面的立像铜币（图7）。压制和保存均良好。[23]模制像容与前举两枚铜币均相似。

钱币正面未见发布。反面佛陀立像，穿通肩对称式僧袍，双手举至胸前，疑为转法轮印。佛陀像容不详。头部两侧和头顶刻线疑为头发。身后疑为双轮头光，无身光。铭文从十一点钟位置逆时针旋转为：CAKAMD（右侧），（BOY）ΔO（左侧）。佛陀右侧铭文外侧刻国王戳记，疑为丘就却王戳记"𝍶"。然而根据造像样式和铭文戳记的压制习惯，疑同属迦王时期之作。

4. 旁遮普博物馆（Punjab Museum）

藏的一件立佛铜币磨损较严重，且钱币反面压制错位，导致佛像右下方部分铭文缺失（图8）。[24]

钱币正面未见照片发布，据旁遮普博物馆图录的描述，正面为国王站立像，戴尖顶头盔，身披长而重的外套和长裤，左手执长矛，面向小圣坛献祭。正面铭文（希腊字母）：p AO KANH p KI（P. M. C., p. 186）；反面从十一点钟位置逆时针旋转为：（CA）KAM（右侧），（BOD）ΔO（左侧）。

反面为释迦牟尼佛正面站立像，通肩式僧袍，衣纹和脸部特征均磨损，头顶有高大的顶髻，头后有圆形头光，单轮，无身光。佛陀右手举起施无畏印，左手握着衣袍边缘。铭文不详。佛陀右侧国王戳记，位于佛像右侧，铭文和佛

像之间，为迦腻色迦王戳记符号："\ue000"。

5. 另一件旁遮普博物馆藏的立像铜币，保存基本良好。反面佛像完整，下部铭文稍有缺失（图9）。[25]

钱币正面未见发布，据馆藏图录，上有国王像和铭文，与前述铜币相同。正面铭文（希腊字母）：p AO KANH p KI（参见：A. Cunningham, Coins of the Kushans or Great Yue-ti, pt. III, Numismatic Chronicle, vol. 12（1892）, Vol. XII, p. 43）。

反面为释迦牟尼佛正面站立，有乌腻瑟和长耳垂表现，有圆形头光，披着僧袈裟，通肩样式，疑为通肩右袒式。佛陀右手举起施无畏印，左手握着衣袍边缘。铭文从十一点钟位置逆时针旋转

为：CAKAM（右侧），NOBOYΔO（左侧）。在这枚铜币上，国王戳记的位置值得注意，上一枚旁遮普博物馆藏铜币（图8）相同，是位于反面右侧铭文和佛像中间的位置，疑为丘就却王戳记符号"\ue000"。但是，从戳记位置和钱币规范来看，铸币工人显然已经能够很好地安排它们的合理位置，不应为丘就却时期之作，疑为迦王晚期或晚于迦王之作。

6. 另一件铜币，据图录描述可知[26]，是与前一枚旁遮普博物馆藏立像铜币（图9）相似。

铜币反面大致与上一枚相似，但是手印疑为转法轮印，并且佛像形状表现与上述的僵直表现不同。另外，国王戳记依旧置于铭文外部的钱币边缘位置，戳记为迦腻色迦王标志符号"\ue000"。

第二类的立佛铜币，正面国王像基本相同，以反面立佛身着袒右肩样式僧袍为主要特征，这种袒右肩样式，类似秣菟罗早期巴拉立佛的基本特征。佛像双手置于胸前，疑为转法轮印。佛陀脸部特征不详，头顶有明显的头发刻线。头后有头光，类似亚历山大时期的希腊艺术中太阳形光轮，是一种在圆环四周有发射状射线的特殊样式。[27]这种情况很可能是由于不熟悉佛教的工人将佛陀混淆成了希腊神而造成的。此类头光样式的德拉克马（货币单位）铜币仅发现一件（图10），压制左下侧缺失，已有大量磨损[28]。正面表现同上大英博物馆藏铜币像型。铭文仅存右侧，从上往下大致为：（C）AKA（M），左侧缺

反面

图8 迦腻色迦铜币，反面，旁遮普博物馆藏。采自：R. B. Whitehead, Catalogue of Coins in the Panjab Museum, Lahore, Vol. I: Indo-Greek Coins, Oxford: Clarendon Press, 1914, pl. XVIII, 113.

反面

图9 迦腻色迦铜币，反面，旁遮普博物馆藏。采自：Wilson, H. H., Ariana Antiqua: a descriptive account of the antiquities and coins of Afghanistan, London: East India Company, 1841, 图版XIII, 2。

失部分疑为Boudo。国王戳记未见，或为磨损。

第三类立佛铜币中，佛陀呈三屈式姿态表现，是前举例子中均未见到的样式。[29]这类铜币仅见一枚（图11，日本私人藏）。

正面国王像未见，据田边胜美的叙述，像型与前举第一类和第二类铜币相同。

反面佛陀姿态表现有所改变，为三屈式像型。佛陀身着通肩对称僧袍，衣纹清晰可见。脸部则磨损严重，像容不详，头部依稀可见头发刻线和头顶束发样式。头后有圆形单轮头光。右手举起施无畏印，左手置于腰间（或者握着袍子边缘）。钱币边缘希腊字铭文，正面从七点钟位置顺时针旋转为：p AOKA（右侧），（NH）p KI（左侧）；反面从十一点钟位置逆时t针旋转为：（CAKAMA）（右侧），BOY Δ O（左侧）。国王戳记位于右侧，铭文和佛像之间，为迦腻色迦王戳记"𡧲"。

第四类为坐佛铜币。坐像的分类相对简单，目前所见的坐像几乎都为铜币。此类铜币尽管铭文刻写为佛陀，但从坐像像容来看，具有较为明显的菩萨特征，下文详述。

1. 此件坐像铜币（图12），保存良好，反面下部铭文压制略有残损。[30]

正面国王像与立像铜币类似。铭文（希腊字母）：p（A）OKA（右侧），NH（p KI）（左侧）。

反面为佛陀正面坐姿，佛陀结跏趺坐于凸起的宝座上，穿着通肩僧袈裟。头部像容不详，头顶有大顶髻和长耳垂特征（或为耳环？），头后是小圆点排列成的圆珠纹头光，极为特殊，无身光；右手举起（施无畏印），左手置于左大腿上（握着袍子边缘）。反面铭文从十一点钟位置逆时针旋转为：CAKA（右侧），OBOY Δ（左侧）。根据坎宁汉（A. Cunningham）的释读，为O Δ Δ O BO Δ（DMA）。国王戳记位于反面右侧，铭文与造像中间，造型特殊，疑为迦腻色迦王戳记符号："𡧲"。

2. 具有类似坐像特征的（图13）还有现藏于大英博物馆的一枚铜币。这枚铜币保存较为良好，正面国王立像左侧和反

反面

图10 迦腻色迦王立像铜币，反面，头光上有向外的射线。采自：Wilson, H. H., *Ariana Antiqua：a descriptive account of the antiquities and coins of Afghanistan*, London: East India Company, 1841, 图版XIII, 3。

反面

图11 迦腻色迦佛陀立像铜币，三屈式，反面。日本私人藏，铜币直径：2.3厘米，重：16.30克。采自：Katsumi Tanabe, Kanishka I's Coins with the Buddha Image on the Reverse and Some References to the Art of Gandhara, *Orient*, Vol. 10（1974），图版I，图XII（反面）。

反面

图12 迦腻色迦王铜币，反面，坐像有菩萨的装束特征。采自：*Journal of the Royal Asiatic Society of Great Britain and Ireland*, Volume XIV（1900），new series，图版2，图6。

面下部铭文压制有错位,铭文残。[31]

正面的特征基本没有变化。正面铭文(希腊字母):NH p KI(仅存右侧)。

反面为佛陀正面结跏趺坐在宝座上,通肩样式,无衣纹特征,仅在身体边缘看到浅浅的刻线。头发特征明显,有顶髻,耳环(大耳垂?),头后有单轮头光,无身光。右手举起施无畏印,左手置于左腿上。可以说,此枚钱币造像具有较为明显的菩萨特征:头发显然没有剃度,两侧的耳垂更像是耳环的表现。反面铭文从十一点钟位置逆时针旋转为:BAGOB(右侧),OUΔO(左侧)。未见国王戳记。

3. 另一件钱币严重腐蚀锈化严重的坐像铜币,国王名不详,背面坐佛,大英博物馆藏(图14),图像和文字都已不清晰。[32]

正面为国王站立像,右手提着一个小型圣火坛(与立像铜币相似)。正面铭文已残损。

反面为佛陀正面结跏趺坐在宝座上,通肩样式。头部有大顶髻和长耳垂(或为耳环,与前举坐姿造像相似,图13),有头光,单轮。造像右手举起,右手放于大腿上。反面铭文大致为:OBOYΔ(左侧),(CAKAMAN)(右侧)。国王戳记未见(磨损?)。

4. 另一件坐像铜币[33]。正面为国王站立,右手提小圣火坛,穿着长袍和披风。铭文(希腊字母)已残损,可能为p AO KANH p KI。

反面为佛陀正面结跏趺坐在长方形台座上,有一双宽大的脚;右手靠近胸

口,施无畏印,左手握成拳头置于左大腿上;有头光、顶髻和长耳垂;双肩有衣袍的褶痕。据说与上枚铜币坐像(图14)较为相似。

5. 迦腻色迦王四德拉克马铜币,背面坐佛,大英博物馆藏(图15)。[34]这

图13 迦腻色迦王坐像铜币,反面,菩萨特征。采自:Percy Gardner, *Catalogue of Indian Coins in the British Museum: Greek and Scythic Kings of Bactria and India*, London: the Trustees, 1986, p. 175, 图版32。

枚坐佛铜币品相较为完整,受到了亨廷顿等多位研究者的关注。

正面为国王站立像,与立佛铜币一样。正面铭文(希腊字母):(p AO KA)(左侧),NH p KI(右侧)。

反面为佛陀正面盘坐在宝座上,带

图14 迦腻色迦王铜币,背面坐佛,大英博物馆藏。采自:Harald Ingholt, *Gandharan Art in Parkistan*, New York: Pantheon, 1957, 图版III, 4。

正面　　　　　　　　　　反面

图15　迦腻色迦王铜币，背面坐佛，大英博物馆藏。采自：Harald Ingholt, *Gandharan Art in Parkistan*, New York：Pantheon，1957，图版III，5。

反面　　　　　　　　　　反面

图16　迦腻色迦王坐像铜币，反面，塔克西拉出土，与图15弥勒坐像像型类似。采自：Marshall, J., Taxila, Cambridge, 1951, vol. III. 图版243, No. 261。

图17　迦腻色迦王坐佛铜币，反面。采自：Katsumi Tanabe, Kanishka I's Coins with the Buddha Image on the Reverse and Some References to the Art of Gandhara, *Orient*, Vol. 10（1974）, pp. 31-56, Pl. IV, XIX.

圆形头光和长耳垂，穿着僧伽梨，通肩样式。佩戴珠宝、耳环、项链和腰链、臂钏，具有明显的菩萨特征。双手举

置胸前（疑为转法轮印）。头上有大顶髻，后有单轮头光。反面铭文从十一点钟方向逆时针旋转：MET［P］［A］G

（右侧），ΟΒΟΥΔ［Ο］（左侧）。依据亨廷顿（Jone C. Huntington）的释读，为：Mē trauo Boudo（弥勒佛）。[35]

6.另一件坐像铜币（图16），塔克西拉达摩拉吉卡佛塔（Dharmarajika Stupa）出土。[36] 钱币有磨损，反面压制缺失左侧文字。

铜币正面为国王站姿，左手持长矛。正面铭文（希腊字母）：…H ρ KI（左侧）。

反面为佛陀正面像，结跏趺坐在宝座上，有巨大的顶髻和长耳垂（或为耳环），身着通肩僧袈裟。右手举起呈施无畏印，左手置于左腿上，像形特征与前一枚弥勒像（图15）类似。反面铭文已磨损。

7.与上一枚塔克西拉出土的铜币相似的一枚坐像铜币（图17），压制的错位和坐像、台座、铭文等基本特征均与上一枚铜币（图16）十分相似。大量磨损。[37]

正面未发布，但据说是迦腻色迦一世的流通钱币。

反面为佛陀正面盘腿坐在宝座上，长耳垂，头部其他特征不详。佛陀穿着通肩僧袈裟，右手施无畏印，左手置于左大腿上。铭文已磨损，国王戳记未见。

三

这些钱币主要流通于古印度犍陀罗地区，体现了当时这里佛像制作的概貌。其中，四枚佛陀金币均为迦腻色

迦王时期之作，佛像的样式基本相似，均铭刻"BOΔΔO"（佛陀）。佛陀铜币也基本上属迦腻色迦期间或之后的作品。造像有坐像和立像两种，坐像有明显的菩萨特征。造像大部分铭刻"Sakamano Boudo"（释迦牟尼佛）或为其缩写，坐像中有铭刻为"Mē trauo Boudo"（弥勒佛）数枚像例。通过以上梳理，可以发现，钱币上铸造佛像，说明佛教在当时已经得到了广泛流行。同时，相比其他希腊、婆罗门神祇，佛像在贵霜钱币中为数很少，这客观地反映了当时犍陀罗了解和选择佛像具有偶然性。另外，坐佛铜币中，出现将菩萨成为"佛陀"的现象，这表明造像出现在将"菩萨"和"佛陀"称呼互相通用的佛像制作的早期，并且，这种现象大约来自中印度秣菟罗。

（一）从贵霜钱币对佛像的选择看犍陀罗佛像的起源

尽管有学者认为迦腻色迦佛陀钱币是最早佛像遗例，但佛陀形象在钱币上的发行和流通，理应是在佛像盛行之后的事。也就是说，至少在迦腻色迦在位期间，佛像的创制已经开始流行，并形成了一定的规模。而在钱币对佛陀造像的选择，也具有偶然性。

关于迦腻色迦国王钱币反面选择佛陀形象表现的根据，罗森菲尔德（Rosenfield）推论式地提出，反面造像的选择说明了该神祇与国王的联系，"君主即神的同伴和支持者"，以此使具有神奇色彩的君王钱币类型在世界上发行宣传。[38]乔·克里布也认为，迦

腻色迦选择的神祇表现了他以宗教为目的的选择，神像不仅有贵霜以前帕提亚人的宗教偶像，也有迦腻色迦统治下印度人的信仰。惟一一个没有在钱币上表现的在他的王国繁荣的重要宗教是耆那教（Jainism）。[39]也就是说，从帕提亚（Parthia）时期的印度教湿婆（Siva）神像，到贵霜时期的佛像，都被国王用在钱币的背面。与此同时，我们注意到，佛陀钱币的数量极少。换句话说，国王并不特别关心佛教乃至佛像。[40]由于贵霜帝国统治地域中民族众多，信仰复杂，而当政者采取宽容的宗教政策，所以在其钱币背面铸出的神像中，希腊的以及祆教、婆罗门教、佛教的神祇都曾出现。[41]因此，在王币上表现佛陀的选择大约是很偶然的。根据其中一枚铜币立佛像的太阳形头光看（图10），至少在迦腻色迦前后，犍陀罗地区还不特别关心佛像，对佛像的理解还处于混同于希腊、祆教和婆罗门教神祇的最初阶段。

（二）从"弥勒佛"铭钱币的造像身份看贵霜佛陀钱币创制的大致时间

坐像铜币共七枚，呈现了显著的菩萨特征，铭文大多铭刻造像为"某某佛"，但造像却为菩萨装扮，铭文与造像身份似乎存在着不对应。值得注意的是，亨廷顿对大英博物馆藏迦腻色迦铜币（图15）的释读，为"Metrago Boudo"（弥勒佛）。然而我们知道，弥勒是未来佛，应当是菩萨。所以，将"弥勒"称作"佛"的现象，在佛与菩萨有明确区分的年代是不可能犯的错误，两者尚

未区分的现象只可能属于比较早的年代。而且，这种现象最初流行于秣菟罗早期佛教造像中。[42]

大英博物馆藏的坐像铜币（图15），首先由克里布释读为"Mētrauo Boudo"（弥勒佛），随后，亨廷顿的释读肯定了克里布的结果。但令人疑惑的是，铭文将未来佛弥勒称为"佛"而不是"菩萨"，这样的称呼似乎并不符合弥勒菩萨的身份。对于这个问题，德立芙（Van Lohuizen-de Leeuw）女士发表于1949年的论述已经给出了很好的解释：

在我们的观点中，最可能的解释是菩萨这一词语的意思已经改变了，也就是说，长期以来，这个词语比原先的时候需要一个更大的限定域。菩萨这个词的字面解释，"他的本质（或对象）是完美的知识"，绝不限制为觉悟之前的人的命名。它自身在文法叙述上使用这个将要证得菩提的菩萨称号也没有异议。……例如从一尊在菩提伽耶发现的笈多64年铭的佛像的铭文上，这尊造像碑命名为菩萨，我们即可猜测到，菩萨一词语义变窄成为习惯是公元4世纪才开始的。[43]

德立芙明确了"佛陀"和"菩萨"语义在最初并不区分，"佛陀"和"菩萨"的称呼是可以互换的，两者意思的区别，是公元4世纪才开始的。这也解释了秣菟罗早期佛教造像均将佛陀称为菩萨的特殊现象。因此，依据德立芙的说法，钱币造像为菩萨特征，铭文为"佛"，这是可以理解的。并且，我们可以据此判断其时间段应当属于公元4世

纪以前的时期。

四

犍陀罗出土的佛像钱币对佛教艺术早期阶段的研究一直是作为争论焦点的重要资料。以上对佛像钱币造像特征和铭文的辨疑，为犍陀罗佛像起源的一些问题提供了新的解释：首先，钱币佛像的出现，是当时佛像的制作已经普及和流行的体现。尤其是在佛像表现的相好、衣纹等特征上，已经呈现出了显著的样式化，也就是说，迦腻色迦王钱币上表现的佛像是具有比较大规模的佛像为基本样式和规范的。其次，佛陀钱币较其他贵霜王币而言，制作数量并不多，而且，佛像中某些元素与其他希腊神祇的混同，似乎说明佛像在犍陀罗地区并不流行和受重视，贵霜钱币的制作模范很可能来自秣菟罗。第三，坐佛铜

附表：前贵霜和贵霜王朝年表 [45]

早期塞种和帕提亚统治者	公元纪年	国王戳记
毛厄斯（Maues）	公元前1世纪中期	
阿瑟斯一世（Azes I）	阿瑟斯纪元（Vikrama Era）创始者，公元前57—？年	
阿瑟斯二世（Azes II）	公元6—17年	
娑达萨（Sodasa）	？—公元15—？年	
第一贵霜	公元纪年	
赫拉奥斯（Heraios）	公元前60—前20年	
贵霜王丘就却（Kujula Kadphises）	公元前20—20年	
维玛·塔克图（Vima I Taktu）	公元20—55年	
维玛·卡德费塞斯（Vima II Kadphises）	公元55—77年	
第二贵霜	公元纪年	
迦腻色迦一世（Kanishka I）	77/78—101年	
瓦西什卡一世（Vasiska I）	102—106年	
胡维色伽一世（Huvishka I）	106—140年	
瓦苏提婆一世（Vasudeva I）	140—176年	
迦腻色迦二世（Kanishka II）	177—194年	
瓦西什卡二世（Vasiska II）	199—205年	
迦腻色迦三世（Kanishka III）	218—？年	
瓦苏提婆二世（Vasudeva II）	234—？年	

币中将菩萨称为"佛"的现象，表明造像制作于"菩萨"和"佛陀"两者语义尚不明确区分的公元4世纪之前的时期，而这种造像风尚和习俗很可能是受到了秣菟罗的极大影响。

注释：

［1］赵玲：《论南印度阿玛拉瓦蒂佛教造像》，台湾：《世界宗教学刊》2013年12月（总第二十二期）。

［2］阮荣春：《佛教南传之路》，湖南美术出版社，2000年，第8-9页。

［3］阮荣春：《佛教南传之路》，湖南美术出版社，2000年，第13-47页。

［4］赵玲：《印度秣菟罗佛教造像研究》，上海三联书店，2013年，第19-28页。

［5］据2013年11月25日，一支国际考古队在尼泊尔蓝毗尼园摩耶夫人庙发掘到一座公元前6世纪的木结构佛教寺庙，这是迄今为止发现的最古佛教建筑。考古队负责人之一英国杜伦大学考古学家坎宁汉（Robin Coningham）指出，这项新的考古发现，很可能为重新推定佛陀诞生于公元前6世纪提供重要参照。详见：http://news.nationalgeographic.com/news/2013/11/131125-buddha-birth-nepal-archaeology-science-lumbini-religion-history/（2013/11/25）

［6］贵霜王朝（Kushan）始于公元前后，贵霜人原先是中国敦煌与祁连山一带游牧民族月氏的一支。公元前1世纪初，月氏翕侯丘就却（Kujura Kadphises）在喀布尔（Kabul）河流域建立贵霜王朝，中国史籍称之为大月氏。参见范晔：《后汉书·西域传》，中华书局，1965年，第2921页。

［7］1993年，阿富汗巴格兰（Baghlan）地区出土了一件贵霜新碑铭——腊跋闼柯碑铭。对腊跋闼柯铭文四位国王序列的释读，首次确立了早期贵霜的王系。参见：赵玲：《解读印度贵霜早期国王和年代的重要实物依据——腊跋闼柯贵霜碑铭述考》，中国人民大学书报资料中心《宗教》2013年第1期，第20-28页。

［8］引自［美］因·戈尔特著，李铁译：《犍陀罗艺术》，上海人民美术出版社，1991年，第20页。原文参见：Harald Ingholt, *Gandharan Art in Parkistan*, New York：Pantheon, 1957, pp. 24, "It will be natural to start with an undisputed personification of the Buddha：that which occurs on certain coins of King Kanishka."

［9］［巴基斯坦］穆罕默德·瓦利乌拉·汗著，陆水林译：《犍陀罗艺术》，商务印书馆，1997年，第98页。

［10］S. J. Czuma, *Kushan Sculpture：Images from Early India*, Cleveland：The Cleveland Museum of Art, 1985.

［11］J. Cribb, The Origin of the Buddha Image — the numismatic evidence, *South Asian Archaeology*, 1981, Cambridge, 1984; J. Cribb, A Re-examination of the Buddha Images on the Coins of King Kaniska：New Light on the Origins of the Buddha Image in Gandhara Art, A. K. Narain（ed）*Studies in Buddhist Art of South Asia*, New Delhi, 1985.

［12］J. Cribb, The Origin of the Buddha Image — the numismatic evidence, *South Asian Archaeology*, 1981, Cambridge, 1984; J. Cribb, A Re-examination of the Buddha Images on the Coins of King Kaniska：New Light on the Origins of the Buddha Image in Gandhara Art, A. K. Narain（ed）*Studies in Buddhist Art of South Asia*, New Delhi, 1985. 乔·克里布反对根据塞种阿瑟斯钱币作为第一批佛像遗品的断代，认为那只不过反映了年代的上限。指出包括公元前1世纪末至3世纪的作品。

［13］即斯基泰人（Scythians）。中国《史记》、《汉书》称之为塞种、尖帽塞人或萨迦人。

［14］A. K. Narain, First Images of the Buddha and Bodhisattvas：Ideology and Chronology, *Studies in Buddhist Art of South Asia*, New Delhi, 1985.

［15］G. Fussman, Un Buddha inscrit des debut de notre ere, Bulletin del Ecole Francaise d'Extreme, *Orient*, LLXVII, 1980; do., Numismatic and Epigraphic Evidence for the Chronology of Early Gandharan Art, in Marianne Yaldiz and Wibke Lobo, eds., *Investigating Indian Art：Proceedings of a Symposium on the Development of Early Buddhist and Hindu Iconography Held at the Museum of Indian Art, Berlin, in May 1986*, Berlin, 1987, pp. 67-88.

［16］Percy Gardner, *The Coins of the Greek and Scythic Kings of Bactria and India in The British Museum, Catalogue of Indian coins in the British Museum*, London：Trustees, 1886, p. 130, pl. XXVI, 8。

［17］Hanns Swarzenski, *Museum of Fine Arts, Boston：bulletin*, volume LXIII, number 334, 1965, p.147, 图10。

［18］Katsumi Tanabe（田边胜美）, A New Gold Dinar of Kanishka I with the Buddha Image, *Orient*, Vol. XXIII, 1987, pp. 132-133.

［19］Katsumi Tanabe（田边胜美）, A New Gold Dinar of Kanishka I with the Buddha Image, *Orient*, Vol. XXIII, 1987, p. 134.

［20］G. Fussman, Monnaie d'or de Kanishka inédite, au type du Buddha, *Revue Numismatique*, t. 298（1982）, pp. 155-169.

［21］Percy Gardner, *The Coins of the Greek and Scythic Kings of Bactria and India in The British Museum, Catalogue of Indian coins in the British Museum*, London：Trustees, 1886, 图版XXVII, 2. N. C. Vol. XII, 图版VIII, 10; Ingholt, H., *Gandharan Art in Pakistan*, New York：Pantheon, 1957, pl. III, 3.

［22］A. Cunningham, Coins of the Kushans or Great Yue-ti, pt. III, *Numismatic Chronicle*, vol. 12（1892）, 图版VIII, 9。

［23］Wilson, H. H., *Ariana Antiqua：a descriptive account of the antiquities and coins of

Afghanistan，London ：East India Company，1841，pl. XIII，1.

［24］R. B. Whitehead，*Catalogue of Coins in the Panjab Museum*，*Lahore*，*Vol. I*：*Indo-Greek Coins*，Oxford：Clarendon Press，1914，pl. XVIII，113.

［25］Wilson，H. H.，*Ariana Antiqua*：*a descriptive account of the antiquities and coins of Afghanistan*，London ：East India Company，1841，pl.XIII，2.

［26］A. Cunningham，Coins of the Kushans or Great Yue-ti，pt. III，Numismatic Chronicle，Vol. XII（1892），pl. VIII；*Journal of the Royal Asiatic Society of Great Britain and Ireland*，Volume XIV（1900），new series，pl. 2，7.

［27］富歇等学者认为这种素面型制的光轮（即头光）在犍陀罗佛像中得到表现，正是受到希腊影响的明确标志。参见：富歇（A. Foucher），*L'art greco-bouddhique du Gandhara*，Paris：E. Leroux，1922，I，p. 42。

［28］Wilson，H. H.，*Ariana Antiqua*：*a descriptive account of the antiquities and coins of Afghanistan*，London ：East India Company，1841，pl. XIII，3.

［29］Katsumi Tanabe，Kanishka I's Coins with the Buddha Image on the Reverse and Some References to the Art of Gandhara，Orient，Vol. 10（1974），pp. 31–56.

［30］*Journal of the Royal Asiatic Society of Great Britain and Ireland*，Volume XIV（1900），new series，pl. 2. 图6.

［31］Alfred Von Sallet，*Die Nachfolger Alexanders des Grossen in Baktrien und Indien*，Kessinger Publishing，1879，pl. VI；Percy Gardner，*Catalogue of Indian Coins in the British Museum：Greek and Scythic Kings of Bactria and India*，London：the Trustees，1986，p. 175，图版32。

［32］A. Cunningham，Coins of the Kushans or Great Yue-ti，pt. III，*Numismatic Chronicle*，vol. 12（1892），pl. XVIII，fig. 12；Ingholt，H.，*Gandharan Art in Pakistan*，New York：Pantheon，1957，pl. III，4.

［33］Gupta，P. L.，Punch-marked Coins from Bairat，*JNSI* 8（1946），24–29，pl. III，2.

［34］A. Cunningham，Coins of the Kushans or Great Yue-ti，pt. III，*Numismatic Chronicle*，vol.12（1892），pl.XVIII，14；Ingholt，H.，*Gandharan Art in Pakistan*，New York：Pantheon，1957，pl.III，5.

［35］参见：Jone C. Huntington，A Re-examination of a Kaniska Period Tetradrachm Coin Type with an Image of Metrago/Maitreya on the Reverse（Göbl 793.1）and a Brief Notice on the Importance of the Inscription Relative to Bactro-Gandharan Buddhist Iconography of the Period，*Journal of the International Association of Buddhist Studies*，Volume 16，Number 2，Winter 1993，pp.355–374.另一件类似坐像铜币见：《特别展菩萨》，奈良国立博物馆，1987年，图8。

［36］Marshall，J.，*A guide to Taxila*，London：Manager of publications，1936，vol. III. pl. 243，No. 261.

［37］Mainichi-Shinbunsha，Catalogue of the Exibition "Alexander Daio no Michi-from Parthenon to Shosoin"，given by Dr. H. Watanabe，1971，p.16（in Japanese）.转引自：Katsumi Tanabe，Kanishka I's Coins with the Buddha Image on the Reverse and Some References to the Art of Gandhara，*Orient*，Vol.10（1974），pp.31–56。

［38］Rosenfield，*Dynastic Art of the Kushan*，Berkeley：University of California Press，1967，pp.69–74.

［39］Joe Cribb，Kanisk's Buddha Coins — The Official Iconography of Śākyamuni & Maitreya，*The Journal of the International Association of Buddhist Studies*，ed.，A. K. Narain，University of Wisconsin，Madison，USA，Volume 3，Number 2，1980，pp.79–88.

［40］高田修著，高桥宣治、杨美莉译：《佛像的起源》，华宇出版社，1985年，第139页。

［41］孙机：《佛像的火焰肩和火焰背光》，中国历史博物馆考古部编：《中国历史博物馆考古部纪年文集》，科学出版社，2000年，第207页。

［42］赵玲：《印度秣菟罗早期佛教造像研究》，上海三联书店，2013，第229–242页。

［43］Van Lohuizen-de Leeuw，*The "Scythian" Period*，Leiden：Brill，1949，pp.178–179.

［44］赵玲：《印度秣菟罗早期佛教造像研究》，上海三联书店，2012年，第38–39页，"前贵霜和贵霜王朝谱系表"。国王戳记符号，参见：A. K. Akishev，Art and Mythology of Sakas，*Science*，*Kazakh SSR*，*Alma-Ata*，1984，Tab. X. Kushan "royal tamgas"，corresponding with rule of kings.

（何志国审稿）

济南高新区埠东村清代壁画墓初探

杨爱国[1] 房道国[2]

（1.山东省石刻艺术博物馆，山东，济南，250011）
（2.济南市考古研究所，山东，济南，250011）

【摘　要】中国古代墓室建筑装饰自出现到消亡经历了数千年发展历程，在这个过程中，虽然朝代在不断的更换，社会也在不断地发生着变化，但始终有一些东西，不论是形式，还是内容，在不断地延续着，虽然也有变化，但中心思想变化不大，由此可见传统的力量。

【关键词】传统　清代　壁画墓　埠东村　对联

作者简介：

杨爱国，1963年生，男，江苏如东人，山东省石刻艺术博物馆研究馆员。主要研究方向：考古学。

房道国，1961年生，男，山东济南人，济南市考古研究所研究馆员。主要研究方向：考古学。

传统的生命力往往会超出人们的想象。大的方面不谈，请看与丧葬礼俗相关的几个实例。西周时期形成的以鼎为中心的礼器组合，在春秋时期就已经遭到破坏，但直到东汉时期仍有人对此念念不忘[1]；古代墓室建筑装饰的生命力比墓中随葬礼器更强，即使从西汉时期砖室墓和石室墓兴起之后的壁画墓、画像砖墓和画像石墓开始算起，直到清末，墓室建筑装饰的历史也在两千年以上。无可讳言的是，古代墓室建筑装饰的艺术水平在盛唐达到高峰以后，从中唐开始就走下坡路了，尽管如此，它还在顽强地坚持着，直到20世纪初的清末，仍然有它的身影，而这时离中唐已经有一千多年了[2]。笔者曾就明代墓室建筑装饰对元代墓室建筑装饰的继承进行过探讨[3]。与此同时，我们也注意到，传统在被继承的过程中，也在悄然发生着变化，组合中一些东西被替换了，如战国墓仿铜陶礼器中的鼎、豆、壶变成了鼎、盒、壶，鼎、敦、壶；一些东西被放弃了，也就是考古学家常说的组合不全了，如西汉晚期一些随葬仿铜陶礼器的墓中往往只有鼎壶，没有盒了；同样的故事在坟墓艺术中的表现形式随着时代的变迁而有所不同，如董永卖身的故事从汉代到南北朝就不同了[4]。这只是随机举出的例子，变化的形式和复杂程度远不止于此。本文试以山东济南高新区埠东村发现的清末壁画墓为例探讨中国古代壁画墓发展到末期对传统的继承以及在继承过程中的变化。

2013年济南高新区埠东村建设工地发现的光绪三十三年（1907年）壁画墓是迄今所知有明确纪年的壁画墓中年代最晚的一座。该墓虽然被盗一空，壁画因遭水浸受到一定程度的破坏，但它的结构完整地保存着，壁画亦大部保存[5]，为我们研究中国古代墓室装饰的夕阳余辉提供了一个佳例。

一、墓室结构与用材

埠东村清代壁画墓是济南地区清理的第一座夯筑前后室清代墓葬，在土坑竖穴墓和单室砖墓成为主流的时代[6]，仍然有人能建造砖、石、三合土三种建筑材料的前后室墓，不仅是传统的墓室建筑技术依然存在于世，更是把墓室建造成前堂后室的观念仍然被一些人顽强地坚持着的表现。前后室结构的墓葬在西汉时期就出现了，如山东滕州染山画像石墓[7]、河南南阳赵寨砖瓦厂画像石墓[8]等都是前后室墓，前者是石建平顶前后室墓，后者是砖石合建券顶前后室墓。到东汉时期前后室墓成为常见的墓葬形制。魏晋以后，前后室墓数量明显减少，但一直存在，直到清末。

埠东村墓墓门有简单的石雕门楼，门楼两边有砖砌挡土墙（图1）。墓门上建门楼是东汉时期开始的，较早的实例是陕西潼关吊桥东汉杨氏墓，杨氏墓地2、6、7号墓的墓门上方有砖砌的门楼，门楼上砌斗拱，上涂红、黄、白蓝等色[9]。甘肃嘉峪关魏晋墓墓门上的门楼比东汉杨氏墓的建筑更为华丽，如1号

图1　埠东村壁画墓墓门

墓门楼完整保存。该墓门楼顶基本平于
地面，在顺砌的砖面上，雕有四排整齐
的圆形凸雕，可能是象征窗户。向下砌
有斗拱、侧兽、托梁赤帻力士造型砖，
近券门处，砌双阙，其上原有的彩绘纹
饰和壁画已脱落[10]。甘肃敦煌发掘的
六座西晋时期壁画墓的门楼宽、高与墓
道相同，楼上夹嵌砖雕和画像砖，以37
号墓为例。从上向下第一层砖绘衔绶带
玄鸟和衔翎神雀，第二层砖绘相向的麒
麟和受福，第三层绘射箭骑士、中矢奔
羊、中矢野牛，第四层砖绘展翅对舞
的朱雀和相向的玄武，第五层绘相向
的天鹿（禄）、伯牙抚琴、子期听琴，
第六层绘相向的白象和鹦鹉，第七层绘
白虎、神鹿、青龙。近券门处砌斗拱砖
（图2）[11]。到北宋时期，以前那种
照壁式的门楼，被改建成真正的门楼形
式。如河南禹县白沙镇元符二年（1099
年）赵大翁墓。该墓墓门上方砖砌仿木
结构的门楼。门楼通高3.68米，下部叠砖
四层作门基，基上两侧砖砌四方抹角倚

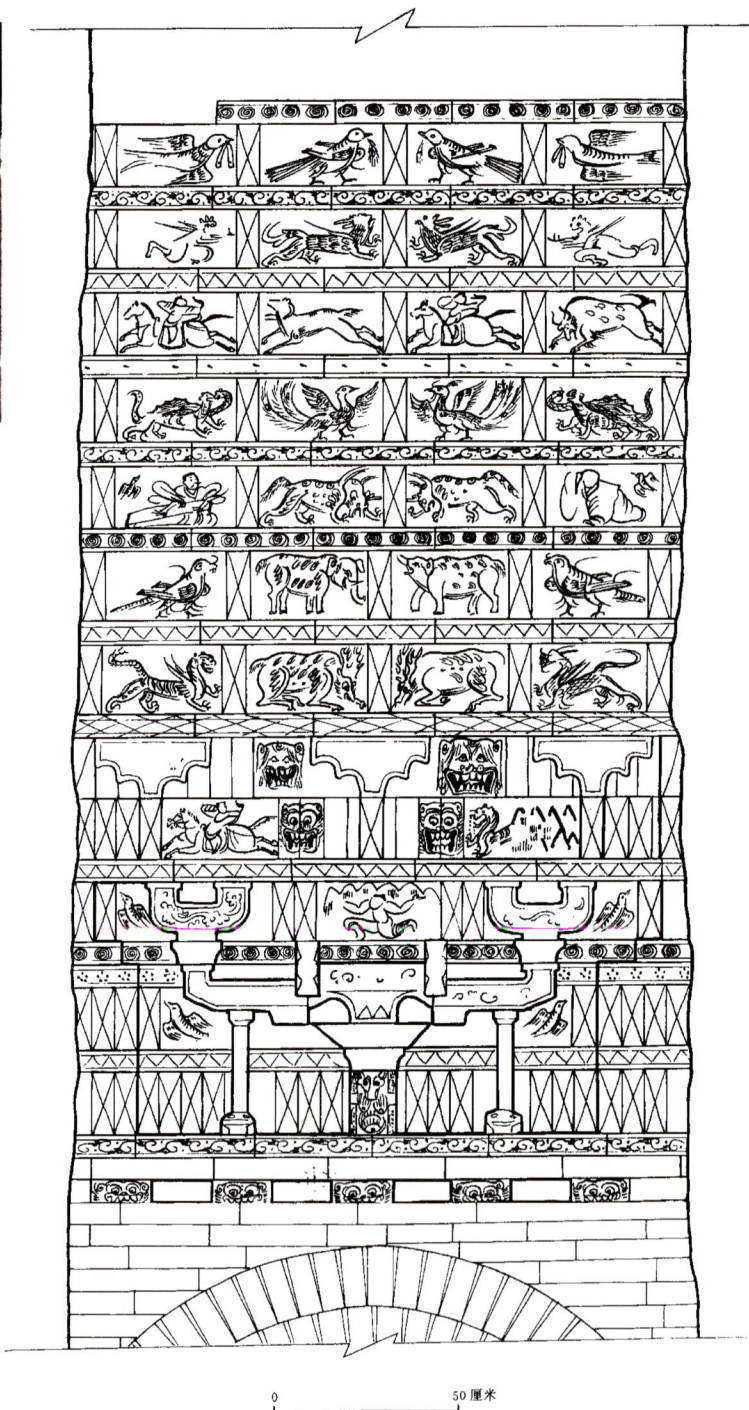

0　　　　　　　　50厘米

图2　敦煌佛爷庙37号西晋墓门楼正视图

柱，柱上砌阑额。倚柱、阑额之内砌出上额、槫柱两层和门额、立颊，门额正面砌两枚方形门簪，门簪面部浮雕四瓣蒂纹。立颊下面各砌门砧一枚。倚柱柱头砌普拍方。方上有砖砌柱头铺作二朵，补间铺作一朵。柱头方雕作连隐幔栱，其上砌散斗，上承第二层柱头方。第二跳昂之上出耍头和令栱以承替木，替木上砌断面作四方抹角的橑风槫。铺作之间砌栱眼壁，橑风槫上砌檐椽和飞檐椽，飞檐椽之上列砖制的筒瓦和板瓦，瓦上叠涩横砖作门脊（图3）[12]。这是典型的宋墓门楼。到了明代，砖砌门楼依然很华丽，如山东章丘女郎山14、15、60号明墓的门楼不仅建筑较讲究，还施以建筑彩绘[13]。清代墓葬中，这种砖砌仿木结构门楼仍有个别发现，只是样式稍简易了，如山东淄博市淄川区商家镇大邢村2号清墓为单室券顶壁画墓，墓门有砖瓦构成的门楼[14]。

石墓门上建仿木结构门楼至晚在宋代就出现了，结构与砖砌仿木结构门楼相比，简单多了，发现的数量也要少得多。如四川广元河西公社下西大队庆元元年（1195年）杜光世夫妇墓为石构双室并列仿木结构券顶墓，两室的门系一整体结构，墓壁和隔墙前竖立颊，立颊内雕有门枋，立颊上横列两块石板作门额，立颊与门额相交处雕有一斗三升的斗栱，额下用暗榫砌门楣，楣面中部和下沿边上浮刻卷草纹图案[15]。元代以后的墓葬中，石雕仿木结构门楼陆续有个别发现，如济南大正小区埠东村元代画像石墓门为石雕仿木结构二层楼阁歇山顶式，上有建筑彩绘[16]。济南长清王宿铺村元墓墓门上的石雕仿木结构门楼形式与埠东村墓相同[17]。山西永济祁家坡明万历三十三年（1605年）中议大夫韩楫夫妇墓为石建仿木结构，墓门为石雕仿木结构门楼，额框中部阴刻篆书"永奠玄台"[18]。陕西高陵县院张村明代张姓家族墓清理21座，大部分墓有门楼，雕刻出门脊、瓦当、滴水、斗拱等相关构件，多在门脊和门额处雕饰花卉图案，在阑额处题刻墓主及夫人姓氏[19]。已经发表的清墓资料中，有石雕门楼的罕见，即使像陕西大荔八鱼村李氏家族画像石室墓，墓门处也非门楼结构[20]。埠东村墓的石雕门楼在清墓中虽然不是硕果仅存的孤例，形制也较为简单，但它为我们观察和研究古代墓葬仿木结构石雕门楼发展变迁的历程提供了难得的实物例证。

如果我们把眼光稍微放宽一点，就会发现，不仅古已有之的仿木结构门楼被清墓继承了下来，室内的仿木构建筑也被清墓继承了下来。如陕西大荔八鱼清代李氏家族墓中的李天培夫妇墓（3号墓），该墓整个墓室为仿地面木构建筑，院落与墓道以砖砌月门相通，院墙上原有屋顶结构，被盗时遭破坏。中庭平面呈长方形，南北窗、立柱和门额等皆仿木结构，雕刻、对联也多位于中庭内（图4）[21]。

埠东村墓墓门及门楼、后室墓门、后室壁龛及门楼为石材，墓室四壁底部错缝砌三层砖，墓壁主体和墓室拱顶为三合土夯筑。用砖石两种材料建造墓在西汉时期就出现了，如上文提到的南阳赵寨砖瓦厂画像石墓。在砖石之外，又添加了三合土则是后来的事情。用糯米汁和石灰拌成灰浆灌注墓外以防潮较早出现在长江下游的宋代墓葬中。如江苏江阴夏港北宋至和二年（1055年）"瑞昌县君"孙四娘子墓是四壁浇浆形成单室木椁墓[22]。福州北郊茶园村清理的南宋端平二年（1235年）

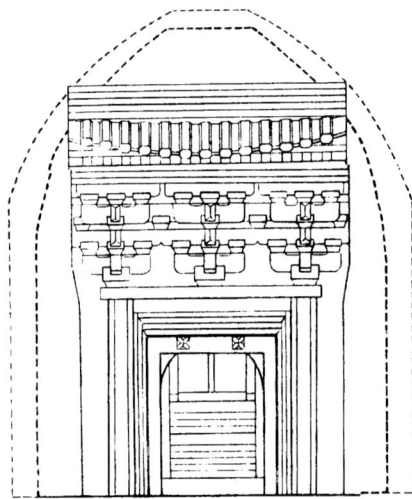

图3　河南禹县白沙赵大翁墓门楼正视图

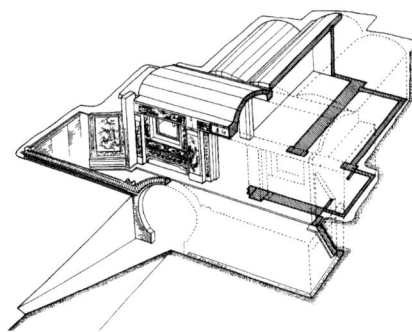

图4　陕西大荔八鱼李天培夫妇墓结构复原示意图

图5 埠东村墓前室南壁

图6 埠东村墓前室北壁

墓是一座石室墓，墓外用厚达二米的糯米汁类浆封堆[23]。元代继承了这一传统。如山东嘉祥元天历三年（1330年）曹元用夫妇墓虽然是土坑竖穴墓，但在椁室之底却用了石灰糯米汁拌和细土、沙砾、石块等浇灌铺底，椁室外有灰浆包裹[24]。浙江海宁元至正十年（1350年）贾椿墓用两层三合土夯壁、两层砖壁和一层河沙构成，内置木棺，用整块的石板盖顶，使整个墓圹结为一体[25]。江苏苏州盘门外元至正二十五年（1365年）吴王张士诚母曹氏墓的墓室四周和封土中都用三合土浇浆，防盗功能极强，以至后世盗墓贼无法洞穿墓室[26]。明代用三合土建造的墓室就比较常见了[27]。如山东昌邑城关镇辛置二村发现的两座明代晚期墓葬的墓室都是用三合土版筑而成的平顶单室墓[28]。埠东村壁画墓继承了此前三合土墓的传统，而用三合土在砖墙石壁之上建筑拱顶则是新的发展。

二、墓内的对联与壁画

埠东村壁画墓共刻或题写9副对联，分别刻在门楼立柱，题写在前室门侧等处，或是门联，或是中堂联，其数量之多，在迄今所见古代墓葬中是首屈一指的。墓门仿木结构石雕门楼的立柱上刻对联，上联"华盖殿阁万层山"，下联"花架楼台三朝岸"，横披"安乐府"。前室门楣上书"鹤驻云停"，两侧对联[29]两侧各有一幅花草图像，南侧为兰草，北侧为行草书迹。前室南壁中部绘"松鹤图"中堂，题时在"丁未年初夏……巨东道人"。这里的"巨东"可能与当地的巨野河有关，今天的埠东村行政上归巨野河办事处管辖，"巨东"可能是巨野河东之意。中堂两侧写对联，上联"地杰人灵超象外"，下联"山环水抱得寰中"，著"七十二泉主人"（图5）。北壁中部亦绘中堂，惜

图像不清，似为雄鸡报晓图，题"时维丁未年，芳草道人墨，草书于东巨河之东"。两侧对联尚清晰，上联"千里来龙随水住"，下联"中心出脉向山行"（图6）。前室东壁即后室墓门，上部石过梁横披"万笏朝天"，上联"圭笏仓箱砂外著"，下联"麟凤龟龙穴地藏"。后室墓门对联两侧有六屏图。墓门上方横幅行草书"谚有云人为万物之灵……巨东道人"（图7）。后室东壁石壁龛，龛内门横批"福地"，上联"虽非蓬莱阁"，下联"却是神仙洞"。后室西壁门两侧石柱上写对联，上联"□□侧以遨游"，下联"□明月□□终"，横批"蓬莱遗迹"（图8）。后室南壁列六屏图，两侧是对联，上联"非为避秦开洞府"，下联"原因□隐创佳城"，题"平陵隐士"。这里的平陵当指章丘的东平陵，墓地所在离东平陵故城很近，"平陵隐士"应是当地人。六屏图规格相同，各纵134厘米、横32厘

图7 埠东村墓前室东壁

图8 埠东村墓后室西壁

图9 埠东村墓后室南壁

图10 陕西绥德呜咽泉东汉画像石墓题记

米，自右至左分别题"一尘不染"、"回头望月"、"同声相应"、"大雅不群"、"江鸡欲睡"、"时在丁未年清和同书，东山道人"（图9）。后室北壁与南壁对称，惜遭水浸，文字已脱落，画面不清晰，两侧对联保存完好，上联"左龙右虎藏风聚气"，下联"天造地设水秀山明"。后室顶绘长方形八卦图。

墓门两旁书写对联，似乎在东汉时期就出现了，如陕西绥德呜咽泉画像石墓左右门柱上分别刻"惟居上宽和贵齐殷勤同恩爱述神道喜苗裔"、"览樊姬观列女崇礼让遵大雅贵口口富支子"（图10）[30]，但这不仅是汉画像石墓中的孤例，此后的三国至五

代墓葬中至今也未见有对联发现，墓葬中再次出现对联已经是宋代的事了。如四川三台县永明镇杨凳寺南宋画像石墓并列两室的左室后壁头龛门楣刻"寿如山"，左联"寿如福海"，右联"富贵荣华"，右室后壁头龛门楣刻"福如海"，两侧立柱刻童子坐花枝[31]。

用对联装饰墓室到明代大发展起

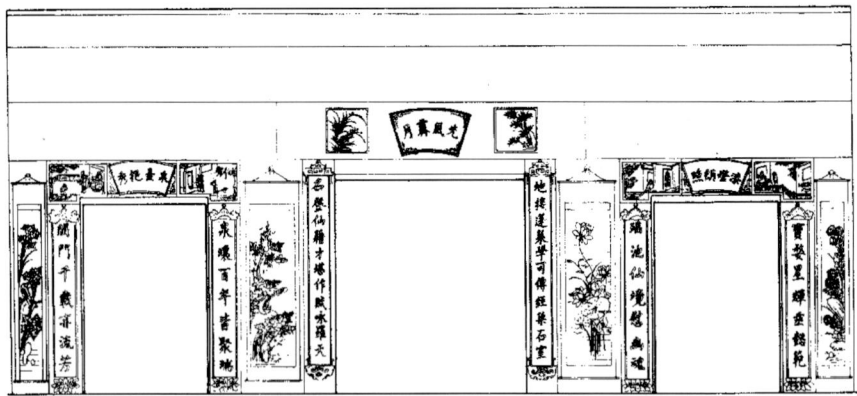

图11 陕西大荔八鱼李天培夫妇墓中庭西壁正视图

来，尤以四川成都地区为常见[32]，如成都白马寺正统十年（1445年）典服正魏存敬墓墓门为石建仿木结构，上施彩绘，门额彩书"寿域"二字，门边石柱刻"青山绿水千年趣，明月清风万古春"对联[33]。其他地方的明墓也有题对联者，如北京射击场4号明墓，该墓用石材建造，墓门左右题对联："寿域万年安海渥等添万位，佳城千载国朝堂粟益千锺"，横披为"一尘不到"[34]。

清代墓葬中题对联者以陕西大荔八鱼村李氏家族画像石墓最为集中，如光绪元年（1875年）资政大夫李天培夫妇墓题有四付对联：中庭门外两侧及门额石正中，上联为"翠柏苍松一带浓荫庇寿域"，下联为"青山绿水四围秀气绕佳城"，横披为"瀛洲仙岛"。中墓室门两侧及额石正中，上联为"地接蓬莱学可传经筑石室"，下联为"名登仙籍才堪作赋咏罗天"，横披为"光风霁月"。南墓室门两侧及门额石正中，上联为"泉壤百年皆聚瑞"，下联为

"闺门千载亦流芳"，横披为"泉台挹秀"。北墓室门两侧及门额石正中，上联为"宝婺星辉垂懿范"，下联为"瑶池仙境慰幽魂"，横披为"漆灯朗照"（图11）[35]。

清代的对联文化已经发展到极为成熟的阶段，官府民居，寺院道观；红白喜事，开业送行，随处、随事都能够见到对联，以至深刻地影响了丧葬礼俗，在墓里也题写对联，但像埠东村壁画墓这样，一座前后室墓里题九付对联确是绝无仅有的。

三、奉死如生的观念

奉死如生的观念虽然是东周人才总结出来的，但至晚在新石器时代就出现了，人们把生前使用的各种器具带到墓里去，后来还发明了棺椁以象征居住的房屋[36]，都是奉死如生观念的反映。而这种观念一经产生，就一直延续了下来。

埠东村壁画墓的建筑除了石雕门楼外，其他部分基本未仿地面居宅建筑。但它的室内墙壁布置却是多仿居宅建筑的，上文提到的墓门、后室门的对联是仿居宅自不待言，前室南北两壁的中堂画及左右对联的布局与居宅中的客厅，或一般民宅中的"堂屋"极为类似。后室南北两壁的六条屏则类似书房。最为类似的是，中堂画及对联、六条屏都是仿卷轴书画的形式写、画在墓壁上的。这种形式在稍早的大荔八鱼村李氏家族画像石墓中也有所见。一东一西，一为壁画墓，一为画像石墓群都采用了相同的挂画形式，虽然在清墓中有装饰的墓不多，这种仿卷轴书画形式装饰的数量则更少，还是能让人窥见到当时家中悬挂书画的流行。

四、余论

埠东村壁画墓后室东壁石壁龛中部设牌位，门楼上部房檐上端有墨书题记"公记杨公年花甲以光绪卅三年四月所修寿墓于阳宅之阴在庄北里许山环水抱龙真穴底多罗列旗鼓照……丁未年初夏书，东山道人"（图12）。表明这是一座预作的寿藏，而预作寿藏至晚在战国时期就出现了，到两汉时期已较为流行，皇帝、官员人等皆有预作寿藏者[37]，至今仍有人为之。

埠东村壁画墓墓壁题字上有"巨东道人"、"东山道人"落款，后室墓顶绘有八卦图，这些迹象表明，墓主人即

关的内容。道教是我国土生土长的宗教，至晚在汉代就开始参与丧葬礼俗活动[38]，此后历代未断[39]。如山东章丘女郎山260号清墓为土坑洞室墓，墓中随葬有镇墓瓦，上写"敕令镇……"等文字（图13）[40]。再如与埠东村壁画墓同为光绪年间的北京五棵树37号墓虽是土坑竖穴墓，没有建筑装饰，但左侧墓主人头部随葬的银扁方却是一件道教器物，它首部为一只蝙蝠及万字结图案，蝙蝠展翅张目，口含一叶片，其下簪体为暗"八仙"，即"八仙"所持各种物件。如"铁拐李"之葫芦及拐杖，"何仙姑"之莲花等共八件[41]。表达形式与埠东村壁画墓不同，但主人皆信道则一致。

要之，埠东村清代壁画墓规模虽然不大，但却从墓室建筑、墓室装饰、丧葬观念等方面让人们看到了中国古代丧葬礼俗的继承与变化。

图12　埠东村墓后室东壁题记

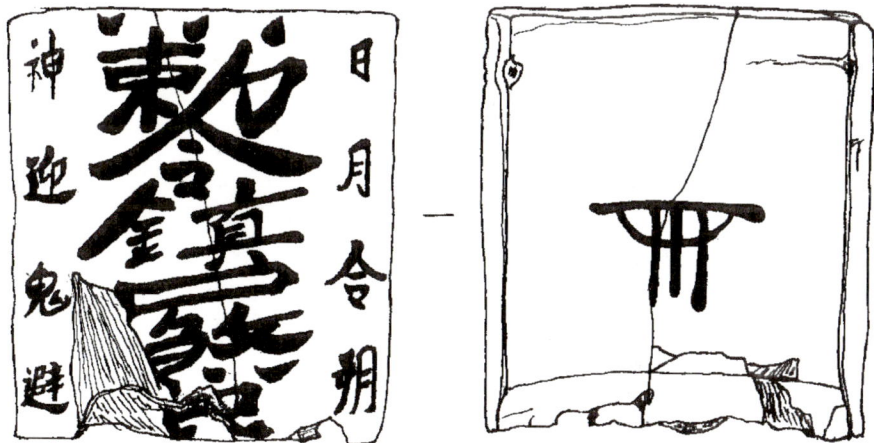

图13　山东章丘女郎山260号清墓镇墓瓦

使不是道教中人，也当是崇信道教，并且与道教中人过从甚密者，这样才可能与"巨东道人"、"东山道人"一拍即合，请他们来题、画自己预作的寿藏，妆点自己阴间生活的幸福家园。而妆点的内容方面除了八卦图外，还有与道教相关者，如后室东壁石壁龛，龛内门横批"福地"，上联"虽非蓬莱阁"，下联"却是神仙洞"，以及后室西壁门楣上的横批"蓬莱遗迹"等都是与道教相

注释：

[1] 山东临淄金岭镇东汉齐王墓中仍有仿铜陶鼎等礼器随葬。山东省文物考古研究所：《山东临淄金岭镇一号东汉墓》，《考古学报》1999年第1期，第97-121页。

[2] 关于中国古代墓室壁画的发展历程，参见罗世平、廖旸：《古代壁画墓》，文物出版社，2005年；贺西林、李清泉：《中国墓室壁画史》，高等教育出版社，2009年。

[3] 杨爱国：《明代墓室建筑装饰探析》，《贵州大学学报》（艺术版）2013年第1期，第54-62页。

[4] 肖贵田：《汉至南北朝时期董永故事及其图像的嬗变》，载山东大学东方考古研究中心：《东方考古》第7集，科学出版社，2010年，第220-249页。

[5] 房道国、刘秀玲：《济南发现清代壁画

墓》，《中国文物报》2014年4月25日第8版。

[6]山东章丘女郎山清代墓地即以土坑竖穴墓和土坑洞穴墓为主，少有单室砖墓。济南市考古研究所：《章丘女郎山》，科学出版社，2013年，第500–612页。

[7]滕州市汉画像石馆：《山东滕州市染山西汉画像石墓》，《考古》2012年第1期，第34–53页。

[8]南阳市博物馆：《南阳县赵寨砖瓦厂汉画像石墓》，《中原文物》1982年第1期，第1–4页。

[9]陕西省文物管理委员会：《潼关吊桥汉代杨氏墓群发掘简记》，《文物》1961年第1期，第56–66页。

[10]甘肃省文物队、甘肃省博物馆、嘉峪关市文物管理所：《嘉峪关壁画墓发掘报告》，文物出版社，1985年，第7–9页，第8页图七。

[11]甘肃省文物考古研究所：《敦煌佛爷庙湾西晋画像砖墓》，文物出版社，1998年，第15–18页。

[12]宿白：《白沙宋墓》，文物出版社，1957年，第13–14页。

[13]济青公路文物考古队绣惠分队：《章丘女郎山宋金元明墓的发掘》，载山东省文物考古研究所编：《济青高级公路章丘工段）考古发掘报告》，齐鲁书社，1993年，第179–201页。

[14]党浩：《中国考古学年鉴》（2002），文物出版社，2003年，第249页。

[15]四川省博物馆、广元县文管所：《四川广元石刻宋墓清理简报》，《文物》1982年第6期，第53–61页。

[16]刘善沂、王惠明：《济南市历城区宋元壁画墓》，《文物》2005年第11期，第49–71页。

[17]刘善沂：《山东长清、平阴元代石刻壁画墓》，《文物》2008年第2期，第41–55页。

[18]张国维、李百勤：《山西永济祁家坡明代韩楫墓调查简报》，《文物季刊》1992年第1期，第27–31页。

[19]陕西省考古研究院：《2013年陕西省考古研究院考古发掘调查新收获》，《考古与文物》2014年第2期，第3–23页。

[20]陕西省考古研究所：《大荔李氏家族墓地》，三秦出版社，2003年。

[21]陕西省考古研究所：《大荔李氏家族墓地》，三秦出版社，2003年，第46–48页，第46页，图四二。

[22]苏州博物馆、江阴县文化馆：《江阴北宋"瑞昌县君"孙四娘子墓》，《文物》1982年第12期，第28–35页。

[23]福州市文物管理局：《福州文物集萃》，福建人民出版社，1999年，图版85–119。

[24]山东省济宁地区文物局：《山东嘉祥县元代曹元用墓清理简报》，《考古》1983年第9期，第803–809页。

[25]海宁县博物馆：《浙江海宁元代贾椿墓》，《文物》1982年第2期，第22–24页。

[26]苏州市文物保管委员会、苏州博物馆：《苏州吴张士诚母曹氏墓清理简报》，《考古》1965年第6期，第289–300页。

[27]邹厚本：《江苏考古五十年》，南京出版社，2000年，第409–410页。

[28]潍坊市博物馆、昌邑县图书馆：《山东昌邑县辛置二村明代墓》，《考古》1989年第11期，第999–1005页。

[29]报道中未提对联内容。

[30]李贵龙、王建勤：《绥德汉代画像石》，陕西人民美术出版社，2001年，第184页，图85。

[31]四川省文物考古研究院、绵阳博物馆、三台县文物管理所：《四川三台县永明镇杨凳寺宋墓清理简报》，《四川文物》2009年第3期，第28–31页。

[32）张茂华：《成都地区明墓中的对联文化》，《四川文物》2002年第4期，第39–44页。

[33]四川省文物管理委员会：《成都白马寺第六号明墓清理简报》，《文物参考资料》1956年第10期，第42–48页。

[34]北京市文物研究所、石景山区文物管理所：《北京射击场工程考古发掘报告》，载北京市文物局、北京市文物研究所：《北京奥运场馆考古发掘报告》（下），科学出版社，2007年，第474–674页，引文见第489页。

[35]陕西省考古研究所：《大荔李氏家族墓地》，三秦出版社，2003年，第94–97页。

[36]栾丰实：《史前棺椁的产生、发展和棺椁制度的形成》，《文物》2006年第6期，第49–55页。

[37]关于预作寿藏，参见杨爱国：《汉代的预作寿藏》，载《汉代考古与汉文化国际学术研讨会论文集》编委会编：《汉代考古与汉文化国际学术研讨会论文集》，齐鲁书社，2006年，第271–281页。

[38]杨爱国：《东汉时期道教参与丧葬活动的考古学证据》，《文史哲》2011年第4期，第86–91页。

[39]张勋燎、白彬：《中国道教考古》，线装书局，2006年。

[40]济南市考古研究所：《章丘女郎山》，科学出版社，2013年，第591页，第592页，图8–183–2。

[41]张智勇、周宇：《五棵松篮球馆工程考古发掘报告》，载北京市文物局、北京市文物研究所：《北京奥运场馆考古发掘报告》，科学出版社，2007年，第58页，第65页，图八零–1，彩版一七–1。

（汪小洋审稿）

美术考古研究 | 2014.11

从文本和考古材料探析早期鲜卑服饰反映的汉人意象

宋丙玲

（山东艺术学院，山东济南，250014）

【摘　要】鲜卑早期没有自己的文字，与服饰相关的记载散见于汉族文本中，近年来日益增加的考古资料为认识早期鲜卑服饰提供了重要资料，学界多有精彩论作刊布。汉族文本对鲜卑服饰的记载反映了汉人特别是社会上层对异民族服饰的认知态度，通过钩沉相关文献并结合考古发掘资料发现：汉魏文献对鲜卑服饰的记载尽管简单概括，但基本反映了鲜卑服饰的民族特征，而南朝士人对鲜卑服饰"被发左衽"的简单描述则具有极强的政治寓意。

【关键词】早期鲜卑　服饰　汉魏　南朝　汉人意象

作者简介：

宋丙玲，女，山东淄博人，博士，山东艺术学院讲师，浙江大学人文学院博士后流动站研究人员。研究方向：美术考古。
［基金项目］本文是教育部人文社科项目"北朝服饰探究"（项目批号：10YJC780012）阶段性成果。

引言

太和十八年（494）十二月壬寅，孝文帝"革衣服之制"[1]，十九年九月庚午，"六宫及文武尽迁洛阳"，并十二月甲子，"引见群臣于光极堂，班赐冠服"，这就是历史上有名的北魏孝文帝改易汉服事件。然而5年后，当孝文帝从征伐前线回到洛阳时，却看到了与汉化改革极不和谐的一幕，史载如下：

高祖还洛，引见公卿。高祖曰："营国之本，礼教为先。朕离京邑以来，礼教为日新以不？"澄对曰："臣谓日新。"高祖曰：'朕昨入城，见车上妇人冠帽而著小襦袄者，若为如此，尚书何为不察？"澄曰："著犹少于不著者。"高祖曰："深可怪也！任城意欲令全著乎？一言可以丧邦者，斯之谓欤？可命史官书之。"又曰："王者不降佐于苍昊，皆拔才而用之。朕失于举人，任许一群妇人辈奇事，当更铨简耳。任城在省，为举天下纲维，为当署事而已？"[2]

对于同一事件，宋代司马光《资治通鉴》卷一三九《齐纪五》载，明帝建武元年（即太和十八年）"魏主欲变异旧风，壬寅，诏禁士民胡服，国人多不悦。"[3]可见，在拓跋鲜卑统治者眼中服饰已是维护国家统治的工具，但民族服饰在其发展过程中所具备的稳定性决定了改易服饰并非朝夕之事。鉴于孝文帝服饰改易事件在中国古代发展史上的重要性，探讨其所改易的鲜卑服饰习俗就显得尤为重要。

截至目前，鲜卑史研究在民族史、历史学和考古学等学科研究推动下已经取得丰硕成果，鲜卑服饰也因其民族特色受到学界广泛关注，除了散见于各种鲜卑史论著中的研究成果外，专门研究也不断涌现。如赵斌《鲜卑"髡发"习俗考述》[4]、陆思贤《鲜卑族名与"鲜卑郭洛带"》[5]、孙机《步摇·步摇冠·摇叶饰片》[6]、田立坤《步摇考》[7]等均是对鲜卑民族特有服饰传统的考证与论述；宋馨《北魏平城期的鲜卑服》[8]、刘君为《北魏鲜卑族服饰研究》[9]则是对北魏迁洛之前鲜卑服饰的探讨。总体来看，结合文献记载和图像材料来探讨鲜卑服饰已成学界普遍践行的研究范式，鲜卑服饰的基本特征目前已基本廓清，这种基于现代学科特别是考古学田野成果得出的结论能够全面反映当时汉人的认知吗？由于鲜卑早期没有自己的文字，与鲜卑服饰相关的记载散见于汉族文本之中，虽语焉不详，但成为今人认识鲜卑服饰的重要资料，因此，探讨汉人特别是社会上层对鲜卑服饰的意象便顺理成章。问题是，这些零星记载能否真实反映鲜卑民族服饰的历史呢？伴随着一大批早期鲜卑墓葬资料的发表和认定为解决这一问题提供了实物证据，鉴于此，本文在钩沉文献记载的基础上，结合考古发掘资料，对汉人意象中的鲜卑服饰进行辨析和论述。需要说明的是，本文所谓早期鲜卑就拓跋鲜卑而言是指建兴三年（315）拓跋猗卢定都盛乐之前，慕容鲜卑则以建立前燕（337）为界，考察的时间范围大致在东汉至北魏建立为止，但因拓跋氏建国之初征伐不断，无暇礼仪，仍保存和延续了大量本民族服饰习俗，并且至北朝晚期又有胡化回流的现象，因此，本文所征引资料在时间范围上纵贯北朝，有时会延伸至隋唐。

一、南朝意象：索头与被发左衽

与北朝政权并立的南朝如何看待鲜卑族的服饰传统呢？南朝梁沈约撰《宋书·索虏传》载："索头虏姓托跋氏，其先汉将李陵后也。陵降匈奴，有数百千种，各立名号，索头亦其一也。"[10]《说文解字》十三篇上《糸部》："绳，索也。"《晋书·乞伏乾归载记》记载："索虏秃发如苟率户二万降之"[11]，"索头，鲜卑种，以其辫发，故称谓索头。"[12]胡三省注："索虏者，以北人辫发，谓之索头也。"[13]可见，索头即指辫发，至少是以绳束发。比沈约稍晚的梁萧子显所撰《南齐书·魏虏传》载："魏虏，匈奴种

也，姓托跋氏……被发左衽，故呼为索头。"[14]与《宋书·索虏传》不同的是，该书明确指出"索头"得名于"被发左衽"。被发即披发，与辫发存在明显差异，难道是作者记载失误吗？就古代中国的文字传统而言，借用套语而导致记载失实的现象比较常见。"被发左衽"自孔子感叹"微管仲，吾其被发左衽矣"（《论语·宪问》）以来，便成为千百年来华夷论述中最具典范的用语，邢义田曾撰文论述文本和图像传统对异民族的刻板认知问题[15]，南朝沈约和萧子显对鲜卑服饰的描述通篇便只关注发式和衣襟，与既有的文献传统一脉相承。鉴于拓跋鲜卑是南朝诸政权的劲敌，除了频繁的战争接触外，和平时期还有使者往来，接触不可谓不频繁，那么，他们的描述有没有因使用陈言套语而描述失实呢？这需要通过其他文献记载和出土实物加以比对和辨析。

《南齐书》卷五十九《芮芮虏》在论及异族芮芮服饰时使用了"编发左衽"[16]而非"被发左衽"，这表明作者对不同民族的服饰习俗还是有所区别对

待的。又《隋书·礼仪志七》载："后周之时，咸著突骑帽，如今胡帽，垂裙覆带，盖索发之遗像也。又文帝项有瘤疾，不欲人见，每常著焉。相魏之时，著以谒帝，故后周一代，将为雅服，小朝公宴，咸许戴之。"[17]因北方气候寒冷，风沙较大，头颈部的保暖和防护便非常重要，因此，鲜卑族常戴一种顶部扁圆、脑后垂挂长幅用来挡风御寒的帽子。这种帽子便是突骑帽，又作风帽、鲜卑帽、大头垂（长）裙帽、垂裙皂帽，在北魏孝文帝迁洛以前的墓葬壁画、陶俑及石窟造像供养人形象中有大量发现，男女都可佩戴，仅在形制上略有差异。如山西大同智家堡北魏墓石椁壁画[18]、大同下深井北魏墓[19]以及宋绍祖墓出土的侍俑[20]（图1），一般顶有帽屋，下有帽裙披垂，北朝晚期再度流行，如磁县湾漳北朝墓出土的B型风帽立俑[21]。之所以将垂裙覆带的突骑帽视为索发的遗留形态，当与二者外在形态比较一致有关，山西太原北齐徐显秀夫妇墓[22]出土的辫发骑俑为我们提供了确切的实物证据（图2）。该俑面庞丰润，

图1　侍者俑　山西大同宋绍祖墓出土　北魏
采自《大同市北魏宋绍祖墓发掘简报》，《文物》2001年第7期。

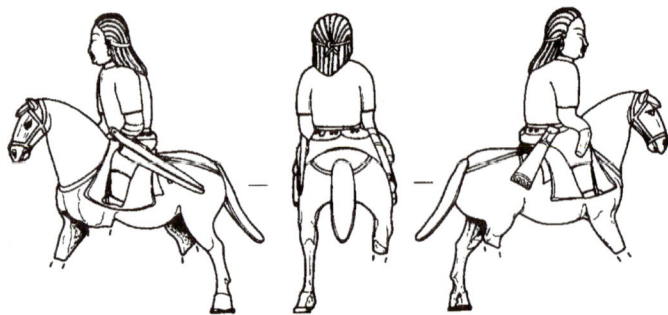

图2　辫发骑俑　山西太原徐显秀墓出土　北齐
采自《太原北齐徐显秀墓发掘简报》，《文物》2003年第10期。

面带微笑，头梳十二根发辫，左右两侧各有一辫系结于头后部中央位置，其余十辫披垂于肩背，与垂裙风帽形态酷似。由此可知，文献中所谓的索发应是将头发结为很多小辫，然后披散开来，这样就能够解释文献中对披发与索发记载存在的看似矛盾之处了。

至于左衽，则是交领服饰中以右衣襟压左衣襟的基本形制，汉族传统日常服饰为交领右衽，通常将左衽视为死者或夷狄的服饰特征。如《礼记·丧大记》载："小敛大敛，祭服不倒，皆左衽，结绞不纽。"孔颖达疏："衽，衣襟也。生乡（向）右，左手解抽带便也。死则襟乡（向）左，示不复解也。"因为中国早期服装不用纽扣系结，仅在衣襟上缝缀数条细带，两襟相交后以细带系之，这种细带被称为"襟带"，或作"衿带"。为方便左手系结，中国汉族服装所以采用交领右衽的服装样式，可见交领右衽本具有实际功能意义。伴随着中华文明的发展，左衽和右衽二词基本超出了服装形制本身的含意，成为事关华夷之别的重大问题。那么，鲜卑族传统服饰是否为左衽呢？《北齐书》中有段东魏时期针对掩衣左右的论战特别耐人寻味：

行台侯景与人论掩衣法为当左，为当右。尚书敬显俊曰："孔子云：'微管仲，吾其被发左衽矣。'以此言之，右衽为是。"绂进曰："国家龙飞朔野，雄步中原，五帝异仪，三五殊制，掩衣左右，何足是非。"[23]

这场论争尽管最终以掩衣左右均可

而告终，但论争的起因却似乎影射出鲜卑民族有偏爱左衽的传统习俗。从考古发掘出土的北魏早期资料如山西大同太和元年（477）幽州刺史宋绍祖墓、大同城南的智家堡北魏石椁墓[24]、大同沙岭北魏壁画墓[25]、宁夏固原雷祖庙漆棺画[26]（图3）及大同云冈石窟6窟、9窟、10窟、11窟、16窟、17窟等云冈一、二期石雕供养人形象来看，鲜卑服饰在衣襟方向上左衽、右衽乃至直襟都有，并无统一之规定。

由此可见，南朝士人重视鲜卑发式和衣襟而漠视其他服饰特征的书写方式，基本沿袭了传统的儒家观念，这种简单认知在南北分立的政治背景下，旨在通过服饰华夷之别的阐释来强化正朔之所在。实际上，南北政权的频繁交往必定给南朝士人以比较客观和具体的认知，我们从其他文字记载中可窥见只鳞片爪，如《梁书·诸夷·河南王传》："河南王者，其先出自慕容鲜卑……著小袖袍，小口袴，大头长裙帽。女子披发为辫。"[27]（P810）"大头长裙帽"和辫发之俗上文已经谈及，"小袖袍"和"小口袴"学界通常称之为裤褶服，褶在《释名·释衣服》中释为："褶，袭也，覆上之言也。"[28]（P252）《急就篇》颜师古注："褶，谓重衣之最在上者也，其形如袍，短身而广袖。一说左衽之袍也。"广袖褶服已是中原形制，鲜卑民族为适应游牧生活所着褶服则为窄袖，即小袖，袴口也比较窄小，北魏定都平城时期的墓葬、石窟资料中多有表现，如北魏宋绍祖墓出土的Ⅲ式男

图3 宁夏固原雷祖庙漆棺右侧板左侧漆画　北魏
采自《固原北魏墓漆棺画》，宁夏人民出版社，1988年。

俑、大同智家堡北魏墓棺板画[29]中的男子形象等均为此种服装。由此可见，《梁书》所载基本符合历史实际，但需要说明的是，这种服装并非鲜卑民族特有的着装，而是北方和西域不少民族在基本相同的生存环境下的共同选择，如柔然"辫发，衣锦，小袖袍，小口裤，深雍靴"[30]，这种服装不论男女、尊卑皆可穿着，北魏建国后，裤褶服还被当作朝服穿用，如《资治通鉴》："魏旧制，群臣季冬朝贺，服裤褶行事，谓之小岁；丙戌，诏罢之。"[31]

二、汉魏意象：髡发、金碧与毛毳

两汉之际，鲜卑族崛起，并在东汉初年（49）开始与汉朝通使。现存文献中，最早为鲜卑立传的是西晋陈寿所著《三国志·魏志·乌丸鲜卑列传》以及南朝刘宋时范晔编撰而成的《后汉书·乌桓鲜卑列传》，两者所载大致一致，以后者为例：

鲜卑者，亦东胡之支也，别依鲜卑山，故因号焉。其言语习俗与乌桓同。唯婚姻先髡头……又有貂、豽、鼲子，皮毛柔蠕，故天下以为名裘[32]（P2985）。

乌桓者，本东胡也。……食肉饮酪，以毛毳为衣……父子男女相对踞蹲。以髡头为轻便。妇人至嫁时乃养发，分为髻，著句决，饰以金碧，犹中国有簂（《三国志》作冠）步摇。妇人能刺韦作文绣，织氀毼。男子能作弓矢鞍勒，锻金铁为兵器。[33]（P2979）

若将二书与萧梁时编撰而成的《宋书》、《南齐书》相比已存在很大区别，因此，其记载应该比较真实地反映了汉代历史。在汉魏意象中，乌桓和鲜卑作为东胡后裔其服饰习俗基本相同，都是髡发，喜饰金碧，并以毛毳为衣，此外，鲜卑带具也是汉人津津乐道的服饰配件，略述如下。

（一）髡发　鲜卑与乌桓均有髡发之俗，两者的差别在于髡发时间不同，鲜卑是在男女婚嫁时髡发，以此作为准备结婚的一种仪式和已婚的标志，乌桓妇女则在婚后蓄发梳髻，至于其具体式样文献中语焉不详。目前，学界盛行依据契丹髡发式样进行推断，认为是剃掉头顶正中的头发，其余则留在周围[34]，也有认为是圆秃即剃去全部头发者[35]。赵斌《鲜卑"髡发"习俗考述》[36]对鲜卑髡发习俗进行了详细考述，指出其髡发之俗并非全都一模一样，这是非常有见地的。按东汉许慎《说文解字》："髡，鬏发也。""鬏，鬏发也。""大人曰髡，小人曰鬏，尽及身毛，曰鬏。"[37]段玉

裁注云："不鬏其发，仅去须鬓，是曰耐，亦曰完，完者，言完其发也。"[38]《说文解字》："耐，罪不至髡也。"可见，在中原地区，髡发是一种刑罚，具体做法是将头发、胡须、鬏发等毛发全部剃掉。东汉应劭在《风俗通义》中记载："秦始皇遣蒙恬筑长城，徒士犯罪，亡依鲜卑山，后遂繁息。今皆髡头衣赫，亡徒之明效也。"[39]尽管将鲜卑视为汉人亡徒后裔缺乏根据，但作为同时代人观察到鲜卑发式与中原受过髡刑的囚徒相似还是为我们理解鲜卑髡发之俗提供了佐证。

1971年，内蒙古和林格尔新店子发现一座大型东汉壁画墓[40]，壁画题字表明墓主曾官居"使持节乌桓校尉"而驻扎在上谷郡宁城，其中有表现所属少数民族到宁城觐见墓主的场面。虽然壁画因漫漶不清，人物形象不很清晰，但仍可看出这些人绝大多数穿赫衣而不戴冠帽，有的光头，有的则在头顶中央留一朝天细辫或结成小髻。林沄先生认为他们应是护乌桓校尉管辖的乌桓族人及与乌桓杂居的部分鲜卑人[41]。由于鲜卑与乌桓同俗，所以乌桓的髡头式样应该也存在于鲜卑人当中，其髡发衣赫的习俗也与《风俗通》中记载一致。由此可见，鲜卑髡发应有剃去全部或部分头发之分，正如史载东部宇文鲜卑："人皆翦发而留其顶上，以为首饰，长过数寸则截短之。"[42]辽宁朝阳北燕石室墓[43]所绘鲜卑女子便蓄有顶发，还在头顶结双环髻、结彩带。甘肃嘉峪关新城壁画墓群中晋代M3[44]后室壁画中男

主人也为髡头，仅在后脑留发，前室壁画中穹庐中的人物也是髡首，仅后脑留发，蹲坐，身着毛毳衣，与《后汉书》记载一致，当为河西鲜卑。因此，鲜卑族的髡发习俗具有多样性，除了全秃造型外，出于美观考虑，还有髡首留发式样，而所留之发也有不同式样，束发、梳髻乃至辫发都有。敦煌石窟第285窟西魏壁画及酒泉丁家闸墓葬壁画中所见辫发之鲜卑男子，均为脑后垂一条披于肩背的独辫，内蒙古扎赉诺尔东汉末年M29一座鲜卑女性墓中还出土一条完整的发辫[45]。这种辫发之俗至唐贞观中仍然存续，如欧阳询曾嘲讽长孙无忌"索头连背暖"，便是对辫发垂于肩背的形容。

（二）金碧　北方游牧民族自古便有喜嗜黄金的传统，自先秦时期开始，欧亚草原地带便屡屡出土黄金制品，西汉时期，匈奴势力达到鼎盛，其黄金制作技术也达到前所未有的高度，后起的鲜卑族同样也对黄金制品情有独钟，并同其他游牧民族一样，主要将黄金打造成各种首饰和服饰配件，有些则为鎏金饰品。早期鲜卑民族的饰品学界多有探讨，其中以带扣、牌饰和步摇最受学界关注，如孙机《先秦、汉、晋腰带用金银带扣》[46]、乔梁《中国北方动物饰牌研究》[47]、潘玲《矩形动物纹牌饰的相关问题研究》[48]、林沄《鲜卑族的金、铜马形牌饰》[49]、孙机《步摇·步摇冠·摇叶饰片》[50]、万欣《鲜卑墓葬、三燕史迹与金步摇饰的发现与研究》[51]、田立坤《步摇考》[52]等均有详细探讨。

汉族文献中所提到的具体服饰配件主要有步摇和鲜卑郭洛带两种，步摇饰是辽西慕容鲜卑特有的服饰用品，目前已讨论比较充分，后者笔者略作说明。实际上，早在战国屈原的《楚辞·大招》中便提到鲜卑："小腰秀颈若鲜卑只。"这一记载被后世学者屡加阐释，如东汉王逸注："鲜卑，衮带头也，言好女之状，腰肢细少，颈锐秀长，靖然而特异，若以鲜卑之带约而束之也。"用现代话来说就是，如果女性扎束一条鲜卑腰带，就会显得腰肢纤细，脖子秀长，非常漂亮。鲜卑又有犀比、犀毗、师比、胥纰之名，如《楚辞·招魂》载"晋制犀比"和班固《与窦宪笺》的"复赐固犀比金头带"、《史记·匈奴列传》"黄金胥纰"等均同指一物，音转不同而已。针对这些文献记载，宋洪兴祖、清阮元等学者均有注解传世，王国维在《胡服考》[53]中对各家之说均作了注引。

仔细分析，《楚辞》成书的年代鲜卑还没有成为族名，东汉王逸的注解应是根据东汉时期已在北方崛起的鲜卑族而作的附会，但这种附会不是一无是处，而是对鲜卑带具的真实反映。东汉至十六国时期的早期鲜卑墓葬中便有大量带具出土，如内蒙古土默特左旗讨合气村、和林县另皮窑村[54]出土的带饰，今人陆思贤在《鲜卑族名与"鲜卑郭洛带"》一文中结合考古实物、文献记载及民族学材料认为"鲜卑"和"郭洛"二者不同，前者本是瑞兽的名字，后来成为腰带头的名字，最后才作为族名存

在；后者则指两两对称的饰牌[55]。孙机先生在《中国古代的带具》一文将鲜卑带具统一纳入"匈奴·东胡带具系统"，并在梳理其发展历史的基础上总括其特点，即用镳括接；大多数在鞓上装饰牌；少数在鞓下装垂饰，并指出这种革带很可能就是颜师古所说的胡带或张宴所说的郭落带，带镳上装饰的某些动物纹应是鲜卑、瑞兽等形象[56]，这是很有见地的。

因此，《楚辞》中提到的鲜卑当指瑞兽，而且这种瑞兽当具有"小腰秀颈"之特征，金刚在《虎狮民族鲜卑源流》[57]一文中通过语言学研究，认为此处的"鲜卑"当为雄狮的形象。至于东汉时期已被中原人士熟悉的鲜卑郭洛带，应指北方游牧民族所扎束的腰带无疑，即孙机先生所谓的"匈奴·东胡带具系统"，其具体形制不再赘言。因为北方民族为了便于骑马，不论男女老少都有扎束腰带的习俗，腰带既保暖又便于马上活动，直到今天，草原民族仍喜扎束腰带。这种束腰习俗传入中原和楚地后，与当时中原妇女宽袍大袖、不重腰身的服装明显不同，楚王好"细腰"可能便与中国历史上这股最早的"胡服入华"潮流有关。

除黄金或鎏金饰品外，鲜卑族还珍视各色宝石，如《后汉书》、《三国志》所载，徐广《晋纪》（《文选》卷四六注引）也云："鲜卑以碧石为宝。"所谓的碧石在中原文化系统中一般统称之为玉，对于鲜卑而言，当是各种色彩漂亮的美石之总称。因黄金和宝石制品容

易保存，在内蒙古扎赉诺尔[58]、孟根楚鲁[59]、拉布达林[60]、伊和乌拉和其卡[61]、吉林通榆兴隆山[62]等早期鲜卑墓葬中均有不少发现，主要有头饰、耳饰、项饰、手饰、腕饰和带饰等饰品。其中，黄金多用来打造耳饰、步摇、指环、戒指及带具，玉石主要有绿松石、玛瑙、翡翠、赤铁矿石等[63]，颜色漂亮，多用作头饰和项饰。拓跋鲜卑入主中原以后，还继续保持了喜嗜宝石的传统，在考古发掘中有大量实物出土，如山西大同迎宾大道北魏M37出土的一串项链[64]，由29件玉石料器组成，其形状有橄榄形、圆柱形、圆珠形、六棱形、五边形等，质地有玛瑙、玉、水晶、琥珀、珊瑚、绿松石、贝器、珍珠等（图4）。

（三）毛毳 鲜卑族服装材质与其他北方草原游牧民族一样，通常就地取材，以动物皮毛制作御寒遮体的衣物，即文献中所说的"以毛毳为衣"。蓄养

图4 玉石项链 山西大同迎宾大道北魏M37出土
采自《山西大同迎宾大道北魏墓群》，
《文物》2006年第10期。

图5 山西太原王家峰徐显秀墓 夫妇宴饮图 北齐

采自《太原北齐徐显秀墓发掘简报》，《文物》2003年第10期。

的牲畜如牛、羊的皮经过处理后可以制成服装或皮靴，而动物毛则可以制成毛毡，再加工成服装或靴子。鲜卑妇女还可以对动物皮进行装饰，如文献所言"刺韦作文绣"，还可以"织氀毼"，即将动物毛织成毛布。《资治通鉴·宋纪七》记载，文帝十七年，刘宋大举进攻北魏，魏臣初闻宋军入侵，请魏太武帝遣兵营救。太武帝却说："今马微肥，天时尚热，速出必无功。若兵来不止，且还阴山避之。国人本着羊皮袴，何用巾帛！"[65]因裘皮服装结实耐用，非常适合草原民族生活习俗，因此，鲜卑族喜着羊皮袴而不喜中原地区质地柔软但比较娇贵的丝绸织物。

靴子是鲜卑族喜着的服饰，有高、矮筒之分，多由动物皮或毛毡制成。皮靴冬天可以防寒，走在草原上可以防止草刺划伤，穿越戈壁时可以防止脚磨损受伤，骑在马上，靴子可以穿过马镫，使骑乘者夹紧双腿，便于骑乘，因此，

鲜卑族入主中原以后，着靴之俗仍然盛行。为了使靴子与脚贴合紧密，常在脚踝及脚后跟位置置用软带裹靴，山西太原北齐东安王娄睿墓墓道东、西壁的出行图和回归图中有大量表现[66]。

除了常见的牲畜皮外，鲜卑族还以制作柔软的貂、豽、羅子等名裘闻名天下，在山西太原王家峰北齐徐显秀墓墓室北壁夫妇宴饮图[67]中仍有表现，墓主徐显秀便身披裘皮大衣，非常漂亮（图5）。但伴随着鲜卑族与中原地区交流的日益增多，丝麻也成为重要的服装材料，王公墓地中许多骨架附近便出土有绢或麻布制成的衣物残片，这是文化交流的产物。

三、结语

综上所述，汉魏时期文献材料所见鲜卑服饰的记载尽管简单概括，但基本反映了鲜卑服饰的民族特征，而南朝士人对鲜卑服饰"被发左衽"的简单描述则具有极强的政治寓意。这一转变过程与鲜卑民族对汉族政权的威胁程度息息相关：东汉时期，日益壮大的鲜卑族相对汉代政权而言还不过是北方地区一个落后的游牧民族，在强烈的民族优越感促使下，汉族士人对其服饰的记载和描述明显具有猎奇心理，在一定程度上基本反映了历史事实。十六国时期，鲜卑族在北中国建立诸多政权，有关鲜卑不同部落的事迹也频繁见于文献之中，对其服饰描述也表现出些许差异，如慕容鲜卑喜饰步摇、宇文鲜卑剪发留顶等，

此时还基本延续了汉魏时期的文献系统。但当拓跋鲜卑入主中原建立政权以后，开始重拾"被发左衽"的儒家服饰理念，这是因为在当时的政治背景下，通过强化大家都认可的华夷之别更能突显自身的民族优越感，并为当时的"正统之争"提供理论支撑。

注释：

[1][2][30][42]分别出自（北齐）魏收：《魏书》[M]，北京：中华书局，1974年版，第176、469、817、2304页。

[3][12][13][31][65]分别出自（宋）司马光：《资治通鉴》[M]，北京：中华书局，1957年版，第4315、4371页。

[4]赵斌：《鲜卑"髡发"习俗考述》[J]，《青海社会科学》1997年第5期，第90-93页。

[5]陆思贤：《鲜卑族名与"鲜卑郭洛带"》[J]，《内蒙古社会科学》，1984年第3期，第87-89页。

[6][50]出自孙机：《步摇·步摇冠·摇叶饰片》[A]，《中国圣火：中国古文物与东西文化交流中的若干问题》，沈阳：辽宁教育出版社，1996年，第87-106页。

[7][52]田立坤：《步摇考》[A]，载于《4～6世纪的北中国与欧亚大陆》，北京：科学出版社，第47-67页。

[8]宋馨：《北魏平城期的鲜卑服》[A]，载于《4～6世纪的北中国与欧亚大陆》，北京：科学出版社，2006年，第84-107页。

[9]刘君为：《北魏鲜卑族服饰研究》[D]，东华大学硕士学位论文，2011年。

[10]（南朝梁）沈约：《宋书·索虏传》[M]，北京：中华书局，1974年版，第2321页。

[11]（唐）房玄龄等：《晋书》[M]，北京：中华书局，1974年版，第3118页。

[14][16]分别出自（南朝梁）萧子显：《南齐书》[M]，北京：中华书局，1972年

版，第983、1023页。

[15] 邢义田：《古代中国及欧亚文献、图像与考古资料中的"胡人"外貌》[A]，载于《画为心声：画像石、画像砖与壁画》，北京：中华书局，2011年，第197-314页。

[17]（唐）魏征等：《隋书》[M]，北京：中华书局，1979年，第266-267页。

[18][24] 王银田、刘俊喜：《大同智家堡北魏墓石椁壁画》[J]，《文物》2001年第7期，第40-51页。

[19] 大同市考古研究所：《山西大同下深井北魏墓发掘简报》[J]，《文物》2004年第6期，第29-34页。

[20] 山西省考古研究所等：《大同市北魏宋绍祖墓发掘简报》[J]，《文物》2001年第7期，19-39页。

[21] 中国社会科学院考古研究所等：《磁县湾漳北朝壁画墓》[M]，北京：科学出版社，2003年，54-56页。

[22] 山西省考古研究所、太原市文物考古研究所：《太原北齐徐显秀墓发掘简报》[J]，《文物》2003年第10期，第4-40页。

[23]（唐）李百药：《北齐书》卷二五《王纮传》[M]，北京：中华书局，1972年版，第365页。

[25] 大同市考古研究所：《山西大同沙岭北魏壁画墓发掘简报》[M]，《文物》2006年第10期，第4-24页。

[26] 固原县文物工作站：《宁夏固原北魏墓清理简报》[J]，《文物》1984年第6期，第46-50页；宁夏固原博物馆编：《固原北魏漆棺画》[M]，宁夏人民出版社，1988年。

[27]（唐）姚思廉：《梁书》[M]，北京：中华书局，1973年。

[28] 王先谦撰集：《释名疏证补》卷四，上海：上海古籍出版社，1984年。

[29] 刘俊喜、高峰：《大同智家堡北魏墓棺板画》[J]，《文物》2004年第12期，第35-47页。

[32][33]（南朝宋）范晔：《后汉书》[M]，北京：中华书局，1965年版，第2985、2979页。

[34] 孙进已，于志耿：《我国古代北方各族发式之比较研究》[A]，《辽金契丹女真史研究动态》1982年2期。

[35] 内田吟风：《乌桓、鲜卑的习俗》[J]，《民族译丛》1985年第1期，46-53页。

[36] 赵斌：《鲜卑"髡发"习俗考述》[J]，《青海社会科学》1997年第5期，第90-93页。

[37] 许慎撰，徐铉校定：《说文解字》[M]，北京：中华书局，1963年，第186页。

[38] 段玉裁：《说文解字注》[M]，上海：上海古籍出版社，1981年。

[39] 李昉等：《太平御览》第649卷[M]，北京：中华书局，1960年。

[40] 内蒙古自治区博物馆文物工作队编：《和林格尔汉墓壁画》[M]，文物出版社，1978年。

[41] 林沄：《髡发种种》[J]，《中国典籍与文化》，1993年第10期，第98-102页。

[43] 徐基，孙国平：《辽宁朝阳发现北燕、北魏墓》[J]，《考古》1985年第10期，第915-929页。

[44] 甘肃省文物工作队等：《嘉峪关壁画墓发掘报告》，文物出版社，1985年，第68页。

[45][58] 郑隆：《扎赉诺尔古墓群》[J]，《文物》1961年第9期。

[46] 孙机：《先秦、汉、晋腰带用金银带扣》[J]，《文物》1994年第1期，第50-62页。

[47] 乔梁：《中国北方动物饰牌研究》[J]，《边疆考古研究》第1辑，北京：科学出版社，2002年，第13-33页。

[48] 潘玲：《矩形动物纹牌饰的相关问题研究》，《边疆考古研究》第3辑，北京：科学出版社，2004年，第126-146页。

[49] 林沄：《鲜卑族的金、铜马形牌饰》[J]，《边疆考古研究》第3辑，北京：科学出版社，2004年，第1-5期。

[51] 万欣：《鲜卑墓葬、三燕史迹与金步摇饰的发现与研究》[A]，《辽宁考古文集》，沈阳：辽宁民族出版社，2003年，第268-281页。

[53] 王国维：《观堂集林》第四册卷二十二，史林十四，《胡服考》[A]，北京：中华书局，1959年。

[54] 内蒙古自治区博物馆和林格尔县文化馆：《和林格尔县另皮窑村北魏墓出土的金器》[J]，《内蒙古文物考古》1984年第3期，第52-54页。

[55] 陆思贤：《鲜卑族名与"鲜卑郭洛带"》[J]，《内蒙古社会科学》1984年第3期，第87-89页。

[56] 孙机：《中国古代的带具》[A]，载于《中国古舆服论丛》（增订本），文物出版社，2001年，第253-292页。

[57] 金刚：《虎狮民族鲜卑源流》上[J]，《满语研究》，2003年第1期，第101-110页。

[59] 程道宏：《伊敏河地区的鲜卑墓》[J]，《内蒙古文物考古》，1982年第2期。

[60] 赵越：《内蒙古额右旗拉布达林发现鲜卑墓》[J]，《考古》1990年第10期；内蒙古文物考古研究所等：《额尔古纳右旗拉布达林鲜卑墓群发掘简报》[A]，《内蒙古文物考古文集》，北京：中国大百科全书出版社，1994年。

[61] 呼盟文物管理站：《额尔古纳右旗七卡鲜卑墓清理简报》[A]，《内蒙古文物考古文集》，北京：中国大百科全书出版社，1994年。

[62] 张中澍，陈相伟：《通榆县兴隆山鲜卑墓清理简报》[J]，《黑龙江文物丛刊》，1982年第3期。

[63] 内蒙古自治区文物考古研究所：《内蒙古地区鲜卑墓葬的发现与研究》[M]，北京：科学出版社，2004年，第328-332页。

[64] 大同市考古研究所：《山西大同迎宾大道北魏墓群》[J]，《文物》2006年第10期，第50-71页。

[66] 山西省考古研究所等：《北齐东安王娄睿墓》[M]，北京：文物出版社，2006年。

[67] 山西省考古研究所、太原市文物考古研究所：《太原北齐徐显秀墓发掘简报》[J]，《文物》2003年第10期，第4-40页。

马和之《毛诗图》政治意涵考察

黎 晟[1] 冯鸣阳[2]

（1. 江苏淮阴师范学院，江苏淮安，223001）
（2. 东华大学，上海，201620）

【摘 要】自汉始，《诗经》就经常成为图绘的母题。南宋年间，宫廷的士人画家马和之，受高宗诏命制作了一系列的《毛诗图》图释《诗经》。此系列图卷日后成为中国美术史研究不可绕过的经典作品。但围绕着《毛诗图》卷仍然存在着不少尚未廓清的问题。本文将探讨《毛诗图》制作的宫廷背景，及其在宋代皇家视角下的政治意涵。

【关键词】马和之 毛诗图 政治意涵

作者简介：

黎晟，1976年生，男，江苏淮安人，淮阴师范学院副教授，上海大学美术学院博士生，北京大学博士后。主要研究方向：美术史及相关理论。
冯鸣阳，1986年生，女，湖北襄阳人，复旦大学博士后，东华大学讲师，上海大学和美国密歇根大学联合培养博士。主要研究方向：美术史、设计史和美术考古。

[基金项目]2014年度教育部人文社会科学研究青年基金项目《艺术与权力：南宋画院人物画的政治功用》（14YJC760010）；中国博士后科学基金第56批面上资助《民族危机与艺术创新：南宋院体人物画的历史生成》（2014M561400）；江苏省教育厅2013年度高校哲学社会科学基金《宋代民间绘画赞助模式研究》（2013SJB760006）。

自汉代儒学独尊之后，儒家经典文本就成为图绘的对象。《历代名画记》载：汉明帝"雅好画图，别立画官，诏博洽之士班固、贾逵辈取诸经史事，命尚方画工图画，谓之画赞[1]"。历代图绘儒家经典的作品中，以《诗经》图最为多见。

最早见于记载的《诗经》图是东汉刘褒的《云汉图》和《北风图》，张彦远《历代名画记·卷四》引孙畅之《述画记》及张华《博物志》云：

刘褒，汉桓帝时人，曾画《云汉图》，人见之觉热；又画《北风图》，人见之觉凉。官至蜀郡太守。[2]

此后，历代皆有《诗经》图问世。其中见于《历代名画记》中的就有西晋卫协的《毛诗北风图》和《毛诗黍离图》[3]；晋明帝司马绍的《豳诗七月图》与两幅《诗经图》[4]；南朝时陆探微的《毛诗新台图》[5]；刘宋时期刘斌的《诗黍离图》等。

此外，《南史》中记有梁武帝子豫章王琼在白团扇上图《伐檀》之诗给徐勉，以"言其贿"[6]。朱景玄《唐朝名画录》中载唐文宗因卫协所画《毛诗图》，"草木鸟兽，古贤君臣之像，不得其真"，命程修己作《毛诗图》。其作"皆据经定名，任意采掇，由是冠冕之制，生植之姿，远无不详，幽无不显矣"[7]。

除以上史料中的记载之外，《清河书画舫》、《佩文斋书画谱》中也载有不少宋之前的《诗经》图，但因没有前代史料的支撑，故而不录。

考察上述历代《诗经》图的创作，大多有宫廷或者官方的背景。除刘宋时的刘斌身份不明外，晋明帝与梁武帝子豫章王琼本就是皇族；刘褒是蜀郡太守；卫协之画是"隋朝官本"，可想也是宫廷画家；陆探微"宋明帝时，常在侍从"，也是宫廷画家；程修己画是应唐文宗诏命所作。《诗经》图的创作也多有皇家的影响。特别是卫协所画的两图被张彦远定为"隋朝官本"，更暗示皇室可能在有意识地系统地创作《毛诗图》。

从最早汉明帝命班固、贾逵选经文，命画工作画赞就可以看出，皇家作此类图画大多有"诗教"的目的。如梁武帝子豫章王琼在白团扇上图《伐檀》之诗给徐勉，以"言其贿"，其中的象征意义非常明确。按《诗序》解《伐檀》诗："刺贪也。在位贪鄙，无功而受禄，君子不得进仕尔。"王琼的《伐檀》图明显借用了《诗序》中的道德喻义，其中的教化劝戒意图明显。这也从某种角度证明，至少自南北朝始，《诗经》图已经发展出一套较为明确的象征体系，甚至还有一套与之相配的较为成熟的图式，使人见图便知其所指。

宋代也有不少的《诗经》图传世。其创作主要集中于《豳风·七月》诗。画史记载有宋代《豳风》图四卷（册）：李公麟《豳风图》，载《石渠定笈初编》；丁越公《豳风图》册，载《石渠宝笈三编》，故宫博物院藏原写本；李公年《豳风图》一卷，载《石渠宝笈初编》，故宫博物院藏原写本；马远《豳风图》，载《石渠宝笈初编》，故宫博物院藏原写本。[8]现存世宋代

《豳风》图有大都会美术馆、弗利尔美术馆与克利夫兰艺术博物馆三卷，此三卷亦都图绘《豳风·七月》诗。

而宋代全面图绘《诗经》，在规模与艺术价值上都首屈一指的，就是南宋时期宫廷内的士人画家马和之的《毛诗图》卷。[9] 此图卷有多卷传世，现存于国内外各大博物馆。关于马和之的身份与《毛诗图》的创作问题前人多有论述，但仍有不少问题未得以厘清。[10]

作为对《诗经》的图释而言，《诗经》图首先是对〈诗经〉文本的图释；其次是对〈诗经〉所涉三代时期的图像重构；最后则表达了人们对《诗经》所代表的三代社会中某些政治与道德价值的想象与尊重。南宋时马和之在重构《诗经》的世界时，肯定加入了自己作为当代文士的审视角度。毋庸置疑的是，儒学经义仍然是文士马和之最为感兴趣的方面。画作对于种种三代时期事件或贬或褒的态度，代表的依然是宋代文人对儒家传统的价值观理解。但是作为《毛诗图》的另一个重要属性——皇家定制的作品而言，它在当时政治活动中所扮演的角色不容忽视。本文将探讨《毛诗图》背后的宫廷背景，关注此作在南宋皇家视角下的政治意涵。

一、政治理想国

就《毛诗图》的创作来说，画史尚有不同的认识。但一般而言，公认此作是马和之在高宗诏命之下，作于高宗退位之后的孝宗朝。[11] 因此高宗在《毛诗图》创作中所起的作用不可忽视。

就用图像来暗示自己的政治意图而言，宋高宗明显是个行家里手。他对于图像政治价值的认识很有可能来自其父徽宗的影响。宋徽宗时期的《瑞鹤图》、《听琴图》、《祥龙石图》等作品，明显不属于传统所谓具有教化意图的规鉴画，而是有意识地直接为自己的地位与执政行为作辩护或宣传，这在高宗朝的一系列宫廷绘画中也可以找到明显的呼应。如《中兴瑞应图》以描绘当代真实事件的名义，借用祥瑞主题，表明高宗得继大统是天命所归。但有趣的是，高宗时期的这类具有明确政治意涵的作品，仿佛更愿意利用历史故事形式，隐晦地表达自己的政治意图。如《采薇图》与《晋文公复国图》，都是借用古代故事，影射当代的时政；另如相传李唐曾与高宗合作《胡笳十八拍》，[12] 有学者就认为是以借古喻今的方式，指向高宗生母韦太后南归的事迹，并进一步为高宗求和的政治行为辩护。事实上，在讨论南宋宫廷绘画的过程中，总是无法忽略其中的政治意涵。

对于《毛诗图》的政治意涵，学者们也多有论述。徐邦达先生在《传宋高宗赵构孝宗赵昚书马和之画〈毛诗〉卷考辨》一文中认为其原因在于：一、其诗的叙述描写适合入画；二、依传统"图者，成教化，助人伦"的观念，宣扬"圣教"（儒家思想）。方闻（Wen Fong）及Marilyn Fu在《宋元绘画》（Sung and Yuan paintings, Wen Fong, Marilyn Fu,

Metropolitan Museum of Art; First Edition, 1973）一书中讨论了《晋文复国图》、《胡笳十八拍》及《诗经图》。认为《诗经图》展现了高宗对中原儒家文化的尊重，以巩固自己的统治。上述的研究，都将《毛诗图》简单地视为帝王为表达自己对儒家经典文化的重视。

事实上，就《毛诗图》而言，其指向某一具体时政的意图可能并不是非常明显。《诗经》可以视为三代世界的百科全书，涉及的内容丰富而广泛。通过某一单篇的诗作去找寻与时政的对应关系可能并不是太困难的事。但如此一来，真正的政治意涵就会淹没在多重意义混杂中，难以探得其中的真相。因此获得可信的解释还要源自对当时政治生态的细致辨析与还原。

《毛诗图》是高宗退位后诏命所作。但为何要选择《诗经》而不是其他的儒家经典文本作为图绘的对象值得深入的注意。高宗一生对于儒学的兴趣应该是真诚的，在位时抄写经书也被传为一时佳话。特别值得一提的是在绍兴年间，高宗手书经文，并刻石于太学，其时间从绍兴十三年一直延续到淳熙四年（1177），按南宋潜说友编纂的《咸淳临安志·卷十一》"光尧石经之阁"记"御书石经"有："《易》、《诗》、《书》、《左氏春秋》、《礼记》五篇：中庸、大学、学记、儒行、经解及《论语》、《孟子》。"其中并没有对《诗经》表现出特别的兴趣。

当然作为图绘的对象，有些经典并不适合，如《易经》、《礼记》，没有多少的故事性。《论语》作为语录体的文本，内容太过分散。而《孟子》、《尚书》、《春秋》，大多涉及了具体的历史事件，仿佛并不是没有可能转释为绘画。如果为了传达某些儒家经义，上述三种仿佛也不能说不合格。事实上，有一则史料可能证明，宋高宗当政时并未对《诗经》表现过特别的兴趣。《建炎以来朝野杂记·甲集·卷一》中"高宗圣学"载：

绍兴末，上尝作损斋，屏去玩好，置经史古书其中，以为燕坐之所。上早年谓辅臣曰："朕居宫中，自有日课，早阅章疏，午后读《春秋》、《史记》，夜读《尚书》，率以二鼓罢。尤好《左氏春秋》，每二十四日而读一过。"胡康侯进《春秋解》，上置之坐侧，甚爱重之。又悉书《六经》，刻石真首善阁下。及作损斋，上亦老矣，因自为之记，刻石以赐近臣焉。[13]

高宗选择《春秋》、《史记》、《尚书》经常颂读可能有着更为现实的考虑，毕竟与《诗经》相比较，这些经典提供的史料更为准确，对于治理国家可能有着更为直接的参考价值。高宗对于《诗经》的兴趣或许也可以解释为退位后，没有太多的政事牵绊，而转意于《诗经》。但退位后的高宗真的还有必要再去诏命作如此大规模的宫廷创作，宣扬自己对于儒学的尊重吗？

在宋人眼中，《诗经》当然具有明确的政治价值。在经筵讲席中，君臣们也讨论过其在现实政治中的意义。但就《毛诗图》而言，马和之所重构的是

《诗经》所涉及的时代，也就是一般所说的三代时期。而三代对于宋人而言，有着不一般的意义。余英时将"回向三代"作为宋代政治文化的开端，并进一步指出，这一认识充分显露于仁宗朝。事实上，宋人将"三代"视为理想政治文化的代表。李觏说：

昔三代之人，自非大顽顿，尽可以为君子。何者？仁义礼乐之教，浸淫于下，自乡徂国则皆有学；师必贤，友必善，所以养耳目鼻口百体之具，莫非至正也。[14]

宋廷之内也有类似的说法。仁宗景祐二年（1035）五月庚子太常上奏道：

太宗皇帝……又引搢绅诸儒，讲道兴学，炳然与三代同风矣。[15]

南宋时的史浩念念不忘北宋时的"三代之风"，他对孝宗说："列圣传心，至仁宗而德化隆洽，至于朝廷之上，耻言人过，谓本朝之治与三代同风。此则祖宗之家法也。"[16] 对于此种风气，南宋时朱熹曾有过清晰的观察，说：

国初人便已崇礼义，尊经术，欲复二帝三代，自胜唐人。[17]

从某种程度上来说，三代世界俨然就是宋人心目中的政治理想国。分析上文提及的内容，或许也可以作为图绘对象的三种儒家典籍，《春秋》所涉已是"礼崩乐坏"时间段，《孟子》则更晚。《尚书》到是适合，其所涉时代比《诗经》还要早，但其内容更象是皇家的公务文书，且内容"周诰殷盘，诘屈聱牙"，事件杂乱，而且不像《诗经》一样，有较强的图绘传统。对于用图像

来表现一个可见的三代世界，可能没有比《诗经》更为适合的文本了。

马和之在对《诗经》中三代世界的图像重构大量借鉴了宋代流行的经学图谱与金石图谱，力求在细节上准确地还原三代世界。但却尽量避免直接表现那些社会的混乱与政治的黑暗。即使是那些讲述最险恶的社会危机的诗作，观者单纯从画面上也不会感受到太多的恐慌。如《豳风·七月》图，按《诗序》解此诗的写作背景是："陈王业也。周公遭变故，陈后稷先公风化之所由，致王业之艰难也。"但马和之完全不顾这一危急的历史背景，图作宛如一幅农耕场景的风俗画。其"隐恶扬善"的意图非常明显。（图1）

此外在对事件的图像讲述中，马和之又借用了《诗经》中"比"、"兴"的修辞方式，图像安排地相当简约，整个画面形成了浓郁的温温而雅的氛围。但相对于对一般事件描画的疏简，那些有关祭祀、朝会与飨礼的场景，马和之对于仪式细节的描绘简直是不厌其烦，花费了更多的精力。（图2）这当然与诗作表达内容的不同有关，但其场景的庄严与其中体现出来的政治价值，却是让人过目难忘的。这不得不让宋人联想到孔子的慨叹："郁郁乎文哉，吾从周。"就如明代冯梦祯在《快雪堂集·观马和之商鲁二颂图诗并序》中赞叹道的：

洋洋鲁颂，文章元气结。名物一以陈，礼乐俨相接。情欣近累解，礼契异代合。

图1 [宋]马和之《豳风·七月》图（局部），北京故宫博物院藏

马和之这种"隐恶扬善"的图释方式，从一方面来说，是在尽量增加画面的正面意义；而从另一方面来说，也是在试图将《诗经》的世界，至少在部分画作中，表现为一个政治上的理想国——君贤臣忠，君臣间以礼相待。

或许我们还可以进一步衍生出更为现实的政治意图。纵观整个高宗一朝，导致北宋政治崩坏的党争并没有平息。大臣们对于对金是和是战争执不休，而争执大多又最终落实到了对政敌的道德与人身攻击上，其酷烈程度不下于北宋。从北宋到南宋，士大夫们对于党争

之害仿佛都有着明确的认识。神宗元丰年间梁焘上书神宗：

"天下之患，不患祸乱之不可去，患朋党蔽蒙之俗成，使上不得闻所当闻，政日以蔽，而祸乱卒至也。"[18]

光宗时，殿中侍御史刘光祖也说：

"近世是非不明，邪正互攻；公论不立，则私情交起。此固道之消长，时之否泰，而实为国家之祸福，社稷之存亡，甚可畏也。"[19]

人人都认识到党争之害，但却总是无法解决。宋高宗对于南宋初年的这种党争，也是明显反感却又无可奈何，多

次下诏告诫党争，却无法阻止党争的进一步蔓延。这仿佛已经成为宋代政治的"疥疮"，总也无法治愈。如果从此角度考虑，《毛诗图》对于三代时期政治理想国的图绘，无疑有着非常明确的现实所指。[20]

二、对天子的教化

但是仍然有另一个问题需要解决，党争的危害早已被人们所了解，为何高宗要在退位后才想起树立政治理想国的图腾？

如前文所述，《毛诗图》创作于高宗退位之后的孝宗朝。需要指出，整个孝宗朝与高宗退后的生活相始终。当高宗于1187年去逝后，孝宗也在一年多后传位于光宗。因此而整个孝宗朝的政治生态也于高、孝二宗的关系紧密相联。特别应注意到，《毛诗图》是应高宗退位后的要求创作的，高宗退位后的某些行为值得更深入的关注。

退位后的高宗仍然对朝政保持了一定的影响力。南宋理宗朝的张端义在《贵耳集》中提供了一则史料：

议者疏秦桧擅专之罪，德寿建思堂落成，寿皇问德寿何以曰思堂？德寿曰："思桧也。"由是秦氏之议少息。[21]

此外，在对金国的战与和——这一南宋最大的基本国策，高、孝二宗的态度并不一致。高宗以对金的主和策略，获得了中兴之功。但"孝宗与高宗不同，他终身念念不忘'恢复'"[22]。

图2　［宋］马和之《鹿鸣之什·鹿鸣》图（局部），北京故宫博物院

"孝宗在最初十几年中，曾一再有过"恢复"的冲动。"[23]虽因即位之初的符离之败，而不得不签订和议，但力图恢复的想法一直盘桓于孝宗的心中。然而这种想法却从没有得到过高宗的支持。此事早有学者论述，此再赘引几则史料加以说明。

叶绍翁《四朝见闻录》：

上（孝）侍光尧（高宗），必力陈恢复大计以取旨。光尧曰："大哥，侯老者百岁后，尔却议之。"上自此不复敢言。

朱熹《语类·卷一二七》：

孝皇……后来欲安静，厌人唤起事端，且如此打过。[24]

罗大经《鹤林玉露》：

孝宗初年，规恢之志甚锐，而卒不得逞者……亦以寿皇圣志主于安静，不忍违也。[25]

田汝成《西湖游览志余·卷二》：

淳熙中，上（孝宗）益明习国事，老成向用矣。一日，朝德寿，谓之曰："天下事，不必乘快，要在坚忍，终于有成。"上再拜，大书揭于选德殿。[26]

高宗为何要如此坚决地反对恢复，对其心态学者也多有分析，本文不多讨论。而值得注意的是，孝宗在高宗甚至有些咄咄逼人的言辞下，一直态度恭顺，少有反驳。《建炎以来朝野杂记·甲集·卷一》，《孝宗圣孝》记载两件事：

辛巳岁，上视师建康，建王实从，每早晚二顿，必具上起居食饮状，及群臣讲对、中外关奏之事，以达中宫。逮还都，隆慈出示，其书盈篚，上见之大喜。

孝宗天资纯孝，初授禅，高宗驾之德寿宫，上步出祥曦殿门，披辇以行，及宫门乃止。翌日，过宫，属天新雨，泥淖被路，上皇命邀乘舆至殿门，上亟驻辇门外，趋立庭下。上皇嘉叹久之，曰："每见吾儿，则喜不自胜。"隆兴初，上以兵连不解，未克尽两宫之奉。乾道元年二月朔，始从两宫谒四圣观。上亲扶上皇上马，都人欢呼，以为所未尝见，此可谓以天下养矣。[27]

这或许可以解释为孝宗对于儒家孝道的严格遵守，但另有三例很可能说明了孝宗的复杂心态。《西湖游览志馀》卷二《帝王都会》中载有两事：

德寿生日，每岁进奉有常数；一日，忽减数项，德寿大怒。孝宗惶惧，召宰相虞允文语之。允文曰："臣请见而解之。"孝宗曰："朕立待卿回奏。"允文到宫上谒，德寿盛气。顷之，曰："朕老而不死，为人所厌。"允文曰："皇帝圣孝，本不欲如此，罪在小臣。谓陛下圣寿无疆，生民膏血有限，减生民有限之膏血，益陛下无疆之圣寿。"德寿大喜，酌以御酝一杯，因以金酒器赐之。允文回奏孝宗，孝宗亦大喜，酌酒赐金如德寿云。

高宗既居德寿，时到灵隐冷泉亭闲坐。有一行者，奉汤茗甚谨。德寿语之曰："朕观汝意度，非行者也，本何等人？"其人拜且泣曰："臣本某郡守，得罪监司，诬劾赃，废为庶人。贫无以糊口，来从师舅觅粥延残喘。"德寿恻然曰："当为皇帝言之。"数日后

再往，则其人尚在，问之，则云："未也。"明日孝宗恭请太上帝后幸聚景园。德寿不笑不言，孝宗再奏，亦不答。太后曰："孩儿好意招老夫妇，何为怒耶？"德寿默然良久，乃曰："朕老矣，人不听我言。"孝宗益骇，复从太后请其事。德寿乃曰："如某人者，朕已言之而不效，使朕愧见其人。"孝宗曰："昨承圣训，次日即以谕宰相，宰相谓赃污狼籍，免死已幸，难以复用。然此小事，来日决了，今日且开怀一醉可也。"德寿始笑而言。明日，孝宗再谕宰相，宰相犹执前说。孝宗曰："昨日太上圣怒，朕几无地缝可入，纵大逆谋反，也须放他。"遂尽复原官，予大郡。后数日，德寿再往，其人曰："臣已得恩命，专待陛下之来。"谢恩而去。[28]

张端义《贵耳集》中又另载一事：

寿皇过南内，德寿问："近日台臣有甚章疏？"寿皇曰："台臣论知阁郑藻。"德寿曰："说甚事，莫是说他娶嫂？"寿皇曰："正说此事。"德寿云："不看执柯者面！"寿皇问执柯者，德寿曰："朕也。"寿皇惊灼而退，台臣即时去国。[29]

以上三例皆讲高、孝二宗间的矛盾。但在矛盾冲突的过程中，孝宗的态度颇值得玩味。说"孝宗惶惧"、"孝宗益骇"、"惊灼而退"，明显表明了孝宗对高宗恭顺表面之后的畏惧心理。

但另一方面看，孝宗对于高宗的恭顺态度也并不像是全为伪装。当淳熙十四年（1187）高宗死后，孝宗排除群

臣提出"以日易月"的方式，坚持已意，"行三年之丧"[30]。并说："大恩难报，情所不忍……"《宋史·卷一二二》，《礼志二十五》载："淳熙十四年十月八日，高宗崩，孝宗恸擗踊，逾二日不进膳。"

关于孝宗这种复杂的心理状态，余英时在《朱熹的历史世界》中曾有过非常独特而细致的分析。余先生将史学与心理分析交互使用，分析了孝宗内禅前的一系列政治活动。认为自孝宗6岁入养禁中到36岁受禅，这期间一直生活于长期焦虑之中，余先生称之为"持久的认同危机"，即："首先是怎样争取储位，其次是怎样建立与储位相应的人生理想，以为终身的奋斗目标。"[31]孝宗最终渡过了这一危机，击败赵璩，成为储君。也就是在这段时期，孝宗形成了他"复仇"、"攘夷"的毕生心愿。但即位后，"在儒家'孝'文化的笼罩下……依照父皇的需要来塑造自己，中年以后不得不抑制'恢复'的冲动，以求毋违太上皇的意志。"余先生又以史料为例，最终说明，孝宗对高宗的"爱恨交替……孝宗'大恩难报'的感激之情并不能消解他的憎恨之情，最多只能不让它在显意识层次露面而已。"并引用了徐经孙《劾董宋臣又疏》中的文字："昔孝宗皇帝……曾觋再还，又复窃弄。孝宗觉之，谓左右曰：'为家老子误我不少。'"[32]证明孝宗对高宗的不满之情。余先生的此段研究视角非常独特，是否确为如此，或尚可继续深入探讨。但其中高宗的行为动机余先生并

未做太多描述，或可用同样的方法尝试分析一下高宗的心理。

高宗自己无子，在确定继承人上曾长时期举棋不定。同孝宗一起被接进宫中作为皇子候选人的还有恩平郡王赵璩。而在早期，形势对赵璩更为有利。[33]高宗个人很可能更偏向于立赵璩为皇子，而非赵眘。而最终高宗接受孝宗出于他的一段自述。《建炎以来系年要录·卷二百》"绍兴三十二年六月丙子条"小注载：

（绍兴）三十年立为皇子。上曰："朕志素定，已九年矣。"[34]

也就是说，在绍兴二十二年时，高宗已经打定主意，要立孝宗为储君。但在此之前，高宗一直没有放弃自己再生育儿子的希望。《三朝北盟会编·卷二百三十》记载御医王继先："尝劝上服仙灵脾，亦名淫羊藿。虽强阳，然久服子不成。"[35]其后更有祀高禖神的求子行为[36]。直到绍兴二十二年（1152），高宗45岁时多方尝试失败得子无望后才"志素定"。而到绍兴三十年（1160），高宗53岁时才抛出这段言论，立孝宗为皇子。而从某种角度来说，高宗反复了近9年的时间，才从心理上接受并认同孝宗为其接班人。

种种迹象表明，退位后的高宗一直在通过各种渠道密切注视着孝宗的一举一动。如上文所引《贵耳集》中，让孝宗"惊灼而退"的郑藻娶嫂一事表明，高宗在朝堂中有自己的耳目，可以很方便掌握朝堂上的一举一动。甚至孝宗潜邸时的旧人曾觌，就很有可能是高宗安

排在孝宗身边的耳目[37]，这可能就是曾觌弄权被贬后，孝宗说出："为家老子误我不少"，这样类似埋怨的话的原因。[38]这也是高宗退位后保持对朝政影响力的一种方式。

但问题是，除了反对对金用兵的态度较坚决外，高宗并没有太多干涉孝宗的施政。在和战问题上，孝宗更可能是因为经过符离之败后，对于宋金两国的情势有了更客观的认识，而不得不认同高宗"要在坚忍"的看法。而在肃清秦桧余党、为岳飞平反、备战等事上，高宗并未明确表达过反对意见。事实上，太上皇的干政大多只涉及，如"进奉"的多少与罪官的复职等，大多只能算是无关大节的小事。但高宗的表现有时却可以算是蛮不讲理的有意为难，甚至带有某种赌气的口吻抱怨道："朕老矣，人不听我言。""朕老而不死，为人所厌。"而一生经历过大风浪，且不乏政治手腕的高宗何以会如此？

事实上，在上述各种无关朝政的矛盾事件中，一旦孝宗表现出退让与恭顺，高宗几乎立刻就表现出释怀。从此角度分析，高宗更为看中的是孝宗对自己的态度，或者说是二人间某种私人关系的维系。《贵耳集》中记有一事：

德寿在南内，寿皇奉之孝，极尽其意。一日醉许奉二十万缗，久而未进。德寿问吴后，后曰："在此久矣，偶醉时奏，不知是银是钱，未敢遽进。"德寿云："要钱用耳。"吴后代进二十万缗。孝宗感吴后之意，调娱父子之欢，倍四十万以献。[39]

此事同样不涉及朝政，高宗可能也并不真的缺这"二十万缗"。所谓"二十万缗"，对于高、孝二宗可能都算不得大数目，吴后也可以轻易拿得出。孝宗最后更返还给吴后四十万缗。但是否进奉直接关系到还能不能保持"父子之欢"。

从某种程度上看，帝王在人伦亲情上心理需求与普通人并没有太大的不同。孝宗退位后，继位的光宗就常年不去探望。《朝野遗记》中载：

光宗逾年不朝重华宫，寿皇居常快快。一日登望潮露台，闻委巷小儿争闹，呼赵官家者。寿皇曰："朕呼之尚不至，枉自叫耳。"凄然不乐，自此不豫。[40]

对于光宗的不孝行为，孝宗的心理有很大的冲击，因而"凄然不乐"。这表明帝王们一样有对人伦亲情的需求。高宗如此重视孝宗对自己的态度，一方面当然是出于对儒家传统父权的维系，这或许就可以理解为何高宗要对"进奉"减少一事有这么大的反应；而另一方面则表明了高宗对维系二人父子关系的某种"焦虑"心理。毕竟孝宗并非其亲生。不过孝宗的行为恰到好处地表现出父严子孝的儒家传统型父子关系，满足了高宗此种心理需求。

高宗退位之前，对孝宗有着绝对的权威，是绝对的皇权与父权的综合体。而内禅后，并没有太过分地保留皇权，却又一次次地试探孝宗对自己的恭敬程度，确认自己的影响力。这已经不单单是对于朝政的影响力，而是二人私人关

系，即父子关系中的父权地位的确认。

从美术史的角度来看，也可以找到高宗维系自己父权地位的某些行为。台北故宫博物院藏有传为马和之作《孝经图》册。此图大致作于南宋初高、孝时期的宫廷画院。[41]

《孝经图》作为对儒家经典文本《孝经》的图绘，当然有其教化的意图在内。北宋时李公麟与丁晞颜都画过《孝经图》，李公麟作为文士没有疑问。丁晞颜，据《云烟过眼录》记载，"丁晞颜画孝经。晞颜字令子，书画皆精，全似李伯时。后有米元章跋。"其画风学李公麟，与当时著名文人也有交往，大致推断也是文人。文人作《孝经图》可能更多是出于对儒学经义的弘扬。但宫廷应制的《孝经图》可能更多带有某些政治意图。特别是考虑到高宗在位时长时期徘徊于立储问题，退位后又纠结与孝宗的关系问题。以此《孝经图》直接指向孝宗，告诫孝宗要遵守孝道的可能性极大。

《孝经》十八章的内容针对社会各阶层。在"开宗明义章第一"后，分别对天子、诸侯、卿大夫、士、庶人提出遵守孝道的要求。但其后各章，大多仍然离不了帝王在儒家孝道体系中的作用。如"三才章第七"中提到："先王见教之可以化民也，是故先之以博爱。""孝治章第八"中提到："昔者明王以孝治天下也，不敢遗小国之臣。""圣治章第九"提到："昔者周公郊祀以配天，宗祀文王于明堂，以配上帝。"而且此图中"天子章第二"，

天子跪拜皇太后。"士章第五"、"庶人章第六"，跪拜父母，怎么可能不让孝宗联想到近在身旁的高宗与吴太后。应该说，《孝经图》作为教育孝宗遵守孝道的图像资料，其定位非常明确。特别还要注意到，此种以图像教育储君的做法徽宗也运用过。史载徽宗曾"摹唐人《明皇训子图》并跋卷。"其教导子嗣的意图则更加明显。（图3、图4）

这就涉及宋人是如何看待《诗经》的文本。孔子认为："诗三百，一言以蔽之，思无邪。"又言："兴于《诗》，立于《礼》，成于《乐》。"（《论语·泰伯》）"《诗》可以兴，可以观，可以群，可以怨，迩之事父，远之事君，多识于草木之名。"（《阳货》）"不学《诗》无以言。"（《季氏》）这在后代的论《诗》著作中常被提及。而此后《今文尚书·尧典》中又说："诗言志，歌永言，声依永，律和声。"这就构成了早期的《诗经》本质论，也就是常说的，"诗言志"与"诗可以兴、观、群、怨"。

对于后世不断阐发的"志"。《荀子·儒效》中说："圣人也者，道之管也。天下之道是矣，百王之道一是矣，故诗、书、礼、乐之道归是矣……诗言是，其志也。"这里所说的"志"是"圣人"与"百王"之"道"。这在《毛诗序》里有更为深入的解释：

图3 ［宋］（传）马和之《孝经图》"天子章第二"，册页，绢本设色，纵28.8厘米，横33.7厘米，台北故宫博物院

图4 [宋] (传) 马和之《孝经图》"士章第五",册页,绢本设色,纵28.8厘米,横33.7厘米,台北故宫博物院

诗者,志之所之也,在心为志,发言为诗,情动于中而形于言,言之不足,故嗟叹之,嗟叹之不足,故咏歌之,咏歌之不足,不知手之舞之足之蹈之也。情发于声,声成文谓之音,治世之音安以乐,其政和;乱世之音怨以怒,其政乖;亡国之音哀以思,其民困。故正得失,动天地,感鬼神,莫近于诗。[42]

这就将《诗》中所言与政治的兴衰相结合。在分述其中"风"、"雅"、"颂"三章内容时,又说:

上以风化下,下以风刺上,主文而谲谏,言之者无罪,闻之者足以戒,故曰风。至于王道衰,礼义废,政教失,国异政,家殊俗,而变风变雅作矣。国史明乎得失之迹,伤人伦之废,哀刑政之苛,吟咏情性,以风其上,达于事变而怀其旧俗也。故变风发乎情,止乎礼义。发乎情,民之性也;止乎礼义,先王之泽也。是以一国之事,系一人之本,谓之风;言天下之事,形四方之风,谓之雅。雅者,正也,言王政之所由废兴也。政有大小,故有小雅焉,有大雅焉。颂者,美盛德之形容,以其成功告于神明者也。[43]

三章内容皆落实到王道、王政之上。因而,《诗经》就成为论述帝王之

政兴废得失的政治教化文本。汉代郑玄的《诗谱序》则将《诗》中所述种种兴废得失与具体的君王相关联:

周自后稷播种百谷,黎民阻饥,兹时乃粒,自传于此名也。陶唐之末中叶,公刘亦世修其业,以明民共财。至于大王、王季,克堪顾天。文、武之德,光熙前绪,以集大命于厥身,遂为天下父母,使民有政有居。其时《诗》,风有《周南》、《召南》,雅有《鹿鸣》、《文王》之属。及成王,周公致大平,制礼作乐,而有颂声兴焉,盛之至也。本之由此风雅而来,故皆录之,谓之《诗》之正经。

后王稍更陵迟,懿王始受亨齐哀公。夷身失礼之后,邶不尊贤。自是而下,厉也,幽也,政教尤衰,周室大坏,《十月之交》、《民劳》、《板》、《荡》勃尔俱作。众国纷然,刺怨相寻。五霸之末,上无天子,下无方伯,善者谁赏?恶者谁罚?纪纲绝矣。故孔子录懿王、夷王时诗,讫于陈灵公淫乱之事,谓之变风变雅。以为勤民恤功,昭事上帝,则受颂声,弘福如彼;若违而弗用,则被劫杀,大祸如此。吉凶之所由,忧娱之萌渐,昭昭在斯,足作后王之鉴,于是止矣。[44]

其中很关键的一句是"吉凶之所由,忧娱之萌渐,昭昭在斯,足作后王之鉴,于是止矣",这就直接指明,作为"诗教"文本的《诗经》,其教化的对象是后世的君王。

宋人释诗,角度与方法多样,自出新意,各家的争论也多,但需要指

出一点的是，没有哪一家会完全忽略《诗经》作为论述王政之道的最为经典文本。北宋时的吕陶在《应制举上诸公书》中对于当时释《诗》忽略其中治世之道的根本目标表示不满说：

> 为《诗》者，不究风俗之代变，王道之初终，以参验于治体，而好议《商》、《鲁》二颂之不同，毛、郑两解之小异。……有释数字之文至数十万言，而是非无所处，正求以援世率民，又天下国家之大略，盖阙如也。[45]

事实上在宋代的主流意识形态中，《诗》的王道意义仍是主流。而宫廷内的经筵讲《诗》也是围绕着这一点展开。宋庆历五年（1045），赵师民讲《诗》"如彼泉流"一句时说：

> 水之初出，喻王政之发。顺行则通，通故清洁；逆乱则壅，壅故浊败。贤人用，则王政通而世清平；邪人进，则王泽壅而世浊败。幽王失道，用邪绌正，正不胜邪，虽有善人，不能为治，亦将相率而沦于污浊也。[46]

宋代帝王也有相同的认识。庆历四年（1044），宋仁宗对章得象等大臣说："近讲《诗·国风》，多刺讥乱世之事，殊得以为鉴戒。"[47] 王安石更是将《诗经》与具体的"王术"与"王功"相结合。在《寓言九首·其三》中说："周公歌《七月》，耕嫁乃王术。"《省兵》说："王功所由起，古有《七月》篇。"在《诗义钩沉》中，解《墉风·定之方中》提出："盖人君先辨方正位，体国经野，然后可以施政事云。古人戴星而出，戴星而入，必是

身耐劳苦，方能率得人。"[48] 在解《周南·汉广》时解《诗序》中"文王之道被于南国，美化行乎江汉之域，无思犯礼，求而不可得也。"一句说："化民而至于男女无思犯礼，则其诰教之所能令，刑诛之所能禁者，盖可知矣。然则化人者，不能感通其精神，变易其志虑，未可以言至也。"[49] 又是说天子的道德有教化天下的功用。其政教的最终目的是化天下，但其开端却是对君王自身的要求。

因此可以这样理解，宋高宗在退位后仍然在尝试尽着太上皇的职责，即对新皇帝的教导。通过《毛诗图》向孝宗传达某些政治上的期待，这与儒家传统孝道中，父亲对儿子负有教导的责任，并没有什么不同。

结语

事实上，退位后的高宗并没有过多地插手孝宗的施政，在安享晚年之时，再过多地塑造自己崇儒的形象仿佛也没有太大的意义。而如果综合考虑高宗退位后的心态、《诗经》文本的王道、王政意涵与高宗善用图像暗示其意图的习惯，或许《毛诗图》所面对的对象实质上是孝宗。首先，《诗经》文本本身就有王政之道的意涵；其次，《诗经》为天子的道德修养提出目标；最后，《毛诗图》中提供的一个可见的政治理想国，又为孝宗勾画了一个理想的治国目标。

当然这样来自于史料的考察很难有

一个毫无疑义的共识。本文在提出上述推想的同时，也尝试在此提供另一个旁证。在宋人眼中，马和之或许并不是当时最一流的大画家，但人们对于马和之的作品并不是完全无动于衷，传有宋人所作《题马和之〈觅句图〉》一诗。宁宗时杨妹子也曾在马和之作品上题诗。但《毛诗图》这样对图绘儒家经典的大型创作，却从未在宋代史料中出现，文人们的笔记中也不曾提及，这并不合理。较有可能的解释是，此画卷只收藏于宫廷之中，并不被外界知晓。现只有辽博所藏一卷《唐风图》有当时与高、孝二宗关系都颇为亲密的曾觌的私印，这是现在唯一确知可信的《毛诗图》在宋代流传的线索。这或许又可以从侧面证明，此图卷的创作目的可能只局限于与皇室或与皇室保持密切关系的圈子中，没有必要对外展示。

注释：

[1] [唐]张彦远：《历代名画记·卷三》，于安澜编：《画史丛书·第一册》，第56页。

[2] [唐]张彦远：《历代名画记·卷四》，于安澜编：《画史丛书·第一册》，第60页。

[3] [唐]张彦远：《历代名画记·卷五》载卫协《毛诗北风图》说："此画短卷，八分题。元和初，宗人张惟素将来，余大父答以名马并绢二百匹。惟素后却索将货与韩侍郎愈之子昶，借与故相国邹平段公家，以模本归于昶。彦远会昌元年见段家本，后又于襄州从事见韩家本。"

[4] [唐]张彦远：《历代名画记·卷五》，于安澜编：《画史丛书·第一册》，第65页。

[5] 张彦远：《历代名画记》中录此图，但裴孝源在《贞观公私画史》中著录陆氏《毛诗新台图》时却认为是摹本，并非陆探微的真迹。

[6] [唐] 李延寿：《南史·卷五三》中华书局，1975年版，1316页。

[7] [唐] 朱景玄：《唐朝名画录》，卢辅圣：《中国书画全书·第一册》，第167页。

[8] 此见郭伟其：《〈诗经〉图的形态：以广东省博物馆藏〈诗经〉寿屏为例》，范景中、曹意强编：《美术史与观念史Ⅲ》，南京：南京师范大学出版社，2005年12月版，第104页。

[9] 当下对于马和之的身份尚有不同的认识，但马和之的士人身份与宫廷内的画家身份皆无法否认。详见黎晟：《马和之活动年代及身份的相关考辨》，《美术与设计》，2013年10月，第5期。

[10] 关于《毛诗图》各卷的真伪、创作时间及其与宋高宗、宋孝宗的关系尚有相当多未得以厘清的地方。笔者曾先后发表两篇论文，对马和之的身份与《毛诗图》的画法展开讨论，除上注以外，还有《马和之风格源流分析——兼论宋代士人画风的演变与流传》，《国画家》，2013年7月，第4期。

[11] 详见徐邦达两文，《传宋高宗赵构孝宗赵昚书马和之画〈毛诗〉卷考辨》，《故宫博物院院刊》，1985年第3期；《赵构书马和之画〈毛诗〉新考》，《故宫博物院院刊》，1995年S1期。

[12] 《胡笳十八拍》现有多个版本传世，分别藏在台北故宫博物院（完整）、美国波士顿博物馆（存四幅册页）、纽约大都会博物馆、日本大和文华馆、南京博物院手卷。这些不同版本的手卷与册页，都有着相同的构图，是从同一版本摹来。一般认为波士顿本为南宋初版。《画继》中载李唐画此题："予家旧藏有唐画《胡笳十八拍》，高宗亲书刘商辞。"也说明最早的版本出现于南宋初年。

[13] [宋] 李心传撰，徐规点校：《建炎以来朝野杂记·甲集·卷一》，《高宗圣学》，北京：中华书局，2006年3月版，第31页。

[14] [宋] 李觏：《盱江集·卷二七》《典章秘校书》，景印文渊阁《四库全书》，卷1095，第221页。

[15] [宋] 李焘：《续资治通鉴长编·卷一百十六》，景印文渊阁《四库全书》，卷315，第789页。

[16] [宋] 李心传撰，徐规点校：《建炎以来朝野杂记·乙集·卷三》，《孝宗论用人择相》，北京：中华书局，2006年3月版，第545页。

[17] [宋] 黎靖德编：《朱子语类·卷一百二十九》，《本朝三》，景印文渊阁《四库全书》，卷702，第605页。

[18] 《宋史·卷三百四十二》，《列传·第一百一·梁焘传》，景印文渊阁《四库全书》，卷286，第536页。

[19] 《宋史·卷三百九十七》，《列传·第一百五十六·刘光祖传》，景印文渊阁《四库全书》，卷287，第437页。

[20] 关于南宋党争，参见罗家祥《试论两宋党争》，《华中师院学报》（哲学社会科学版），1984年第5期。陈志刚：《南宋初年的党争及其影响》，《淮北煤炭师范学院学报》（哲学社会科学版），2003年第1期。

[21] 丁传靖辑：《宋人轶事汇编·卷三》，《高宗》，北京：中华书局，1981年9月版，第76页。

[22] 余英时：《朱熹的历史世界：宋代士大夫政治文化的研究》，生活·读书·新知三联书店，2012年5月第2版，第804页。

[23] 余英时：《朱熹的历史世界：宋代士大夫政治文化的研究》，生活·读书·新知三联书店，2012年5月第2版，第806页。

[24] [宋] 黎靖德编：《朱子语类·卷一百二十七》，《本朝一》，景印文渊阁《四库全书》，卷702，第585页。

[25] [宋] 罗大经撰，王瑞来点校：《鹤林玉露·卷之四·丙编》，《中兴讲和》，《历代史料笔记丛刊》，北京：中华书局，1983年3月版，第302页。

[26] [明] 田汝成：《西湖游览志馀》卷二《帝王都会》，上海：上海古籍出版社，1980年10月版，第19页。

[27] [宋] 李心传撰，徐规点校：《建炎以来朝野杂记·甲集·卷一》，《孝宗圣孝》，北京：中华书局，2006年3月版，第32页。

[28] [明] 田汝成：《西湖游览志馀》卷二，《帝王都会》，上海：上海古籍出版社，1980年10月版，第15页。

[29] 丁传靖辑：《宋人轶事汇编·卷三》，《高宗》，中华书局，1981年9月版，第78页。

[30] 自汉景帝始，历代帝王服前朝帝王之丧，都以衰服三年会"妨政事"为由，以日易年，即三年三十六月每月为三十六日。

[31] 余先生这里借用了Erik H.Erikson对路德早期生活的心理分析。Erik H.Erikson, Young Man Luther, AStudy in Psychoanalysis and History, New York: W.W.Norton, 1958, pp. 98-100.详见《朱熹的历史世界：宋代士大夫政治文化的研究》，北京：生活·读书·新知三联书店，2012年5月第2版，第724页。

[32] 关于此段文字并由此推断出的高、孝二宗的关系，尚有不同的认识。祝总斌在《试析关于宋孝宗"憎根"宋高宗的两条资料》（《中华文史论丛》）2012年第4期），中认为徐经孙疏中"家老子"一词是史料传抄的错误，此句在《宋史·卷四百七十》中为"曾规误我不少"，而孝宗的所作所为是"谦虚美德"，并非是出于对高宗的憎根。

[33] [宋] 周密：《齐东野语》，载："孝宗与恩平郡王璩同养宫内，孝宗英睿，秦桧惮之，宪圣亦主璩。高宗圣意中有所向，亦未坚决。"丁传靖辑：《宋人轶事汇编·卷三》，《孝宗》，中华书局，1981年9月版，第84页。

[34] [宋] 李心传：《建炎以来系年要录·卷二百》，北京：中华书局，1956年7月版，第3384页。

[35] [宋] 徐梦莘：《三朝北盟会编·卷二百三十》，上海：上海古籍出版社，1987年

10月版，第1658页。

[36] 直到绍兴二十二年（1152）还有朝臣董德元上奏，讨论对高禖神的祀典，见《建炎以来系年要录·卷一百六十三》，"绍兴二十二年三月己未"。

[37] 绍兴三十年孝宗立储时，曾觌就入潜邸为内知客。另有一陈宦官，被朱熹评为"挟势为奸"。孝宗也说："高宗以其有才，荐过来。"见［宋］黎靖德编：《朱子语类·卷一百七》，《朱子四·孝宗朝》，景印文渊阁《四库全书》，卷702，第241页。

[38] 关于孝宗此时的心理分析，详见余英时：《朱熹的历史世界》，第736页。

[39] 丁传靖辑：《宋人轶事汇编·卷三》，《高宗》，中华书局，1981年9月版，第80页。

[40] ［宋］佚名：《朝野遗记》，丁传靖辑：《宋人轶事汇编·卷三》，《孝宗》，中华书局，1981年9月版，第89页。

[41] 马和之（传）《孝经图》册，原为图文相连的长卷，与南宋时期一系列宫廷应制作品相同，后因破损严重，改装成书画分开的册页形式。此册在《石渠宝笈初编》著录为《宋高宗书孝经马和之绘图》，册后最早有南宋理宗端平二年（1235）宋逢丑、景定元年（1260）滕天骥、度宗咸淳二年（1266）金应桂等人题跋，诸跋均肯定《孝经》书法出自于宋高宗之手。但此册画风完全不同于马和之，从山水画风上看，接近于李唐、萧照。从南渡后李唐已到暮年看，更可能是萧照的作品，其中"丧亲章第十八"中山水画法与台北故宫所藏萧照所作《山腰楼观图》画法类似。山水用小斧劈皴，尚未出现南宋中期以后流行的大斧劈皴画法，也可大致确认其画作于南宋初高、孝时期的宫廷画院。

[42]《毛诗正义·卷一》，《关雎序》（诗大序），《十三经注疏》（北大整理本），第7–11页。

[43]《毛诗正义·卷一》，《关雎序》（诗大序），《十三经注疏》（北大整理本），第15–21页。

[44]《毛诗正义》，《诗谱序》，《十三经注疏》（北大整理本），第6–10页。

[45] ［宋］吕陶：《净德集·卷十》，《应制举上诸公书》，景印文渊阁《四库全书》，卷1098，第78页。

[46] ［元］脱脱等：《宋史·卷二百九十四》，《列传·第五十三·赵师民传》，景印文渊阁《四库全书》，卷285，第689页。

[47] ［宋］李焘等：《续资治通鉴长编·卷一百四十七》，景印文渊阁《四库全书》，卷316，第412页。

[48] ［宋］王安石：《诗义钩沉》，中华书局，1982年版，第46页。

[49] ［宋］王安石：《诗义钩沉》，中华书局，1982年版，第17页。

（上接第149页）

[36]（清）吴炽昌：《客窗闲话》卷三，《笔记小说大观》第29册，扬州：江苏广陵古籍刻印社，1983年版，第115页。

[37]（清）梁绍壬：《两般秋雨盦随笔》卷六，《笔记小说大观》第22册，扬州：江苏广陵古籍刻印社1983年版，第82页。

[38]（明）张丑：《清河书画舫》卷三，《中国书画全书》第4册，上海：上海书画出版社，2000年版，第179–180页。

[39]（南宋）邓椿：《画继》卷十，于安澜编：《画史丛书》第1册，上海：上海人民美术出版社，1963年版，第76页。

[40] 赵汝珍：《古玩指南（综述）》，沈阳：万卷出版社，2006年版，第16页。

[41]（清）毛祥麟：《墨余录》卷四，《笔记小说大观》第21册，扬州：江苏广陵古籍刻印社，1983年版，第400页。

[42]（清）毛祥麟：《墨余录》卷四，《笔记小说大观》第21册，扬州：江苏广陵古籍刻印社，1983年版，第400页。

[43] 牟宗三：《治道与政道》，桂林：广西师范大学出版社，2006年版，第15页。

[44]（清）梁恭辰辑：《北东园笔录续编》卷五，《笔记小说大观》第29册，扬州：江苏广陵古籍刻印社，1983年版，第278页。

（张荣国审稿）

中國美術研究
Research of Chinese Fine Arts

《送子天王图》考

张 萌

（中国艺术研究院美术学系，北京，100029）

【摘 要】本文从内容、绘画材质、技法、印章、题跋、流传、著录等几方面对《送子天王图》卷进行考证。并试图在前人的研究基础上分析出此画的作者和成因，归结于三点：宗教在唐代的蓬勃发展及吴道子的个人喜好、吴派画风；人物画在唐代的兴盛；封建经济的发达客观上促进贵族人物画的盛行。

【关键词】送子天王图 吴派 佛教 人物画 摹本 粉本

对于材质、技法和内容的考证

《送子天王图》，亦有文献记载其名为《天王送子图》，又名《释迦降生图》。此图曾传为唐代画家吴道子作，现存争议较多，下文将详述考录并加以分析。

该图是白麻纸本水墨手卷，尺寸大致有两说，一为纵35.7厘米，横338厘米，出自人民美术出版社的《送子天王图》册页序；一为"高一尺一寸七分，长十一尺一寸六分"，换算后即纵38.6厘米，横368.3厘米，见朱省斋的《海外所见中国名画录》。其余文献载多与前者出入甚微，故录此两种相去较远的说法。由于该图卷现藏于日本大阪市立美术馆，而朱省斋于日本亲见原作，故笔者认为说法二较为可信。

画面整体淡设色，近白描。用线挺拔流畅，轻重顿挫，有节奏感。发线作高古游丝描，衣带飘举正是"吴带当风"，妇女和侍从肌肤用"莼菜条"笔法，武将和神怪的四肢作"兰叶描"，另有方折笔法，略施渲染。

画面内容源自《瑞应本起经》，描绘"悉达太子（即释迦牟尼）降生后，由父亲净饭王怀抱，携摩耶夫人一同拜谒大自在天神庙，诸神见，均纷纷向他礼拜"的故事。共绘人物20个（包括四个鬼神），瑞兽6个。

画面内容右起为一天神怒视前方，驭兽而行，手持缰绳的侍者于一旁奔跑相随，瑞兽张口吐舌，伸掌似飞腾，鳞身火鳍，甩尾上扬，仿若仰天长啸（见《送子天王图》局部一）。

接下来一组人物有6个，正中是天王端坐凝视前方，其右侧是一手持长矛、颈盘龙型小兽的武士，最右为一持剑武士张口瞪视前方，二武士均面露凶相。

作者简介：
张萌，中国艺术研究院美术学系，硕士在读。
主要研究方向：西方现当代美术研究方向。

《送子天王图》局部一（数字图像摘自百度百科）

《送子天王图》局部二（数字图像摘自百度百科）

《送子天王图》局部三（数字图像摘自百度百科）

《送子天王图》局部四（数字图像摘自百度百科）

天王后方是手捧如意的侍女、研墨侍女和执笔持笏侍臣，面容慈祥（见《送子天王图》局部二）。

展卷左视，是一对张嘴吐舌的玩蛇怪兽（见《送子天王图》局部三）。

接下来是一手捧熏炉的天女缓步慢行。左视是一多面多手多脚鬼神半盘坐于石块之上，一手持烈焰长剑，一手握绳圈，另有两手作"口"状相合于嘴前。其身后火焰熊熊、烟雾袅绕，显出

五种瑞兽头部，另有一天神的头部隐现其后。接着是手捧花瓶的侍女和一肩负长戟的鬼神，其身着侍从服饰，一手持盾（见《送子天王图》局部四）。

卷尾一组人物描绘的是"送子"的

《送子天王图》局部五（数字图像摘自百度百科）

主题，净饭王小心翼翼地怀抱着悉达太子。身披云肩、神态安详的王后双臂礼抱于前，头部微低，面带笑意，安详地注视着小太子。其左侧为一侍从肩负长扇护驾于旁。净饭王左侧是多面多臂的天神，见太子仓忙两手置地，匍匐下拜（见《送子天王图》局部五）。

据《瑞应经》述，画中人物本为印度人，但均被画家描绘成唐朝贵族形象，尤其是净饭王夫妇，均着中华帝后的装束。

印章[1]

卷首印："乾卦"朱文圆形印、"绍兴小玺""袁氏家藏子孙永保之"圆朱文印、"忠孝传家"白文印、"文俊印信"白文印、"安阳老圃""虞枋基本初"圆白文双刀方印。

压缝印："寿春世家"白文方印、"鉴古堂印"朱文方印、"慧辩图书审定"长方凹脚印、"此山图书"白文印、"慧辩"朱文印、"魏国世家"朱文印、"朱芾印章"白文印、"悦生"葫芦形印。

卷尾印："清忠堂"白文长方印、"赏静轩"白文方印、"大雅文俊印"白文印、"岳雪楼鉴藏金石书画"朱文印、"重鼎"白文印。

因笔者所录仅为册页所见，故补录《岳雪楼书画录》所记历代收藏印章，以补遗缺。

另有"三十六螺书屋珍藏书画之印"长方形印、"个中人"长方印、"合于道□□亦乐得之"方形印、"丁贾私印""长洲开国"方印各一、"韩世能印"方印、"神""品"二字方印各一、"罗印文俊"方印、"吴宽"（右缺）"慧辩知贤印章"方印、"绍""兴"两字方印各一。

《送子天王图卷》题跋

卷首有"唐吴生《送子天王图》板桥郑燮书籤"题签一条。

图首隔水前纸有"栝苍王廉，以陕

104 | RESEARCH OF CHINESE FINE ARTS | NO.11

牧述职于朝，因观于天界之禅室。洪武乙丑三月既望，廉识。"题语。

图后附有历代诸家题跋如下：

右《送子天王》吴生画，甚奇；建康曹仲元拜阅，时升元二年夏五望日也。

《瑞应经》云："净饭王严驾抱太子谒大自在天神庙时，诸神象悉起礼拜太子足，父王惊叹曰：'我子于天神中更尊胜，宜字天中天。'"[2]

钤印："龙眠居士"、"岳雪楼印"。

泰昌纪元八月之望，获观韩氏《送子天王图》，为唐吴生笔，是天下第一名画，存良太史故物也。卷尾《瑞应经》语，为李伯时小楷，伯时画师道子，宜其珍重乃尔。前后用乾卦图书，绍兴小玺出宋思陵睿赏，曲脚封字印，悦生胡卢图书，实贾秋壑之秘藏，中间慧辩、此山、魏国、朱芾四印，慧辩乃子固老友，此山则子昂硕交，皆方外名流也。魏国属仲穆，所用朱芾系孟辩之章，皆艺林宗工也。以至安阳老圃上虞杼基牟初重鼎三印，见钟太傅季直表中，并为故家韵士。其他印识尚多，虽未能详悉，亦一时真赏云，载按。此图落笔奇伟，形神飞动，是吴生擅长之作。岂仅如沈括图画歌云"操蛇恶鬼吐火兽，凿名道子传姓吴"而已。爰述赞曰：道玄画本才高气扬，传播万古，于唐有光，媲美顾陆，齐名卫张，展观送子，日觌天章。越三日，清河张丑在宝米轩审定真迹秘玩。

钤印："张丑之印"、"青父"。

辛未闰七月慈溪姜宸英江都为之同观于洞庭东山席氏之受祉堂，敬题。

苏长公尝谓：君子之于学，百工之于技，自三代历汉及唐而备，诗至子美，文至韩退之，书至颜鲁公，画至吴道子。古今之变，天下之□事毕矣。故后世推为百代画圣，而传留绝少。所见名刻先圣像、行教像、观音像，挥洒流动，神到笔随，其精妙已觉前无顾陆，仍以不淂见真迹为憾，是图耳熟已久。今淂拜观，更觉神采飞越，用笔直如发矢，李如屈铁，□刃余地，运斤成风，真所谓笔所未到气已吞也。至于形状愧奇、毛发欲竖，犹□惊风雨泣鬼神，闻其平昔，于界笔直尺，几无所假。故早年行笔差细，中年如莼菜条，每于焦墨痕中旁施微染，自然超出绢素，按之按之，悉合是盛年得意作，无可疑者。计海内流传，自南唐曹待诏至北宋李伯时，旋入思陵御府，后归贾师宪。元季时经慧辩、此山、仲穆、孟辩诸家真镱，及明而韩存良、张青父先后鉴藏。王希阳、吴原博曾经审□，迨国朝则姜西溟、禹慎斋，得观于洞庭席氏。道光年间，罗萝村侍郎始获于京师，中间珍去者尚不乏人，宜其历劫不磨千余年。而纸墨如新，神物所在，岂真有吉羊云护持者耶！

咸丰八年仲夏，借留十日，于汾江西园，晨夕敬阅，书此以归之。南海，孔广陶。[3]

钤印："少唐心赏"

释迦降生神且奇，天龙八部非等夷。道元作画此第一，侍郎宝之心神怡。画中作圣画谁祖，笔入吴生笔如舞。况参造化阐禅宗，将军掷剑惊神武。披图未竟佛光透，持□操蜿降怪兽。幻向豪端写陆离，先为释迦严结构。思蓝破胁生王廷，昆仑灏气标英灵，绀毫未旋长眉青，严驾抱谒惊幽□。三十二相作狮吼，摩耶夫人在王后。旗幢引导森肃然，神中尊胜天中天。三首六身怒叱咤，望足倒拜如致虔。自在天神穆尊重，斗辅星妃环卫拥。圆光变灭殊相，总为释迦现神勇。斯图寿世千百年，珍重却在升元前。群灵呵护今弥鲜，我忆一千八百有八日，先瞻后获都随缘。

同治癸亥孟夏，孔广陶鸿昌再题于三秋图室。

钤印："至圣七十世孙孔广陶印"、"少唐审定"

此画无款。[4]

流传

见附表。

著录

我国现存最早著录此书的善本可溯至明张丑所著的《清河书画舫》，下列是明至20世纪30年代关于此画的著录。

明《南阳名画表》卷三（张丑著）
明《清河书画舫》卷四（张丑著）
明《真迹日录》卷四（张丑著）
明末清初《平生壮观》卷六（顾复）

附表

时间	收藏者	按
南唐（937—975）	曹仲元	建康丰城人，他的跋写于南唐烈祖李升立国第二年，即公元938年
北宋	李公麟	字伯时，号龙眠居士，安徽舒城人
南宋（1131—1162）	宋高宗赵构	卷中有干卦及绍兴玺印（1131—1162）
	思陵御府	
	贾似道（1213—1275）	字师宪，号悦生、秋壑，宋理宗时权臣。卷中有"悦生"及曲脚"封"字印
元	慧辩	二者皆为当时名僧，卷中有"慧辩图书"、"慧辩知贤"及"此山图书"等印
	此山	
	赵雍（仲穆）	赵子昂（赵孟俯）之子，卷中有"魏国世家"印
明洪武初年	南京天界寺	有洪武十八年乙丑（即1385年）陕西牧括苍王廉看过的题字
	朱芾	字孟辩，自号沧州生，上海松江人。有"孟辩"印
15世纪、16世纪	王希阳	此二人均看过此画
	吴宽（号匏庵：1435—1504）	
	韩世能	字存良，长洲（江苏苏州）人
明泰昌元年（1620）	张丑	名德谦，字青父
清初，康熙三十年辛未（1691）	洞庭席氏	后二者于苏州洞庭东山席氏"受祉堂"见过此画，有姜宸英题字
	姜宸英（1628—1699）	
	禹之鼎（1647—？）	
清乾隆年间	郑燮（板桥道人，1693—1771）	著名的扬州书画家，他的题签说明他见过此画
清道光（1821—1850）	罗文俊（1789—1850）	字泰瞻，号萝村，进士，官工部左侍郎，此卷是道光间他于北京所得。卷中有"三十六螺书屋"、"萝村秘籍"、"文俊印信"等藏印。他是广东南海人，后把此卷从北京带回广东
同治二年癸亥（1863）	孔广陶	字鸿昌，号少唐，（1832—1890），广东南海人
1932[5]	山本悌二郎	
	阿部房次郎	
	日本大阪市立美术馆	

清《岳雪楼书画录》卷一（孔广陶著）

清《佩文斋书画谱》卷八十一（孙岳颁、宋俊丛、王原祁）

清《式古堂书画汇考》卷八（卞永誉著）

清《过云楼书画记》卷一

清《诸家藏画簿》卷二

清《吴越所见书画录》卷四（陆时化）

清《大观录》晋隋唐五代名画卷十一（吴升）

日本《澄怀堂书画目录》卷一（山本悌二郎编）

此后的图录和美术史相关书籍也多有论述记载，篇目繁多，不一一赘述。

《送子天王图》卷的作者

欲知画作的创制原由，必先知其作

者。然历代至今的文献对此画作者的判断说法不一，总结起来即是围绕"此卷是否系吴道子真迹"展开。但即使不是吴道子的真迹，亦有后世创制的差别。

视其为吴道子真迹者有南唐曹仲元和清代的孔广陶，这在题跋中都有所记录。

而认为此卷不为吴生真迹的说法有三：

其一说是吴派[6]的仿作，持这一观点的有北宋的米芾，他在《海岳论人物画》一文中曾写道："李公麟字伯时家天王虽佳，细弱无气格，乃其弟子辈作。贵侯家所收，率皆此类也"[7]，又言："周穜字仁熟家大悲亦真。今人得佛则命为吴，未见真者。唐人以吴集大成面为格式，故多似，尤难鉴定。余白首止见此四轴真笔也。"[8]同时期的苏轼亦在《书吴道子后》一文中有言"余于他画，或不能必其主名，至于道子，望而知其为真伪也。然世罕有真者，如史全叔所藏，平生盖一二见而已"[9]。再如陈绶祥在《中国绘画断代史·隋唐绘画》中谈道："吴道子虽然一生作品众多，但因其多以壁画方式存在和以粉本样式流传，不但不易保存，而且易讹传或成为格式被伪托而真伪难辨……但（《送子天王图》）是否真属吴道子的作品，从行笔与人物布置来看，目前仍有较多争议。但如果说此画出自吴派高手，却是并不过分的。"[10]

其二说是后人的摹本，比如到了近代，画卷流传至日本，朱省斋见后为其著录，慎言道："日本大阪美术馆所藏之《送子天王图》，虽鼎鼎大名，

流传可稽，但终未敢轻信其确为真迹也。……生平所见唐画真迹，唯有先外舅旧藏之阎立本《历代帝王图》为确然无疑。此吴道子《送子天王图》虽人物生动，衣带飞舞，其笔墨与史载世传者似相符合，但鄙见终断其绝非真迹，不过为后人高手之摹本耳。"[11]王伯敏在《吴道子》一书中写道："（送子天王图）传为吴道子的现存杰作《送子天王》（可能为宋代摹本），向为历代收藏家所珍重。"[12]再如黄苗子在对《送子天王图》的考证中写道："因为李公麟人物画的成就很高，又因他喜临摹古人的作品留存副本，而这幅《送子天王图》有李龙眠在画的末端题上这瑞应经四十九字"，故而有人认为这幅画是李公麟所作，而南唐曹仲元的题跋也可能是李公麟在摹图时一同摹上的。另外，黄纯尧先生在他对此画的见解中提到，除"莼菜条"和"兰叶描"两种笔法外，画中的方折笔法在唐代是没有的，至宋代才出现，南宋更多，据此认为是宋人的摹本。《中国绘画收藏与鉴赏》一书中亦认为该作"从风格笔致判断，应是宋代摹本，可以作为探讨吴派绘画的重要参考。……吴道子'画塑兼工'……传世作品有《天王送子图》，又名《释迦降生图》（宋摹本），画面上无环境的点缀和陪衬，正是'时见缺落'的'疏体'的典型一例"[13]。

其三说是宋代壁画小样或唐代寺壁粉本。薛永年先生在《中国绘画的历史与审美鉴赏》一书中写道："《送》画释迦牟尼降生在净饭王家的故事，曾被

认为是信而不疑的吴道子真迹，但现在则被认为是北宋的壁画小样。"[14]徐邦达先生认为是后者。[15]

另外还有一些学者认为此画并非吴生真迹，但也未断定其成因。比如谢稚柳先生在《论书画鉴赏》一文中所说："当书画本身被证实是伪的时候，而题跋承认它是真，如……唐吴道子《送子天王图》等，这时题跋就起了反作用。"

综上所述，持"非吴生真迹"观点的学者和鉴藏家较多，而观点一和观点二、三并不矛盾，因为观点一指的是作者的范畴，观点二、三指的是绘画类型的范畴。所以笔者认为这幅画应是吴派人士所作的粉本或摹本。原因有：

一、孔广陶虽然对此画赞不绝口，但也在题跋中透露出了一些有利于后人鉴别的观点。他写道："宜其历劫不磨，千余年而纸墨如新，神物所在，岂真有吉羊云护持者耶。"孔广陶自己许是爱画心切，认为神明护持，但唐画逾千年仍如新，则颇为可疑。

二、从画面来看，对人物手姿的处理十分薄弱。且不说吴道子本人对人物的塑造能力，以及"吴家样"的出神入化，单单去看现存于山西晋中双林寺的唐代彩塑，就能一瞥吴派风采，尤其是对佛像手的处理，绝不如这般草草了事。既然"其细画，又甚稠密"[16]，又怎会忽略了对手部的塑造，故而存疑。

三、顾复见此画后，曾谓"颇疑《送子图》点睛未神也"。再看画面整体气势相较于其他吴道子的作品寡弱，不若其他唐画气势恢宏，比如梁令瓒

的《四天王图》。所以由此推论，若是摹本和粉本便可能如此了。而且方折线条是宋代出现的范式，所以应是宋代或宋代以后的且精通吴派画法的高手所摹画。

四、值得一提的是此卷绝对地具有吴派风格，比较一下吴派的其他作品，便能对此作有所领略：比如道教神像、八十七神仙图、水月观音像、地狱变相、莫高窟103窟维摩变相、莫高窟[17]2窟《净土变》、盛唐103窟《维摩变》、金桥图、明皇授禄图、十指钟馗图、朱云折槛图、群驴图、盛唐梁令瓒《五星二十八宿神形图》、五代《四天王木函彩画》、宋代民间粉本（画稿）《道子墨宝》、北宋初武宗元《朝元仙杖图》、河北曲阳北岳庙元代石刻《鬼伯》以及店中壁画、山东曲阜孔子石刻像、苏州瑞光寺塔发现的五代木函绘天王像、"上都唐兴寺御注金刚经院妙迹为多，兼自题经文。慈恩寺塔前文殊普贤，西面庑下降魔盘龙等壁，及景公寺地狱壁帝释梵王龙神、永寿寺中三门两神及诸道观寺院不可胜记"[17]等。

五、后人学吴生画者颇多，除了吴道子亲传手诀的弟子，以及唐代的吴派门生，宋代李公麟也"专师吴生"，"作天王像全法吴生"。其之后又有"高仲长专师伯时，仿佛乱真"[18]。由此可见得代代相传下来的吴派画法亦是不绝后继者，所以气格稍弱、行笔流畅的《送子大士图》极有可能是后人的手笔。

虽然画作不大可能是吴道子的原作，但也继承了吴派的画风，所以从吴道子所处的时代特征和吴道子的个人绘画倾向来考虑此作的成因是可行的。

《送子天王图》卷的成因

内因：吴道子的画风和主题倾向。

吴道玄，字道子，一说吴道子，又名道玄，尊称吴生，是阳翟（今河南禹州）人。约生于7世纪末，而卒于肃宗干元初年（758）之后。[19]"少孤贫，天授之性，年未弱冠，穷丹青之妙。浪迹东洛，时明皇知其名，召入内供奉，开元中驾幸东洛。"[20]书法师张旭、贺知章，绘画师张僧繇。他的绘画多有草书笔意，线描变化如"莼菜条"，"四面可意会"[21]具雕塑的三维效果，"衣势飘举"被称为"吴带当风"，"赋彩于焦墨痕中，略施微染，自然超出缣素"[22]，吸收了西域画的明暗画法之长，与民族绘画以线造型的传统特色很好地融合起来被郭若虚称为"吴装"。他线条的造型能力强，其画功不见于富丽的施彩，而见于线描。这从朱景玄所录"每观吴生画不以装背为妙，但施笔绝踪皆磊落逸势。又数处图壁只以墨踪为之，近代莫能加其彩绘。凡图圆光皆不用尺度规画一笔而成"[23]可以看出。所绘人物均可见其超现实的绘画想象力和创造力。

《送子天王图》为佛教画，这从吴道子自身的绘画所长和绘画倾向来看，是极有可能出现的。他在"盛唐时期作品多以寺观宗教题材为主"，虽然吴道子家境贫寒，与那些正宗文人出身不同，但却有相当的文化修养，尤对佛教及其经典作过较深入地研究。这从吴道子大量的作品中可知，只有对佛教文化具备广泛且深入的了解，才有可能创造出如此丰富的、以佛教为题材的绘画艺术。据《唐朝名画录》载："吴生常持《金刚经》，自识本身。"

他最突出的成就即是在宗教画方面。他一生在京洛画寺观壁画300余堵，其中有佛教、道教的宗教画题材，也有山水画，仅佛教经变题材就多达十余种，"变相人物，奇纵异状，无有同者"[24]。经变是吴道子画得较多的题材，莫高窟172窟的净土变，画法在细密中有疏放，在青绿中含简淡，这也体现了当时流行的吴道子画风的影响。"自晋、宋以来，还迄于本朝，其以道士名家者得四十九人。晋、宋则顾、陆、梁、隋则张、展辈，盖一时出乎其萃拔乎其萃者矣。至于有唐，则吴道元遂称独步，迥将前无古人。"[25]

但是吴道子绘画题材的要点却不在于对现实生活的直接摹写，吸引他的是由佛教、道教文化题材所构成的一个超现实的虚幻审美世界。据《历》和《宣》载，吴道子曾创作过天尊像、佛会图、炽盛光佛像、观音菩萨像、地藏像、地狱变相、道教神像等作品，这一类题材数量之多，占据了他整个作品的绝大部分。他所创造的人物形象大都是以宗教文化所构成的超现实的世界为依托的。

而继承吴道子画风的吴派弟子，亦是将"吴带当风"的吴家样和宗教主题两大吴派人物画的精髓继承了下来，而在此基础之上，又有自己的创新，比如卢楞伽的佛画。[26]

外因：吴道子所处的时代背景。

吴道子所处的时代背景能够促成这一作品出现的原因有三：

一是道释和道释绘画的兴盛。吴道子绘画的黄金时期恰逢盛唐之际，而佛教与道教在隋唐达到极盛。"各种宗教典籍为宗教画提供了丰富的内容，宗教场所的墙壁是画家们施展身手的最佳空间，遍布全国城乡的佛寺、道观、石窟是人们乐于前往的公共活动空间，客观上也起到了美术馆的作用。"[27]唐代的道释画兴盛，重要的人物画家皆善宗教壁画。尤其是吴道子，他一生在京洛画寺观壁画300余堵。[28]

二是人物画在唐代的蓬勃发展。朱景玄在《唐朝名画录》的序中写道"夫画者以人物居先，禽兽次之，山水次之，楼殿屋木次之"[29]，可见人物画在隋唐仍占主要地位。

三是"随着封建经济的发达与上层社会统治阶级的需要和爱好，从盛唐到中唐的贵族人物画有了更大的发展"。[30]《送子天王图》中的主要人物形象也明显带有当时唐人的仪容风范。

小结

至此，不难得出此画创制的内外因，首先是源自吴派所绘道释人物画的能力；另外，从时代背景来讲，唐代贵族阶层的兴起、人物画的主要地位和道释的盛行均是促成该作品出现的外因。值得肯定的是，此画确实是一幅极具价值的道释人物画，充满唐代人物画的风采，为历代书画收藏名家所珍视。

注释：

[1]笔者所录印章并非全数，参看人民美术出版社的《送子天王图》册页，几处印章已模糊，此版册页并非附题跋的全卷，固有截断处，盖不能识。

[2]南唐待诏曹仲玄题识，宋李公麟书《瑞应经》语，定为吴道子作品。

[3]（清）孔广陶：《岳雪楼书画录》卷一，清咸丰十一年刻本。

[4]陈绶祥：《中国绘画断代史·隋唐绘画》，北京：人民美术出版社，2004年版，第33页。

[5]"1936年，原田尾山（谨次郎）出版了《支那名画宝鉴》，披露了许多阿部收藏的中国画。原田尾山还基于从一九二八年至一九三〇年间的调查笔记，在一九三八年公开刊行了《日本现在支那名画目录》。其中，记述为山本悌二郎所藏的吴道玄《送子天王图》……后来亦归阿部收藏。山本先生的书画藏品称为《澄怀堂文库》，其所藏目录已告知于世，可惜其中一部分已散失，剩余部分一直保持到现在。"见中川宪一《关于阿部房次郎之收藏》一文，载于龚继编《艺苑掇英（第四十四—第四十九期）》，上海：上海人民美术出版社，1993—1994年，第2页。

[6]吴道子的弟子形成"吴派"画风，包括张藏、翟琰、卢楞伽、杨庭光、李生、梁令瓒等。

[7]俞剑华：《中国古代画论类编》，北京：人民美术出版社，1998年版，第447-496页。

[8]俞剑华：《中国古代画论类编》，北京：人民美术出版社，1998年版，第447-496页。

[9]俞剑华：《中国古代画论类编》，北京：人民美术出版社，1998年版，第447-496页。

[10]陈绶祥：《中国绘画断代史·隋唐绘画》，北京：人民美术出版社，2004年版，第33页。

[11]朱省斋：《海外所见中国名画录》，香港：香港新地出版社，1958年版，第6-7页。

[12]王伯敏：《吴道子》，上海：人民美术出版社，1958年版，第1-15页。

[13]刘国生主编：《中国绘画收藏与鉴赏全书·上卷》，天津：天津古籍出版社，2005年版，第34-36页、第187-189页。

[14]薛永年：《中国绘画的历史与审美鉴赏》，北京：中国人民大学出版社，2000年版，第108-117页。

[15]见徐邦达《从壁画副本小样说到两卷宋画》，出自《文物参考资料》，1956年，第二期。

[16]张彦远：《历代名画记》，第一卷，《论画六法》。

[17]卢辅圣：《中国书画全书》，上海：上海书画出版社，2009年版，第161页、第164页。

[18]《论人物画》，出自元代汤垕的《画鉴》。

[19]吴道子曾在受中宗册封的逍遥公韦嗣立幕下任小吏，韦嗣立在景龙三年（709）被册封为逍遥公。又吴生"年未弱冠，穷丹青之妙。"（见朱景玄的《唐朝名画录》），故而可推知其任小吏之年大致是在十几到二十几岁的年纪，这便能得出他生于7世纪末的结论了。而至于其卒年的推算可看《益州名画录》所载：卢楞伽在"千元初，于殿东西廊下画行道高僧数堵"。又《历代名画记》载："卢楞伽……画庄严寺三门……一日，吴生（道子）忽见之惊叹曰：'此子常时不及我，今乃类我。是子也，精爽尽于此矣！'居一月，楞伽果卒。"由此可知，卢楞伽在开元初年（758）还在作画，并且卢楞伽先吴道子而

死。所以吴道子卒于公元758年后。

[20]卢辅圣：《中国书画全书》，上海：上海书画出版社，2009年版，第161页、第164页。

[21]樊波：《中国画艺术专史·人物卷》，南昌：江西美术出版社，2008年版，第290-300页。

[22]见（元）汤垕：《画鉴》，俞剑华：《中国古代画论类》，北京：人民美术出版社，1998年版，第478页。

[23]见（唐）朱景玄：《唐朝名画录》，俞剑华：《中国古代画论类》，北京：人民美术出版社，1998年版，第447-496页。

[24]见（唐）朱景玄：《唐朝名画录》，俞剑华：《中国古代画论类》，北京：人民美术出版社，1998年版，第447-496页。

[25]见（唐）朱景玄：《唐朝名画录》，俞剑华：《中国古代画论类》，北京：人民美术出版社，1998年版，第447-496页。

[26]卢楞伽：《十六尊者像》。

[27]薛永年：《中国绘画的历史与审美鉴赏》，北京：中国人民大学出版社，2000年版，第108-117页。"在吴道子出生的时代，正是宗教壁画非常盛行的时期，民间有着不少从事壁画的画工。我国佛教、道教，自魏晋以后大为兴起。寺院道观以及石窟的建筑，便如风起云涌。唐代承南北朝之后，佛、道教更是昌盛。寺院竟有44 600多所，一般规模都甚宏伟，较大的特别是长安、洛阳的两京寺院，正是'九店十八阁'，并且设有歌舞演唱的场所，自朝至暮络绎不绝地到来的善男信女，除焚香礼拜以外，还得到纵情娱乐的机会。所以当时寺院中的辉煌壁画，无疑是公开的画廊。"见王伯敏所著《吴道子》，上海：人民美术出版社，1958年版，第1-15页。

[28]刘国生：《中国绘画收藏与鉴赏全书·上卷》，天津：天津古籍出版社，2005年版，第36页。

[29]卢辅圣：《中国书画全书》，上海：上海书画出版社，2009年版，第161页。

[30]薛永年：《中国绘画的历史与审美鉴赏》，北京：中国人民大学出版社，2000年版，第108页。

参考文献

[1]俞剑华.中国古代画论类编[M].北京：人民美术出版社，1998：447-496.

[2]朱省斋.海外所见中国名画录[M].香港：香港新地出版社，1958：6-7.

[3]王伯敏.吴道子[M].上海：人民美术出版社，1958：1-15.

[4]陈林.送子天王图[Z].北京：人民美术出版社，2010.

[5]樊波.中国画艺术专史·人物卷[M].南昌：江西美术出版社，2008：290-300.

[6]谢稚柳.中国古代书画研究十论[M].上海：复旦大学出版社，2004：23-29.

[7]龚继编.艺苑掇英.第四十四—第四十九期[M].上海：上海人民美术出版社，1993—1994：1-2.

[8]薛永年.中国绘画的历史与审美鉴赏[M].北京：中国人民大学出版社，2000：108-117.

[9]卢辅圣.中国书画全书[Z].上海：上海书画出版社，2009：161，164.

[10]刘国生主编.中国绘画收藏与鉴赏全书·上卷[Z].天津：天津古籍出版社，2005：34-36，187-189.

[11]陈绶祥.中国绘画断代史·隋唐绘画[M].北京：人民美术出版社，2004：27-35.

[12]《中国大百科全书》总编辑委员会编.中国大百科全书·美术卷[Z].北京：中国大百科全书出版社，2003：666，804，441，320，337，983，821，950，322，1056.

[13]中国基本古籍库（国图）

[14]黄纯尧.黄纯尧美术论文集[C].成都：四川美术出版社，2000：77-80.

[15]黄苗子.吴道子事辑[M].北京：中华书局出版社，1991：85-122.

（上接第121页）

注释：

[1]李泽厚.美的历程[M].北京：文物出版社，1981：144

[2]马宗霍.书林藻鉴[M].北京：文物出版社，1984：97

[3]马宗霍.书林藻鉴[M].北京：文物出版社，1984：97

[4]欧阳修.欧阳修全集·集古录跋[M].上海：上海书画出版社，2002：6

[5]曹宝麟.中国书法史.宋辽金卷[M].南京：江苏教育出版社，1999：111

[6]曹宝麟.中国书法史.宋辽金卷[M].南京：江苏教育出版社，1999：110

[7]曹宝麟.中国书法史.宋辽金卷[M].南京：江苏教育出版社，1999：110

[8]黄简选编.历代书法论文选[M].上海：上海书画出版社，1979：314

[9]黄简选编.历代书法论文选[M].上海：上海书画出版社，1979：315

[10]马宗霍.书林藻鉴[M].北京：文物出版社，1984：129

[11]曹宝麟.中国书法史.宋辽金卷[M].南京：江苏教育出版社，1999：111

[12]曹宝麟.中国书法史.宋辽金卷[M].南京：江苏教育出版社，1999：82

[13]马宗霍.书林藻鉴[M].北京：文物出版社，1984：129

[14]崔尔平选编.历代书法论文选续编[M].上海：上海书画出版社，1993：147

（程明震审稿）

郭风惠与何绍基书法之比较

梁 鸿

（中国艺术研究院美术研究所，北京，100029）

【摘　要】本文分三部分对郭风惠与何绍基的书法艺术进行比较，一、"学问文章之气，郁郁芊芊"是他们书法作品中的共同特点。二、他们有着相同的审美追求：溯源篆隶、遍临北碑、精研唐楷。三、从总体特征上看，郭风惠用笔外拓，他的字充满着激情和苍劲之感，端严而大气；何绍基用笔内敛，他的字清高、冷逸，个性鲜明。本文最后从四个方面分析了二人的不同点：1.人生遭际不同；2.创作方法不同；3.入古出新的表现形式不同；4.笔墨变化上不同。

【关键词】郭风惠　何绍基　书法

作者简介：

梁鸿，北京人，中国艺术研究院美术研究所副研究员，专著有《郭风惠研究》《二十世纪北京书画名家述评》等。目前承担国家课题《美术研究所与新中国初期的民族美术保护》。主要研究方向：20世纪北京书画史及个案研究。

何绍基（1799—1873）是清代历史上著名的书法大家。湖南道州人，字子贞，号东洲，晚号蝯叟。何氏一生除作官外，潜心书法，各体皆工，他是集功力、学养、才气于一身的一代名家。

郭风惠（1898—1973）是中国现代史上一位卓有成就的诗人、书画家、教育家。又名贵瑄，字麾霆，号堞庐，晚号不息翁，河北河间人。他与何绍基相距整整一百年，他十分钟爱何绍基的书法，晚年曾在《论书诗》中写道："临池每忆儿时事，习罢诚悬习鲁公。南帖北碑多涉猎，腕中有鬼爱蝯翁。"诗中足见他对何氏书法的偏爱程度。他与何

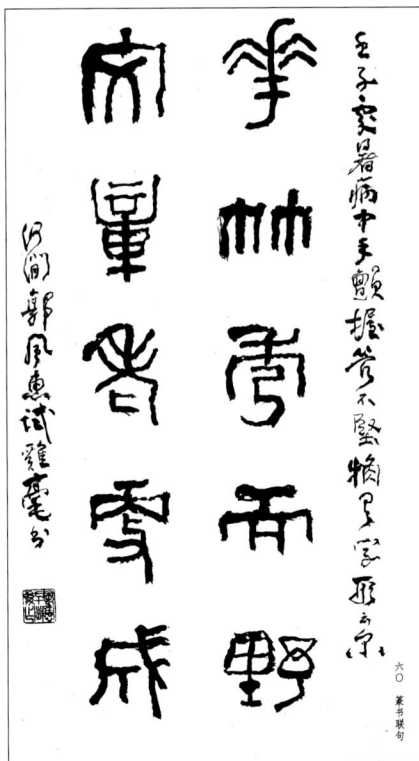

图1　郭风惠篆书

绍基相比，也的确有许多契合之处：他们都天资聪颖，颇富才情，功力深厚，学识渊博，都有文人气质和仕途经历，甚至在审美追求上亦有相通之处。由于种种原因，郭风惠的书法艺术没有得到应有的重视及相应的历史定位，但就个人成就而言，他并不逊避古人，甚至在有些方面还有出蓝之处，本文旨在通过对二人书法的比较，论述郭风惠的书法成就。

一

郭风惠的学书历程与何绍基相同，都自幼秉承家学，有着扎实的基本功。郭风惠的父亲郭连域为清末光绪年间拔贡，曾任直隶州州判，喜辞章，工书法，家中极富藏书。郭风惠6岁时在父亲的指导下临池习字，从颜、柳入手，正如郭风惠在回忆自己的学书历程时所言："临池每忆儿时事，习罢诚悬习鲁公。"何绍基也是在"仰承庭诰"的环境下，随父亲何凌汉学习书法，从颜真卿入手，年少有名。另外，值得一提的是，在书香家庭的熏陶下，郭风惠兄弟二人与何氏兄弟四人均为造诣较高的书法家，郭风惠的弟弟郭珍航（字献霆）尤擅颜楷，功力精深，溥雪斋先生曾中肯地评价说："献霆楷书不让麾霆。"50年代北京荣宝斋印制的中小学生习字帖（即红模子）就是郭珍航书写的。而郭风惠各体兼工，风格多变，总体成就在郭珍航之上；何绍基亦是如

此，虽然何氏兄弟四人在书法上各有千秋，但整体水平当数何绍基最高。

郭风惠与何绍基不仅功力深厚，技法精湛，而且他们的作品都洋溢着浓郁的书卷气息，如何理解作品中的书卷气呢？何绍基曾有诗云："从来书画贵士气，经史内蕴外乃滋。若非柱腹有万卷，求脱匠气焉能辞！"[1]所谓"士气"，就是作品中的书卷气，也就是书家在作品中体现出的学养才识，历史上的书法大家及其作品之所以产生撼人的力量，最重要的原因就是作品中的"学问文章之气"。他们不仅仅是书家，更是诗人、学者。诗文意境与笔墨功夫相融合，也是民族审美习惯所决定的，所以书法美的意境范畴，又增加了诗化的标准，能在诗境上略胜一筹的才是千古佳作。例如王羲之的《兰亭序》、苏东坡的《赤壁赋》《黄州寒食诗帖》等，无不具有诗文与笔墨的双重审美价值。黄庭坚在评价苏东坡的书法时云："学问文章之气，郁郁芊芊，发于笔墨之间，此所以他人终莫能及耳。"[2]这里强调的正是书法中的"学问文章之气"，才使作品的艺术韵致和书家的情感寄托得以表现出来，才使一代书家达到"他人终莫能及"的高度。何绍基的书法艺术正是如此，他"通经史，精律算，尝据《大戴记》考证《礼经》，贯通制度，颇精切。又为《水经注》刊误。于《说文》考订尤深，诗类黄庭坚。嗜金石，精书法，其治学严谨。实事求是，识解精超。"[3]可以说他是一位饱学卓识的学者型书家，他的书法

作品有着深厚的文化底蕴，给人以沉实古厚之感。而郭风惠年轻时恰逢西学东渐的开放时代，他的思想更活跃，眼界更开阔，学识更广博，于哲学、历史、地理、医学等领域，也多有涉猎，尤精诗文、绘画，兼通英文、法文，可以说是学贯中西和多才多艺的。但与何氏相比，他于经史、考订、文字学等方面的研究不及何氏那么精深，传世著作也没有何氏的种类繁多，郭风惠的才华和精力更多地倾注于他的诗文当中，他的一生经历曲折，但从未间断过诗文创作，因此他于书法中洋溢的书卷气息，来自他在学海中孜孜以求的积累。

郭风惠6岁开始临池习字，从柳公权的《玄秘塔》入手，随河北名士孙品三先生学习花鸟画；不足9岁，即为河间府衙客厅绘制花鸟四屏，为乡人书写楹联，有"河间才子"之称。12岁时诗才出众，在河间府立中学堂名列榜首，他的国文教师张季铭先生以"诗已可传年正少，天将降任志能堪"的诗句予以鼓励。17岁时他考入北洋大学法律系。他的诗文常发表在当时著名的《大公报》和《益世报》上，一时名声鹊起。19岁时还赢得了著名学者、教育家严范孙先生[4]的赏识，称誉他为"北方健者"。1919年因北洋大学撤改，郭风惠又考入北京大学法律系。由于家道中落，为完成学业，他半工半读，曾在北平国立艺专（即中央美院前身）兼职任教，讲授国文、历史、英语等课程。在艺专执教时，还结识了齐白石、李苦禅、秦仲文、王雪涛[5]等画界名流。这

些经历为他后来的丰厚学养打下了坚实的基础。1926年于北京大学毕业后，经刘春霖先生[6]的引荐，郭风惠先后任绥远教育厅厅长、察哈尔教育厅厅长，并率领北方教育考察团赴日本考察教育。作为诗人，他身在异乡，抒发了"无限心情俛仰间，河山风景异般般；海天也挂如钩月，却与家乡一样弯"的爱国情怀，带着"归将何物分儿女，客梦诗魂载一舟"的《东游四十绝》回到祖国，他立志教育救国，并致力于基础教育，亲任河北省立河间三中校长[7]。作为诗人，他一生的诗作数以千计，留下了《风惠楼诗剩》（1939年在沪出版）和《堞庐诗存手稿》。著名桐城派诗人吴北江先生十分钦佩郭风惠的才华，他说："公之诗才，当于今世首屈一指，即前后五百年亦无敢与之争席者，其珠

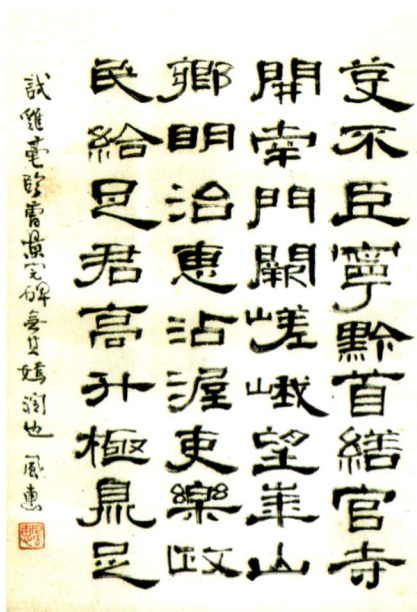

图2　郭风惠隶书《曹全碑》

光宝气，煜烁具在。"[8]虽有溢美之词，但也可以看出郭风惠的出众才华；与郭风惠有着40余年友情的著名书画家孙止斋先生评价他："诗尤特长，吴北江谓五百年来未有，我亦云然。书法行楷隶活脱何道州（何绍基），小楷则合欧褚赵为一炉而冶之，不似出一人手，其价值与诗可比肩矣。"[9]从中不难看出郭风惠诗书艺术的过人之处。1998年北京某画店举办了《纪念郭风惠先生诞辰一百周年回顾展》，同时也是《郭风惠书画集》问世之际，在他的艺术研讨会上，当时的中国书协副主席刘艺先生说："郭先生是用学问在写字，他的字写的都是学问。"这恐怕是当代人对郭风惠的书法艺术最为贴切的评价了。

二

郭风惠与何绍基在审美追求上亦十分相同。他们溯源篆隶，遍临北碑，深得《张迁碑》与《张黑女墓志》的风神。何绍基27岁时在山东偶得《张黑女》的孤拓本，终生爱不释手。他有诗云："隶书搜尽北朝碑，楷法原从隶法遗。粜几名香供黑女，一生微尚几人知！"由此可见何氏对此碑的专注程度。而郭风惠遍临北碑主要有两个原因：一是他看到了北碑颇具险绝变幻的审美价值，他曾在自己的一幅北碑作品的跋语中写道："北碑之妙在险峻，尤在变幻莫测，以欧阳兰台之劲悍，置诸碑中，不免如后进礼乐也。"二是他觉

得北碑精神恰好符合自己尚朴重质的人生观与艺术观，"纷纷流派争矜炫，艺品如人朴拙难"正体现了这一观点，他的隶书主要得力于高古雄健的《张迁碑》、匀整飘逸的《曹全碑》（图2）、遒劲端雅的《华山碑》及雄伟古厚的《西狭颂》，他既汲取诸汉碑的骨势和气韵，又能溶入自己的风格特征。他在《临曹全碑》的跋语中写道："试鸡毫临曹景完碑，无其嫣润。"诚然，"嫣润"正是此碑的特征之一。但郭风惠临写的《曹全碑》，既写出此碑的飘逸，突出主笔舒放的特点，体现出结构工整、中敛旁肆的风格，将舒展若云之势跃然纸上；同时又发挥了他苍劲老道的笔力，其中参以"飞白"的运用，异于《曹全碑》的气清神逸，从笔道上看，郭风惠的隶书苍劲老辣；从神态上看，郭字的结构更生动，线条的粗细变化和墨色的干湿变化也更为丰富，他用笔沉实，线条苍劲有力，表现出"沉着飞动"的艺术效果，本来"沉着"与"飞动"是截然不同的两种风格，而"飞动"正是书家个性风采的反映，是郭风惠潇洒气质的外化，所以他的隶书作品具有沉实中见生动、变化中求稳健的特征。他曾以"朴拙原非姿媚俦，兔兔古貌气凌秋；若将体势论流派，刚出昆仑是上游"的诗句，赞美北碑风格，表达自己重真情实感、尚朴实无华的艺术观点。作为诗人，他在诗作中更能尽情表达自己的观点和见解。例如他曾写道："人情天籁手难扪，熔铸方留啼笑痕。三百五篇十九首，江河万派此昆仑。"

他推崇《诗经》和《古诗十九首》的自然质朴的风格，认为这才是诸多流派中的"巍巍昆仑"。审美观点往往决定着创作风格，所以在郭风惠的书法作品中，蕴含着古朴凝重的北碑精神。

郭风惠的篆书也同样体现了这种风格，他数十年潜心学习，篆书上溯两周金文、秦诏版文及各种金石文字，他在临习《石鼓文》时写道："开天一画六书因，挈乳纵横百态新，礼乐倘从先进好，手摹石鼓赏椎轮。"[10]表达了对《石鼓文》价值的充分肯定，也赞扬了中华民族源远流长的历史文化。他的篆书用笔苍劲老辣，貌拙气酣，洋溢着金石气韵，而苍老刚劲的线条中又不乏生动的意态，给远古的篆籀文字注入了生机。他与何绍基的篆书还有一个共同的特点：线条的"画意"很浓，也可以看作是笔法上的反传统，有悖于孙过庭在《书谱》中"篆尚婉而通"的审美标准。作为从"馆阁体"里走出来的文职官员，何绍基是会写光滑体的篆书的，但他传世的多数篆书作品却不同凡响，恐怕与他的个性追求有关。郭风惠也同样如此，他欣赏章太炎的篆书古朴浑厚，毫无作家习气。

郭风惠与何绍基不仅在溯源篆隶上有相同的审美追求，而且他们还精研唐楷，推崇唐碑的雄伟端肃，这一点他们不同于包世臣、康有为的"卑唐"的观点。对于书家来讲，广泛吸纳、兼收并蓄是十分必要的，也是难能可贵的。他们对欧阳通的《道因法师碑》评价很高，何绍基称赞此碑"险劲横轶，往往

突过乃翁"，他在49岁时临写第三通此碑，曾言："从未临《道因碑》，冬间忽发此兴，每日晨起临十纸，得百八十字，汗流肢背矣，真消寒妙法也！"[11] 由此看出一代书家用功之勤并以此为乐的治学精神。在何氏的楷书里也极具此碑"沉浸隶书，厚劲坚凝"的笔意；郭风惠的小楷作品也体现了这种精神，他用笔遒劲，笔法险绝，结字略趋横扁，隶意犹存，颇具小欧沉雄峭拔的风神。在他们的楷书里，也不难找到《麻姑仙坛》和《颜家庙碑》的平正宽博的家数与渊源。郭风惠于74岁高龄时仍临池不懈，他临写的《麻姑仙坛记》，用笔圆实遒劲，结构峻伟端肃，与原碑对照，可谓形神俱肖，显示出他一生对颜字着力最勤的深厚功底，他常言写颜字要做到"方正饱满，笔笔送到"，这与何氏强调的"横平竖直"的作书宗旨，都源自对刚直不阿的鲁公精神的认同，何绍基也是"以人论书"的大家，他喜爱颜字的原因之一就是敬重书家的品操，认为鲁公"所撰书多方外之文，以刚烈不获令终"[12]，郭风惠也是持同一观点的书家，他在《论书诗》中写道："虞褚风流亦巨宗，簪花美女笑啼工；老夫懦过娄师德，偏爱刚强拜鲁公。"意思是说尽管虞世南、褚遂良的字风流妩媚，堪称大家，但他还是偏爱忠贞刚烈的颜鲁公和方正饱满的颜体字。他们对于颜真卿的行书，特别是对《争座位帖》的看法和见解也十分相似：何绍基认为"此帖笔法之佳，当在《兰亭》之上"；郭风惠则认为此帖文词激昂，忠

义之气溢于楮翰，是"粗服倾城"，胜过《兰亭序》。他在《论书诗》中称赞此帖："何须旧拓中兴颂，一见麻姑便眼青，粗服倾城争座位，胜摊百本辨兰亭。"郭风惠写此诗时，正值中国书坛上掀起了一场声势浩大的"兰亭论辨"，1965年以郭沫若为首的"伪托派"和以高二适为代表的"非伪派"，就《兰亭序》的真伪问题展开了建国以来第一场激烈的书坛论战。但郭风惠却认为《争座位》的价值已超过了"兰亭论辨"的现实意义。对于南帖，他们都没有像对北碑那样的倾心追求。身为南方人的何绍基却对"南人简札一派不甚留意"[13]，于南派书也有过微辞："书家有南北两派，如说经有西、东京，论学有洛、蜀党，谈禅有南北宗，非可强合也。右军南派之宗，然而《曹娥》、《黄庭》，则力足以兼北派，但绝无碑版巨迹，抑亦望中原而却步耳。"[14] 相比之下，郭风惠的观点更为直白和偏激，他在《论书诗》中写道："江左风流王谢群，评书梁武是空文；龙跳虎卧雄强笔，丝发何曾肖右军。"郭风惠认为梁武帝萧衍在《书评》里盛赞王羲之字势雄逸是不切实际的"空文"。他认为王羲之的字势丝毫也没有雄强的味道，这种观点不免有过激之嫌，但也足见他与何氏在审美观上的相通之处。他们对于书法的源流、碑帖、名家、技法等诸多问题都有独到的见解，许多卓识隽语也给后人不少深刻的启迪，但遗憾的是，他们没有形成较为完整的书论体系，理论水准也未能达到书法创作的高

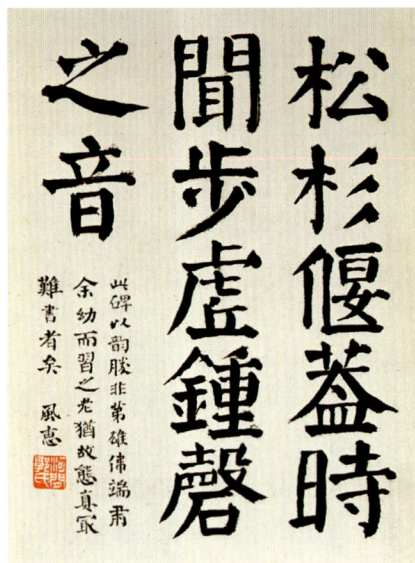

图3　郭风惠楷书《麻姑碑》

度。尽管郭风惠的《论书诗》可以说是诗的形式的书论，其中也不乏真知灼见，但毕竟受到旧体诗格律的限制，不可能论述得充分而完整；再有，作为诗人，他的观点难免过激，但这并不影响他在书法创作上的杰出成就。正是这些书法实践上的深刻而独到的体悟，又让后人不能轻视他的散什之论。

三

同样的审美追求决定了郭风惠与何绍基在书风上有着异代知音的相似风貌，但由于个性差异与人生遭际的不同，又使得他们的作品有着迥然相异的区别。从总体特征上看，何绍基用笔内敛，他的字清高、冷逸，带有强烈的个

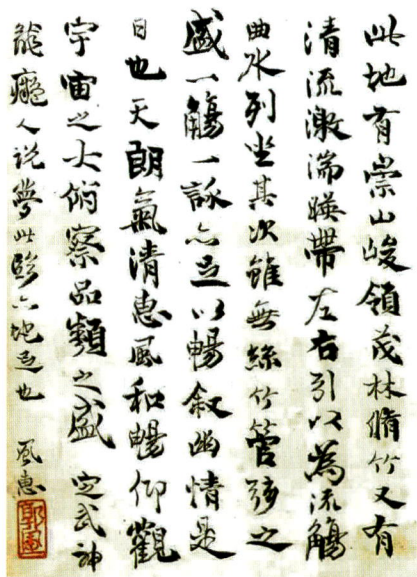

图4　郭风惠魏碑《兰亭序》

性色彩；而郭风惠用笔外拓，他的一生经历曲折、饱经沧桑，酸甜苦辣的人生感悟当然会丰富他的线条表现力，他的字充满着激情和苍劲之感，端严而大气，老辣而不乏生机。下面就从四个方面论述他们的不同之处。

其一，人生遭际的不同。何绍基38岁以前主要是随父视学、读书应考的求学阶段，38岁（1836年）时为道光进士，正式踏上仕途之路，逐步确立了在翰林院的文职地位，官任编修，并在闽、黔、粤三省的乡试中作为公正廉洁的主考官，屡获佳誉，充分展示了他督学治文的政治才能，近20年的宦海生涯可算相对平稳顺畅，其间他的书法也愈加地纵逸奔放，不拘点曳，也可以理解为"志得意满"、"人书合一"的最佳境界。传世的大量对联多出于此时，所

谓"日书百联，句无重对"的说法，既体现何绍基满腹经纶、内美外溢的才华，也表明他此时仕途畅达，踌躇满志的心境。58岁以后，他挂冠而去，开始了讲学书院、"溯源篆分"的新阶段。可以说何绍基的一生从未离开过学问和书法，经历相对单纯。而郭风惠晚于何氏一百年，西方文化的影响、新旧文化的碰撞，使他的思想更活跃，眼界更开阔，经历也更为丰富而曲折：他做过教师、校长、教育厅长，也有过戎马倥偬的体验。七·七事变后，他投笔从戎，随宋哲元将军在河南、山东等地抗日，任二十九军少将秘书处处长，亲历了血雨腥风的战争场面，为爱国将领张自忠、赵登禹、佟麟阁等人撰写挽联和悼词，并于战后任河北通志馆协修期间为他们修志作传，以记缅怀之情。由于这样的身份和经历，他在建国后的那段极左年代里境遇不佳。1959年，经陈叔通先生介绍，郭风惠又在北京美术公司国画创作室任专职画家，据当年的同事、著名花鸟画家刘继瑛先生回忆说，郭先生学识渊博，对诗书画诸艺无所不通，所以同事们也称他为"活词典"，而且他为人正直率真，风趣幽默，但是他除创作以外，谨言慎行，以免招致麻烦。困难时期，他的生活非常拮据，因有吸烟嗜好，所以有时竟以单位葡萄架下的落叶充当烟叶。尽管如此，他还是饱蘸激情地创作了大量书画作品，以"一笻导我来听水，几派如人要下山"的诗句，表达自己老骥伏枥，渴望为新社会工作的心情。在那个特殊年代，政治上

的压力和生活上的重负对于郭风惠来讲是可想而知的。迫于生计，他也常常替人代笔作画。50年代，他曾为梅兰芳先生代笔作画，1956年，梅兰芳先生访问日本等国所备的礼品画，都是郭风惠代作的。如此经历和体验，也是何绍基作为文人士大夫所没有的。特别是十年浩劫更使郭风惠经历了人生的种种跌宕。"文革"期间，他将自己一生珍藏的诗文手稿分散到老友家保存，而"堞庐"中收藏的古籍、碑帖及名家字画都被洗劫一空，他痛心疾首地说："我爱书画爱得倾家荡产了！"尽管他身居斗室，四壁皆空，但仍以"老夫不怕踏冰霜"的顽强毅力吟诗作画，栽培后学。他晚年常钤"不息翁"一印，以"诗不能雄画不奇，腕中蛇蚓待临池；有时欲死何能死，蚕老犹珍未尽丝"的诗句，表达他对艺术的生死追求！"昨夜月明中，纸窗爬蜥蜴"正是他凄凉心境的写照。他曾评价清人王渔洋的诗是："渔洋神韵似华鬘，七宝楼台面面看，所惜平生遭际好，绝无精语到饥寒。"的确如此，王渔洋的诗与何绍基的字同样神韵超逸，有名仕风流的味道，但是他们缺少对人生苦难的体验和理解。对于创作者来讲，苦难是一种财富，自古以来就不乏其例。苏东坡正值意气方刚之际，因"乌台诗案"遭遇贬谪黄州的打击，抑郁不平之气却成就了他的诗书创作，留下了人称"天下第三行书"的《黄州寒食诗帖》。也正缘于此，郭风惠对于有过苦难经历的、一向以危苦严冷见长的清代诗人吴野人的诗有着切肤之痛的

春风迎绿树
山色到红楼

郭风惠

图5　郭风惠小楷自书诗

图6　郭风惠行书对联

共鸣和慨叹，他写道："胜国多诗有凤麟，各尝一滴味津津；铁君独漉吾低首，更欲荒滩拜野人。"足见他对吴野人诗作的击节叹赏，他的心境也可从中略见一斑！郭风惠的种种人生况味当然会在他的笔墨线条中汩汩流淌，正如孙过庭所言："穷变态于毫端，合情调于纸上"，用悲凉和苦难铸就的诗文书画，当然会愈发地苍劲老辣。所以说郭风惠的人生起伏比何绍基要复杂得多，落差也大得多。

其二，创作方法的不同。何绍基在56岁时写下著名的《猿臂翁》诗："书律本与射理同，贵在悬臂能圆空。""气自踵息极指顶，屈伸进退皆玲珑。"他由李广射箭联想到悬臂作书，并强调手臂悬起时，手腕内旋，在胸前形成所谓的"圆空"、如此作书，异常辛苦，正如何绍基在《跋张黑女墓志拓本》中解释的："每一临写，必回腕高悬，通身力到，方能成字，约不及半，汗浃衣襦矣。因思古人作字，未必如此费力，直是腕力笔锋，天生自然，我从一二千年后策驽骀以蹑骐骥，虽十驾为徒劳耳。"从这段跋语中不难看出何氏的苦心孤诣，也表现出他对当时浮滑书风的矫枉过正的心态。这种奇异的执笔方法使他笔下的线条蜿蜒屈曲，略带战掣，但可以保持中锋运笔，外柔而内刚，加之蝯翁深厚的文化底蕴，所以

图7 郭风惠行草四条屏

他的字给人以金石气韵，浑圆之中见刚劲。与何氏独特的执笔方法相比，郭风惠的创作过程可谓沉着痛快，一气呵成，他习惯站立悬肘作书，尤其是书写擘窠大楷和行草，更是淋漓挥洒，并同样达到生动奇崛、变化多姿的艺术效果。

在书写工具上，何绍基用羊毫居多，今人潘伯鹰曾评价说："他（何绍基）的天才横溢，功力深厚，有清一代的羊毫笔到他才集大成而收了前所未有的效果。凭这一点他是一个开辟书苑新天地的英雄。"[15]何绍基晚年以篆隶之法入行草，自成一体，长锋羊毫的笔墨效果得以充分发挥，时用涨墨方法，使作品富于较强的节奏感，中小字行书更是"出神入化"。而郭风惠擅作鸡毫作书，鸡毫笔是用鸡茸毛特制而成，笔质极软，笔锋易散，摄墨力强，如果没有长期的实践经验和高超的驾驭能力，是很难做到运用自如的。不论是苍莽遒古的钟鼎文、雄劲古雅的汉隶、朴拙险峻的魏碑，还是跌宕奇肆的行草书，郭

风惠都喜用鸡毫创作，而且常在作品中跋上一句："风惠试鸡毫"，以示甘苦和自信。尽管鸡毫笔难以控制，但他笔下的线条却如屈铁盘丝，苍劲有力，在刚健遒婉的笔姿和干湿变化的墨韵中，展示出了他非凡的驾驭能力和线条表现力，并以此形成了郭风惠书法的独特风貌。蔡邕早在一千多年以前就有过"唯笔软则奇怪生焉"的金石之言，而那个时代还是用兔毛制作的硬毫，宋代以后有了羊毫，明清时期的羊毫笔更为精致，而郭风惠在此基础上，将生纸软毫的淋漓发挥又推向新的高度，用他自己的话说就是"能用最软的笔写最硬的字"。

其三，入古出新上各有不同。郭风惠与何绍基均溯源篆隶，遍临北碑，精研唐楷，但他们学习古人又有不同的特征。何绍基临摹古人可谓是遗貌取神的典型。他的传世临本中以他晚年临习的汉隶作品为最多，如《临张迁碑》《临礼器碑四屏》《临石门颂》等作品都笔力浑厚雄强，但"无一形似"，带有强烈的个性特征，以他的功力、才气和学养是不可能临而不肖的，他之所以选择遗貌取神的学习方法，是因为他的个性气质和执拗精神所决定的。他的"真我自立""绝去摹拟""书家须自立门户"的观点直接影响着他的书法创作，所以说他学习古人，与其说是临摹，不如说是再创作，这也体现出他秀出等辈的大家风范。对于何绍基的临古特点，碑学大师杨守敬有着透彻的看法，他说："（何绍基）篆书纯以神似，不以分布

为工；隶书学《张迁碑》，几逾百本。论者谓子贞书纯以天分为事，不知其勤笔若此。然学之者，不免轻佻，则胸襟自殊也。"[16]可以说何绍基是一位集功力与才华于一身的学者型书家，他对于中国书法的重大贡献在于他所创立的行草与篆隶两大体系都具有强烈的个性特征和美学意义。

而郭风惠学习古人，一生能做到或惟妙惟肖，或别开生面。他写颜字能做到"方正饱满，笔笔送到"，即使到了74岁高龄时，仍能书写颜体大楷。1972年，北京中山公园的"来今雨轩"四个字就是郭风惠抱病题写的，[17]颇具鲁公雄伟端肃、宽博饱满的结字特征，完成了一生推崇颜字、承传颜字的最后工作。郭风惠写行书，学何绍基体，也能做到形神兼备，他创作于60年代的行书对联，用笔峭拔，顿挫有力，结字风流潇洒，风格潇散淡逸，甚至收笔处带有的细笔道，与何氏创作于60岁前后的行书对联相比，几可乱真。有人问郭风惠如何学得何绍基的笔意，他说，小时候家里挂着何绍基的对联和条幅，非常喜爱，眼观心照，不觉就受其影响。郭风惠还能驾驭一手蝇头小楷，其小楷集众家所长，但主要体现两种风格：一种是北魏墓志风神和欧阳通笔意的遒劲小楷，笔力刚健，结构险峻，格调高古，具有壮美风神；另一种是颇具阴柔意趣的褚遂良小楷，用笔虚实相间，神采飞动，深得"字里金生，行间玉润，法则温雅，美丽多方"的褚书三昧。在表现阴柔之趣时，他有过一首《题牵牛花》

的诗："冰裁圆晕露匀脂，花缀瓜棚叶补篱；更比人勤贪早起，五更星月上妆时。"如此描写牵牛花，可谓情态盎然，使他的作品具有点画之外的韵味，与"美人婵娟式"的褚书风韵如出一辙，与他素有的"北方健者"的阳刚风格形成鲜明的反差，不似出自一人之手，令人难以置信。

何绍基属于各体皆工的全能型书家，其中当以行书造诣最高，所谓"蝯叟中年，已成体格，其韶秀隽逸者，晚年实不能也。"他"自喜中年之制，以为非晚年所能，尽量收买，自赏自叹"；郑板桥年轻时擅写"馆阁体"，晚年形成了他的"六分半书"；齐白石早年学金农的"漆书"，晚年形成了生辣刚狠的自家书体；与郭风惠同时代的沈尹默，尽管他理论建树较高，但书法风格也是自始至终的"二王"风韵，所以说在驾驭不同书体和表现不同风格的能力上，郭风惠确有超出前辈及同侪的过人之处。同时，他临摹古人，也能做到别开生面，例如他的行书作品《临兰亭序》的具体点画上与原帖有惟妙惟肖之处，但整体风格上与原帖迥然不同，刚劲而流畅的行笔，以力见长，并参以章草的古朴厚重的笔意，赋予作品苍劲老道的个性特征。

其四，笔墨变化上的不同。何绍基为道光进士，虽然秉承家学，年少有名，但直至38岁时才正式踏入仕途之路，他是从多年应考的"馆阁体"里培养出来的文职官员，尤其做过教习庶吉士等职，他的"乌、方、光"的笔墨痕迹是相当浓厚的，也是不易脱胎的，因而他的书法创作中相对缺少墨色的变化，直到晚年的行书中才见轻重燥润的笔墨变化愈来愈大。而郭风惠所处时代已经告别了"馆阁体"，尽管他的少年功夫也很扎实，但没有暮气沉沉的时代烙印；而且郭风惠还兼擅绘画，他几十年书画并进，相互借鉴，他的写意花鸟画极为雅健，他的书风与画风息息相通，他有诗云："老蔓盘虬作草书"，他的画给人以"谓是篆籀非丹青"之感，所以他精于墨韵的干湿变化。在线条粗细、结字大小、墨色枯润等方面极尽变化之妙，真如孙过庭所言"导之则泉注，顿之则山安"，可以说他的行笔比何绍基更为奔放洒脱。

纵观郭风惠的书法艺术，不难发现在他70年代以后的书法作品里（以行草书最为突出），虽然还有何绍基的笔意在，但更多的是发挥了他风骨端凝、激情饱满的个性气质，呈现出屈铁盘丝"万岁枯藤"的独特风貌。在他的书法作品中，熔铸了较多的内涵：远古的篆籀气韵、汉隶的端雅遒古、魏碑的朴拙险峻、鲁公的"粗服倾城"、蝯翁的沉雄郁拔，甚至还兼容了刘墉的诙谐及沈曾植的生辣。他的鸡毫行草最具特色，"以最软的笔写最硬的字"是郭风惠最为成功之处。

注释：

[1] 何绍基：《东洲草堂诗钞》卷14《题蓬樵癸丑画册》。

[2] 黄庭坚：《山谷题跋》卷7《跋东坡书远景楼赋后》。

[3] 《清史稿》卷486·本传《何绍基传》，中华书局，1977年第一版（内部发行）。

[4] 严范孙为光绪9年（1883）进士，"南开"、"北洋"等学府的创始人之一。参见《中华书法篆刻大辞典》，湖南教育出版社，1990年第一版第407页。

[5] 齐白石被聘为北平艺专教授，秦仲文为教务长，王雪涛、李苦禅正在艺专学习。

[6] 刘春霖为光绪甲辰（1904）恩科状元，其后废科举。故郭风惠有诗称其为"第一人中最后人"。刘曾任直隶高等学堂监督，与郭氏父子为学问故交。参见《中华书法篆刻大辞典》，湖南教育出版社，1990年第一版第410页。

[7] 2001年该校（现称河间一中）在筹备百年校庆之际，发现了上海图书馆珍藏的郭风惠所著的《河北省省立河间三中一览》，这是他早年倾注于基础教育的宝贵资料。

[8] 参见《二十世纪京华名人遗墨》，知识出版社，2002年第一版第94页。

[9] 引自《堞庐诗存手稿》第75页。

[10] 引自《堞庐诗存手稿》第81页。

[11] 引自《东洲草堂金石跋》卷14。

[12] 引自《东洲草堂文钞》卷6《跋重刻李北海书法华寺碑》。

[13] 引自《东洲草堂文钞》卷2《跋国学兰亭旧拓本》。

[14] 引自《东洲草堂文钞》卷3《跋汪鉴斋藏虔恭温公碑旧拓本》。

[15] 潘伯鹰：《中国书法简论》，上海人民美术出版社，1981年第二版第142页。

[16] 杨守敬：《学书迩言》，文物出版社，1982年印本第86页。

[17] 1972年以前"来今雨轩"四个字是由徐世昌先生书写的，1985年以后由赵朴初先生题写，2005年郭风惠先生的题匾又重见天日，悬挂于中山公园内。

（曹院生审稿）

论颜真卿书法对北宋"尚意"书风的价值

公丕普

〔东南大学艺术学院，江苏，南京，210096〕

【摘　要】颜真卿的书法史地位主要是在北宋时期经欧阳修、苏轼等人的推崇而确定的，而在北宋众多"崇颜"现象背后隐含着差异明显的不同论述角度和原因。深入理解这种不同，尤其苏轼作为北宋"尚意"书风的开创和引领者，他对颜真卿的推崇角度和原因能够向我们揭示出颜真卿与北宋"尚意"书风之间的主要的、直接的联系，这种关系并非是当前书坛所推崇的某种书法风格的传承关系，颜真卿对于"尚意"书风的价值主要体现在作为一个案列典范来支撑"尚意"书法的合理性。

【关键词】颜真卿　苏轼　"宋尚意"

作者简介：

公丕普，1987年生，东南大学艺术学院艺术学理论博士。主要研究方向：书法理论、艺术批评和艺术史。

对于颜真卿书史地位的确立问题，目前已经有研究者做出了比较客观的论证，所得结论也未存在重大争议，研究者大都认为，历史上对颜真卿书法艺术的接受和推崇经历了一定的时间历程，晚唐、五代时期，虽然不乏书家在书法风格上取法颜真卿，但是都没有形成广泛而深远的历史影响，一直到北宋时期，经过欧阳修以及苏轼、黄庭坚等人在理论和实践上对颜真卿书法的推崇之后，颜真卿崇高的书法史地位才得以初步确立。"所有杜、颜、韩的真正流行和奉为正宗，其地位之确立不移，并不在唐，而是在宋。……颜书虽中唐已受重视，但其独一无二地位之巩固确定，也仍在宋代苏、黄、米、蔡四大书派学颜之后。"[1]

从现有的文献来看，欧阳修、苏轼、黄庭坚等人是最早的一批在理论上对颜真卿的书法艺术进行全面总结的研究者，他们虽然都推崇颜真卿的书法成就，但是他们的立场和角度是不同的，这一点是极容易被当代的书法研究者所忽视的。而对这个问题的忽视导致了两个不够合理的认识：一个是将颜真卿书法看作是宋代"尚意"书法的风格先导；另一方面，在解释"宋尚意"概念时模糊了当时的历史语境。

一、欧阳修、苏轼推崇颜真卿书法的不同立场和原因

欧阳修在其书论中评价颜真卿的书法：

"艺之至者，如庖丁之刀，轮扁之斫，无不中也。颜鲁公之书，刻于石者多矣，而有精有粗，虽他人皆莫可及。"[2]

"鲁公忠义之节，明若日月，而坚若金石，自可以光后世传无穷，不待其书然后不朽，然公所至必有遗迹，故今处处有之。唐人笔迹见于今者，惟公为最多，视其钜书深刻，或托于山崖，其用意未尝不为无穷计。"[3]

"斯人忠义出于天性，故其字画刚劲独立，不袭前迹，挺然奇伟，有似其为人。余谓鲁公书如忠臣烈士，道德君子，其端严尊重，人初见而畏之，然愈久而愈可爱也。"[4]

总结欧阳修的观点，他对颜真卿的评价侧重于颜真卿的人品、书艺以及两者之间的内在联系，他将颜真卿的书法艺术风格看作是其个人品性的一种体现，在认识这种评价角度时必须考虑当时的社会环境和欧阳修个人的社会身份地位。欧阳修作为北宋时期显赫一时的文坛领袖，势必在宣扬自己的文艺观念时要考虑到整个社会的影响，再加上他本人所固有的文人士大夫的心理，结合这两个方面我们就很容易理解欧阳修对颜真卿的评价了。从欧阳修崇颜的现象中可以引申出一个书法史上普遍存在的问题——以人论书，书法在作为一门艺术被认知时，常常是与作者的人格修养联系在一起的。书法艺术的成就与人格的捆绑式认知在一定程度上也显示出古代书法在作为一门艺术时本

体内涵的缺失。

同样是对颜真卿推崇备至的苏轼却是从另一个不同于欧阳修的角度来阐释他的观点的：

"颜鲁公书雄秀独出、一变古法，如杜子美诗，格力天纵，奄有汉、魏、晋、宋以来风流，后之作者，殆难复措手。"

"故诗至于杜子美，文至于韩退之，书至于颜鲁公，画至于吴道子。而古今之变，天下之能事毕矣。"

在苏轼的评价中，他并没有具体阐述颜真卿书法的艺术风格特征，也没有刻意突出颜真卿的人格魅力，而是对颜真卿在书法史上的地位做出了自己的判断。颜真卿的书法之所以得到苏轼的认可最根本的是因为颜真卿书法"雄秀独出、一变古法"。曹宝麟在其著作中认为苏轼选择了颜真卿，与其说受了"韩忠献公琦的好颜书，士俗皆学颜书"的潮流影响，还不如说他赞赏"颜公变法出新意"的革命意义，而后者对于正酝酿着一场变革的苏轼来说应该更为重要。"[5]

欧阳修与苏轼对于颜真卿的评价（人品、书法风格、书法史价值三个角度）包含了后世书家评价颜真卿的所有主要角度，因此两者在对颜真卿评价的历史中是最具有代表性的。欧阳修与苏轼对于颜真卿的推崇是站在不同的立场之上的，欧阳修希望通过对颜真卿个人性格、事迹与书法艺术风格特征相结合，将颜真卿推举成为一个具有忠臣气节的书法家，以此来宣扬书法艺术具有

娱乐性之外的伦理教化功用。而苏轼对于颜真卿的推崇是站在书法史的角度，将颜真卿"雄秀独出、一变古法"书法史革命意义大肆宣扬，其目的是为其自己的书法观念和实践树立一个成功的范例。而苏轼本人的书法观念和实践是引领"尚意"书风形成和发展的核心部分，曹宝麟在其著作中总结道："对于宋人书法概以'尚意'的属性，应该是基于苏轼'我书意造本无法，点画信手烦推求'的诗句。"[6]那我们不禁会联想，颜真卿与宋代"尚意"书风的形成和发展存在什么样的联系。

二、颜真卿与"宋尚意"书风的关系

研究颜真卿与"宋尚意"书风之间的关系，首先要对"宋尚意"的概念进行合理的梳理。曹宝麟在其书法史著作中认为"对于宋人书法概以'尚意'的属性，应该是基于苏轼'我书意造本无法，点画信手烦推求'的诗句。什么是'意'？'意'就是内心感受和丰富联想。那么'尚意'也就是特别注重作者的主观情感的作用，也就是格外追求创作心态的自由。'尚意'在宋代大行其道，它作为一种文艺思潮，盛行于包括书法在内的一切文化领域。"[7]笔者非常同意他将"尚意"书法观念的起源归于苏轼的书法思想，也同意其将"尚意"看作是包含书法在内的宋代文化的一个特征，只是在解释"意"这个概念时笔者以为还是需要进一步挖掘的。

以曹宝麟为代表的很多研究者把"宋尚意"中"意"这个概念解释为"内心感受和丰富联想"，"尚意"就是"特别注重作者的主观情感的作用，也就是格外追求创作心态的自由"，这种观点乍看并无不妥，但是若仔细分析还是会发现里面所包含的问题。如果将"尚意"看作是"特别注重作者的主观情感的作用，也就是格外追求创作心态的自由"，那么如何把"宋尚意"与其他时代的以抒发作者情感、追求自由创作的书法相区分？如果将"尚意"解释为一种心理状态，那么如何对其论证？如何对书法美学中所提出的笔意等概念进行区分？如果这种书法创作是书法史上的一种普遍现象，那么宋代书法所体现的特殊性是什么？因此将"尚意"的概念解释为"特别注重作者的主观情感的作用，也就是格外追求创作心态的自由"，只是描述了这个概念的字面含义，并没有完全解释出这个概念在当时的产生语境中的内涵。

笔者以为，对"尚意"这个概念的理解必须是建立在宋代书法史的基础之上，是需要还原到宋代书法发展的语境之中的，并不能仅仅就这个概念的文字本身的普遍含义做解释。中国的语言有自身的特殊性，在古代的语言环境中并不存在现代学术研究体系中所出现的界定概念的现象，因此在阐述古代艺术理论中的概念时，应当注重概念提出时的历史语境而不应该只对概念本身的语言含义做过多地挖掘。

既然"意"的概念是苏轼最先深

入阐释的，那么对苏轼个人书法观念的理解是准确解析"尚意"概念的最佳方法。在苏轼的书论中比较明确地提到"意"这个概念的地方，主要有以下几处：

"书初无意于佳乃佳耳。"[8]

"吾书虽不加，然自出新意，不践古人，是一快也。"[9]

"我书意造本无法，点画信手烦推求。"[10]

首先不急于对文献中所使用的"意"做语义上的阐述，而是对苏轼使用这一概念的语境做一种梳理，对其提出、使用"意"概念的原因做一定的剖析。曹宝麟认为"法是意的对立面"[11]，但是他在文中并没有对"法"这个概念做出足够的解释，只是将其理解为法度、法则，这种观点也并没有错，只是过于笼统，缺乏明确的指称对象。"法"肯定是某一种法度、法则的简称，在苏轼所生活的书法史时代，法度与法则的具体含义应该是唐人的笔法法度和晋人的书法法则，整体来说"法"就是北宋之前所形成的、以"二王"为源头的书法系统的规定性。"他（苏轼）自己所崇尚的书风，就是建立在破字当头之中，批评前人古人，苏氏是毫不犹豫、口无遮拦……"[12]那么，苏轼以"意"来反对"法"，也就是对北宋之前所形成的"二王"体系规则的一种反对。因此，与其将"意"看作是一种有所指的概念而陷入复杂的语言学解释，倒不如以北宋时期具体的历史语境为基础来解析"意"的应用价值。在苏轼的语句中，他对于"意"的把握也不是居于一个一成不变的点，在不同的语境中他对"意"的阐释是不同的，但是他在应用"意"概念的时候都是作为对已有书法系统规则的否定。

而面对这种反传统的精神，并不是所有人都能认可的，黄庭坚在书论中就提到"士大夫多讥东坡用笔不合古法"[13]，南宋时期的"理学"大师朱熹也认为宋四家的书法是破乱古法，"及至米、黄诸人出来，变不肯恁地。要之，这便是世态衰下，其为人亦然！"[14]面对来自以晋人"二王"为宗的传统书家的非难，苏轼必须要找到能够支撑自己观念的成功范例，而颜真卿书法艺术的特征恰好能够作为其书法观念的有力证据。

首先从书法风格上看，无论颜真卿的楷书还是行书都是与"二王"书法风格有明显不同的，这种面貌上的不同本身就是对"二王"系统的一种挑战；其次从颜真卿的学书经历来看，他主要是以自家深厚的家学传统为主要的师法对象，尽管他曾求教于张旭，但就其书法认知的主要来源看还是其家学。如果我们将颜真卿的书法特征与苏轼进行对比就能清晰地发现，两者几乎相同。颜真卿是在北宋时期能够被社会广泛认可的、又有别于"二王"书法系统的书法大家，以颜真卿做为自己书学思想的支撑案例是最具有说服力的。

如果继续将这一结论向前推进，我们可以说颜真卿对于苏轼和"尚意"书风的最为主要、直接的价值是作为一种书法史的案例支撑，而不是目前大多数学者所认为的某种书法风格的直接传承。当然此处并非是要否定颜真卿书法对于"尚意"书风的风格影响，况且我们也不能忽视苏轼曾经说过，他在书法风格上确实受到过颜真卿的影响，但是在正确判断颜真卿与"尚意"书风的关系时，必须要分清两者的价值顺序。

三、结论

通过以上论证可见，北宋时期书坛的主要人物通过各自不同的角度对颜真卿书法艺术做出了自己的历史判断，以欧阳修为代表的研究者主要研究颜真卿的人品、书品以及两者之间的关系，这种研究类型还是传统的"以人论书"观念的具体展现，是以阐释颜真卿的书法艺术为直接目的的。而以苏轼为代表的研究者则是侧重于颜真卿书法艺术的书法史价值，充分挖掘其"雄秀独出、一变古法"的历史意义，而且苏轼并没有停留在此，他是以此为支撑，为自己所提出、阐释的"意"概念找到书法史上的经典例证。而准确理解这种角度的不同能够给我们带来两个重要的价值：一方面是能够更加准确地认识到"尚意"概念在其产生的语境中所带有的指向性；另一方面是让我们反思、商榷目前书坛所主张的颜真卿书法对宋"尚意"书风的价值是在书法风格的承传上这一观点。

（下转第110页）

中國美術研究
Research of Chinese Fine Arts

会通古今　穷幽探微

——美术史论家林树中教授的学术成就

阮荣春[1]　黄宗贤[2]

（1. 华东师范大学艺术研究所，上海，200062）
（2. 四川大学艺术学院，四川成都，610207）

【摘　要】在林树中的美术史研究生涯中，他勤奋治学，笔耕不辍，著作40余种，在国内外发表论文200余篇。这些论著涉及绘画史、雕塑史、建筑史、工艺史、书法史、书论、画论、技法理论及美术考古等宽广领域，而对六朝美术、明清的吴门画派和金陵画派，更是术有专攻，体现了学术成果的深度和高度造诣。

【关键词】林树中　美术史　研究

作者简介：

阮荣春，华东师范大学教授、博导，艺术研究所所长。主要研究方向：佛教美术，艺术史。
黄宗贤，四川大学艺术学院院长、教授、博士生导师。主要研究方向：艺术美学、中国美术史、艺术史研究。

如果说在中国美术史论界"俞剑华学派"之说成立的话，林树中教授无疑是此派一位承前启后并加以发扬光大的代表人物。

林树中教授1926年5月出生于浙江平阳，1953年从中央美术学院华东分院毕业后一直任教于南京艺术学院。现任该院美术系教授、美术学博士生导师，中国美协会员，兼任美国密歇根大学客座教授、研究员，日本龙谷大学佛教文化研究所顾问。1993年被评为国家有突出贡献专家，1997年被文化部聘为美术学博士生导师专家评议组成员。其学术成就被载入英国剑桥《世界名人传记词典》、美国《本世纪近25年杰出人物500人传记辞典》等国内外权威人物传记。他与王朝闻、金维诺、王伯敏被评为中国艺术学四大博士生导师之一。（《出版广角》1997年第6期）

在近50年的美术史论研究生涯中，林先生勤奋治学，笔耕不辍，著作40多种，在国内外发表论文200余篇。这些论著涉及绘画史、雕塑史、建筑史、工艺史、书法史、书论、画论、技法理论及美术考古等宽广领域，而对六朝美术、明清的吴门画派和金陵画派，更是术有专攻，体现了学术成果的深度和高度造诣。

林先生出生于书香门第，祖父是清秀才。父亲与著名数学家苏步青是同学。他从小就学白居易的诗篇，看《水浒传》、《三国演义》、《红楼梦》等小说。父亲教以《古文辞类纂》、《春秋左传》、《史记》等名篇。初中时期，学习《论语》、《孟子》并能背诵，尤得益于《孟子》，为他以后的学术研究打下坚实的文化基础。中学时期得到我国艺术界先驱李叔同的嫡传弟子刘质平、李鸿梁老师的启导，走向艺术。进入中央美术学院（后转学华东分院）后，受到徐悲鸿、董希文、蒋兆和、潘天寿等名师的严格训练，并得到著名美学家史论家王朝闻、史岩、邓白的启导。大学毕业后到南京担任两年多的绘画创作和速写课，出版和发表了多种单幅画、年画、连环画、木刻等作品与《速写的理论和实践》（人民美术出版社，1985年）的著作。又在《文艺报》、《人民日报》等发表多篇报告文学、通讯、艺术评论等文章。还去报考北京大学历史系考古专业的"副博士研究生"，接触了苏秉琦、宿白教授和同乡前辈夏鼐先生。这时的林树中，兴趣广泛，思想活跃，但却被一些同辈视为"不安分"、"不务正业"。正当他选择终身为之奋斗的事业时，碰上了同事的俞剑华教授。俞氏的渊博和勤奋给他留下深刻印象，再环顾自己的条件，才下决心以俞氏为师，从事中国美术史论。

当他确定了自己的学术道路以后，便矢志不渝，"三更灯火五更鸡"勤奋攻读有关文献，亲随俞氏的杖履，考察全国各地的石窟、文化遗址、各大博物馆。林先生在从协助俞氏教学到独立担任教学期间，先后在《考古》、《南艺学报》、《解放日报》等发表了《望都汉墓壁画的年代》、《四川大足的古代雕刻》、《论文人画》及有关近现代上海画派、画报、油画与留学生等一系列的论文，并开始架构《中国美术通史》的巨型学术著作。1978年他与谢海燕教授参加文化部的全国美术院校教材会议时，所编《中国美术通史》（1984年由南艺铅印出版）便被文化部列为全国艺术院校四种美术史教材之一。

在史无前例的"文化大革命"时期，很多同行对事业失去信心，把所藏专业书刊秤斤卖给贩破烂的；而他却继续坚持自己的事业，在下放农场劳动时，白天操作在水稻田，晚上却挑灯夜读，通读"廿四史"，特别细读魏晋南北朝时期的历史和文论、书画论。把自订的《文物》和《考古》差不多翻读一遍，这两大期刊，成了他的良师益友。在参加"评法批儒"的同时，特别留意六朝艺术的研究，口头上天天不离"六朝"，以至红卫兵给他起了个"林六朝"的绰号。

"文革"后期气候相对前期宽松，他关于六朝美术的研究从实物的调查收集到文献的探索已有很大的积累，在《文物》1977年1期发表了《江苏丹阳南齐陵墓砖印壁画探讨》，提出南京西善桥南朝大墓发现的《竹林七贤与荣启期》砖印壁画历史价值和艺术价值都超过传世的顾恺之《女史箴图》摹本；其母本的作者应是南朝的陆探微，考证了陆探微的生卒年与作品；从美学的角度探讨南京和丹阳宋、齐帝陵砖印壁画，并把美术史的研究和美术考古等作为交叉学科，扩大了美术史的研究领域，实现了对六朝美术史研究的新突破。论文得到国内外考古和美学、美术史界的极

高评价，新创的"砖印壁画"一词，至今为考古界所引用。其后又与考古界的南京大学蒋赞初教授、南京博物院罗宗真研究员共同确认南京西善桥大墓为南朝宋孝武帝刘骏景宁陵（大明八年，464年建）。

林教授治学生涯的又一重大转折是1985年被邀请为美国密歇根大学客座教授，在一年多的时间内，到各大学讲学并考察了美国各大学的美术史教学，参观各大博物馆藏画，接着到日本东京大学、香港中文大学等访问讲学，参观各大博物馆，与美、英、日、德等国著名学者进行学术交流。他的视域扩大了，注意到中西文化传统的特点并进行比较，思考如何运用西方的方法论等的治学和教学方法，择其可用的优点运用到中国美术史学科建设中来，改写中国美术史，改进教学包括研究生的培养。

林先生的论著《中国美术全集·魏晋南北朝雕塑》（人民美术出版社，1983年）获得全国的特别金奖和荣誉奖；主编的《中国历代绘画图录》（天津人民美术出版社，1981年）被香港《大公报》评为建国以来最早的有分量的中国历代绘画图录和绘画史著作；他与马鸿增主编的《六朝艺术》（江苏美术出版社，1996年）被评为江苏出版精品奖；《南朝陵墓雕刻》（人民美术出版社，1984年）及六朝书画的论文，都被认为是具有典范意义的著作。所编并任顾问的《六朝艺术》纪录电影（江苏电影制片厂，1979年）至今学界尚承认它的重要价值。他发表在《美术》1978

年4期的《范宽及其作品》，最早考证了北宋范宽的生卒年并阐发其绘画特色与影响，受到前辈如谢稚柳先生的推重。他也是最早从事近现代美术史研究的学者之一，对太平天国的画家与作品、上海画派画家的研究等都起到先驱的作用。《中国建筑艺术》（台湾五南出版社，1991年）被认为是大陆学者在台湾出版的最早中国建筑史著作。他担任《中国台画鉴赏辞典》（上海辞书出版社，1993年）编委，并撰写大量的文字，主编的《美术辞林·中国绘画卷》（陕西人民美术出版社，1995年）在国内外有着广泛的影响。林先生最近主编的《海外藏中国历代名画》（八卷本，湖南美术出版社，1999年出齐）被国家出版署列入"九五规划"重点书目，填补了中国美术图书的空白。最近又参加王朝闻、杨成寅主编的《中国历代书论画论评注》（任分卷主编）也被列入国家重点工程。即将出版的《中国美术通史新编》被湖南美术出版社列为重点书目。林教授迄今已培养9个博士生、7个硕士生，创造了艺术学科全国最高纪录。其中任博导的1人、教授2人、副教授7人，有的任国家级出版社编辑，成为本学科领域的带头人和骨干。这些研究生出版的著作已有20多种，论文多篇，正在形成自己的体系。

综览林树中教授的治学特点与成就，可以归纳为以下几点：

一、是继承俞剑华先生的传统。俞氏提出"四万"说，即读万卷书、行万里路、画万张画、写若干万字的论著。

林教授在《怀建国后第一代美术史论家》(《艺苑》1997年1期)一文中加以总结和阐释:"读万卷书"即重视文献学;"行万里路"是重视调查考察;"画万卷画"说明了近代从事美术史论者多兼为画家的特点,也是俞剑华学派的特点,但对研究生只要能参加绘画等的实践,并不要求个个成为有成就的画家;"写若干万字的论著"是鼓励勤写作多发表。对于"四万",林教授是身体力行,而且在一些方面有所前进有所突破。如在文献学方面,他以良好的"国学"基础,整理、注释探索中国美术史论的文献,主要体现在主编的《美术辞林·中国绘画卷》(上)的"画史掌故"、"画论"、"画籍著述"、"画史年表"和《中国历代书论画论评注》等方面,并在论著中重现出土和传世文物与文献的关系。调研考察则亲率研究生到丝绸之路等,足迹几遍全国。他比乃师的有利条件是多次出国调查世界范围内各大博物馆收藏的历代书画及其他文物,这成为他主编《海外藏中国历代名画》的重要基础。书画方面,林先生曾在美国开过书画展,作品为国内外公私收藏;但对他的学生不但要学有专攻,还要求对各个画种加以实践,以使论著写作、有血有肉而不落于干瘪的

表面文章。至于勤写作、多发表,粗计林教授已出版和即将出版的已超过千万字。林先生家窗口的灯光,几十年来,常过半夜不息,不知老之已至,成为年青人鼓励自己的师范。

二、是林先生作为建国后第二代美术史论学者,与乃师比较,时代不同,认识不同。如对西方文化的认识及"洋为中用"的问题俞氏比较传统,某些方面甚至比较保守。林先生自从出国讲学以后,其治学和论著都有极大转变。他运用西方的方法论治学并教育他的学生,经常与国外著名学者交流经验,汲取他们的科研成果,不但在纵的方面博古通今,在横的方面能够做到融汇中西。

三、是重视地方的特色。林先生常说:"靠山吃山,靠水吃水"身处经济发达、人文荟萃的江苏大省和江南,特别是"六朝古都"的南京,学术研究要体现这一地方的特色,做到立足地方,面向全国和世界。他对六朝美术的研究,成果累累,在全国以至全世界都处在领先的地位。再就是明代的吴门画派、松江派的董其昌及其理论、金陵画派与"金陵八家"的研究。他在美国密歇根大学讲学的主题就是"吴门画派与沈周"。曾陪同美国艾瑞慈教授深入调

查沈周的故乡与墓冢,发现新出土的墓志等,进而对沈周的家世家学、生平与艺术进行自具特色的研究,后来把成果作为长篇论文发表在日本的权威杂志《国华》第1114号、1115号。编有《沈周年谱》。对董其昌的生平与艺术特别是他的"南北宗论"发表综合性的论文(刊《朵云》1985年8期)。在金陵画派的研究方面,刊出《"金陵八家"四说与两种主流画风》(1989年5月19日香港《大公报》)、《从"前无古人,后无来者"谈龚贤》等论文20余篇。此外如《战国楚缯画新探》、《(南唐)周文矩琉璃堂人物图》、《陈容画龙今存作品及其生平的探讨——兼与铃木敬先生等商榷》、《牧溪的生平、艺术及其评价》、《从〈古木竹石图〉谈赵孟頫的改革与创新》、《画状元吴伟》、《顾强先〈石涛绘画·画语录研究〉序》以至《上海画派的创新精神》等(因限于篇幅不再注明出处)都是围绕这一地方特色而进行研究和写作的。

林教授为人敦厚,勤奋好学,诲人不倦,面色红润,思维敏捷,自称"年方七一",正置身于美术学的风口浪尖,鼓楫前进。

(文中所列数据截止于1998年)

(张荣国审稿)

林树中年表（中）

赵玄晔

（中国雕塑院，北京，100027）

1984年，59岁

4月，由上海人民美术出版社约稿《中国画家丛书》，其中有卢鸿、梁令瓒、卢伽、禹之鼎、赵之谦等。

参加5月10日在安徽合肥举行的"纪念弘仁逝世320周年国际学术研讨会"（系新中国成立以后首次美术界国际学术研讨会）。与会的美国学者有密歇根大学艾瑞慈教授、加州大学伯克来分校高居翰教授、普林斯顿大学方闻教授、弗瑞尔美术馆傅申研究员、威廉学院郭继生副教授等。

《天都派与程嘉燧、李永昌》刊1984年7月29日香港《大公报》。

《安徽画派画家年表》参加纪念渐江及黄山画派研究会讨论。

1984年，和刘汝醴（左三）、张仲权（右一）摄于南京曲园。

1984年，赴美前在家中留影。

1984年，和香港饶宗颐（左二）、美国艾瑞慈教授夫人林维贞（左三）在南京栖霞山考察。

1984年，全家在南京古林公园。左起林维勤、林树中、林维兴、韩爱文、林维宁。

1984年，在黄山开会。

7月，在江苏老年大学做两次讲座：《山水画史略谈》《花鸟画史概说》。

8月1日，上海人民美术出版社来信：《郭忠恕》《吴昌硕年谱》已审毕，列入1985年上半年出版计划。又提到《陆探微》《程嘉燧》《王振鹏》等书稿。

《中国绘画大辞典》完稿。

《南朝陵墓雕刻》《宋陵石雕》（王鲁豫参加编写）由人民美术出版社出版。

《中国美术通史》上、下册，南京艺术学院刊行，此为第五稿，铅印45万字。

撰《中国近代美术概述》《中国近代早期的美术教育》《赵之谦及其艺术》，刊于《中国美术通史·附录》。

1985年，60岁

《海阳四家及其作品》刊1985年2月2日、2月9日香港《大公报》。

2月20日（农历正月初一）写《曹衣出水与曹仲达》稿，未完稿。2000年10月6日续写《曹仲达传》，西安《美术辞林》用。

《扇面集锦·作者小传》，江苏美术出版社出版。

《谈画家黄宾虹》刊《当代青年》1985年2期。

《牧溪的生平艺术及其评价——答阎少显与冉祥正同志》刊《美术》1985年6期。

《董其昌书松江城隍庙碑》刊《书

1985年，调研考察日本，摄于国立京都博物馆。

1985年，与密歇根大学研究生在一起。

法专刊》1985年6期。

《韩滉与〈五牛图〉》刊1985年6月1日香港《大公报·艺林》。

《戴嵩画牛》刊1985年6月29日香港《大公报·艺林》。

6月，在南京艺术学院作《丝绸之路与诸石窟艺术》学术报告。

《董其昌的绘画与南北宗论》刊《朵云》1985年第8期。

9月初，赴美，任密歇根大学美术史系客座教授、研究员。

《法常及其作品》刊香港《大公报》1985年10月12日。

《从新出土墓志等谈沈周的家世家学（初稿）》刊于《东南文化》创刊号，10月。

10月，到麻省威廉学院讲学。

11月，参观波士顿美术馆、哈佛大学福格艺术博物馆、纽约大都会博物馆等。

12月7日，在密歇根大学寓所撰《关于沈周的民间故事》稿。

1986年，61岁

4月，在美国密歇根大学中国文化中心作《上海画派与任伯年、吴昌硕》学术演讲，美国游露西博士翻译，存英译本。

9月，离开美国，由美到日，在东京大学访问讲学，作《从出土墓志等谈沈周的家世、家学及其他》（后刊日本《国华》1114、1115号，1988年），并参观东京、京都和大阪各寺院、博物馆。

《上海画派与革新精神》（《人民日报·海外版》9月10日）。

10月，到香港中文大学访问讲学，

并任中文大学艺术系校外职务评审委员。参加饶宗颐教授80诞辰祝寿会与画展，并晤时寓香港的南艺刘海粟校长。

11月3日，赴江西南昌参加"八大山人诞辰360周年国际学术研讨会"，发表《谈八大山人的〈孔雀图〉》。

11月，升任南京艺术学院教授。

《虎年谈画虎》刊《大公报》1986年2月8日，1985年冬在美国密歇根大学撰稿。

《一幅最早的中国漫画——谈八大山人的〈孔雀图〉》刊《大公报》1986年8月23日，1986年5月在美国密歇根大学撰稿。

1987年，62岁

1月10日，《南京日报》发表《南京

1986年，从美国回来后，全家在一起。

1986年，在连云港海滨。

1987年，参观考察山西天龙山石窟。

艺术学院三位教授（林树中、方仁惠、洪潘）寄语青年学生：继承优秀文化，勿忘振兴中华》。同日江苏电视台亦作电视报道，林树中作了《从西方的"民主"、"自由"谈到中国的国情和中国传统文化》的发言。

4月，在南京艺术学院作《东西方的生活、思想、绘画的比较与思考》报告。

作《〈历代名画记·记两京外州寺观画壁〉考释与唐代中原宗教壁画研究》《张彦远一家五代年表》，参加1987年山西"纪念张彦远及《历代名画记》学术讨论会"，会议由山西大学主办，其间前往五台山参观、考察各寺院。被推举为张彦远研究会副会长（筹委会副主席）。

10月22日，参加上海博物馆"四僧国际学术研讨会"，发表《八大山人花鸟画的结构与情感表现》（林树中、胡光华合作）。

其间，分别会晤美国来的王方宇教授、美国加州大学高居翰教授。

10月27日，赴上海参加《中国名画鉴赏辞典》编委会会议。

11月，与胡光华陪同英国伦敦大学韦陀教授在山西省内考察美术史迹，计有：繁峙县严山寺金代壁画、大同云冈石窟及大同各寺庙、天龙山石窟、太原寺庙明代雕塑、晋祠等。约一个月后，韦陀来访南京，在南京艺术学院做一次学术报告。

12月16日，被通知接纳为中国民主促进会会员。

《崔白的〈双喜图〉及其他》（香港《大公报》4月13日）。

《李真〈不空像〉》（香港《大公报》6月29日）。

《谈何鸣的花鸟画》（香港《大公报》8月17日）。

《谈上海画派》（香港《大公报》12月21日）。

《郑虔与杜甫》（1987年寄香港《大公报》未刊稿）。

1988年，63岁

在美国密歇根大学举办"林树中教授师生画展"。

1988年，与王崇人在南塘二陵考察。

10月西安调研考察归来，拟写论文：《法门寺地宫珍品揭秘》《临潼兴庆寺塔地宫的石刻线画与金棺、银椁等美术品的探讨》。收集有关图籍，但论文未写。

《陈容〈九龙图〉》（《大公报》1988年5月16日）。

《游"大都会"读〈罗汉图〉》（《人民日报·海外版》1988年1月21日）。

《异国他乡赏名画——八大山人〈仿天池道人墨荷图〉》（《人民日报·海外版》2月12日）。美国波士顿美术馆亚洲美术部撰《关于〈仿天池道人墨荷图〉》对林文进行探讨，刊1988年3月25日《人民日报·海外版》。

《捣练、捣衣和〈捣练图〉》（《人民日报·海外版》1988年7月11日）。

《鉴真大师像回扬州"探亲"随感》（1988年寄香港《大公报》未刊稿）。

1989年，64岁

为阮荣春、胡光华《中华民国美术史》作序（《艺苑杂志》1989年1月）。

是年重点编写《美术辞林·中国绘画卷（上）》稿。

国画《摹敦煌莫高窟壁画——飞天》参加香港中文大学新亚书院40周年校庆美术展览并刊入纪念画册。

《"金陵八家"四说与两种主流画风》（《大公报》1989年5月19日）。

《从"前无古人，后无来者"谈龚贤——为纪念龚贤逝世300周年而作》（《大公报》1989年8月18日）。

《俞剑华与〈中国美术家人名词典〉》刊日本《秀作美术》1989年总第34号。

1990年，65岁

1月31日写长信致在日本京都的阮荣春，云其即将回国，谈到建立南艺自己的学派，并嘱其收集资料。

《访问美国、日本、香港的讲学与读画》刊《南艺学报》1990年1期。

8月3日，编完《美术辞林·中国画卷（上）》之"画论"部分，至此上卷已编写完毕。

《龚贤年谱》刊《东南文化》1990年第5期。

12月，国务院学位委员会审定为博士生导师。

撰《地质·旅游·山水画——从康育义〈贵州旅游资源考察风光绘画集〉

说起》稿。

《江海学刊》1990年5期，封二"江苏当代学者"介绍南京艺术学院教授林树中。

1991年，66岁

《中国建筑艺术》由台湾的五南出版社出版。

主编的《中国美术全集·魏晋南北朝雕塑》获全国图书特别金奖。

国画《葡萄》作为国家教委礼品赠送朝鲜教育部。

《"金陵八家"与"金陵画派"》刊《西北美术·美术文集》总19期。

《〈北齐校书图〉新探》刊《艺苑》（南艺学报）总48期。

1992年，67岁

《传陈闳〈八公图〉研究》（《艺苑·美术版》1992年第4期）。

《旅美所见两处汉代壁画》（1992年3月28日稿）。

《南京古今雕刻·序》（1992年5月9日稿）。

为陶明君作《画论大词典·前言》（1992年8月25日稿）。

《从近现代美术史发展看国画》（1992年9月2日稿）。

《谈近现代的国画与画家》（1992年9月2日稿）。

被聘为日本京都龙谷大学佛教文化研究所顾问。

《南艺有位"六朝痴"——记美术史论家林树中教授》（《扬子晚报》

1992年6月8日）。

1993年，68岁

被评为国家突出贡献专家，获国务院特殊津贴。

《李可染学术研讨会发言》（1993年9月稿）。

11月，参加日本京都龙谷大学举办的"佛教南传系统中日学术讨论会"。发表《早期佛像输入中国的路线与民族化民俗化》（后又刊《东南文化》1994年1期）。

1994年，69岁

1月25日，写张彦远《历代名画记校注·编写提纲》。

《谈何鸣的花鸟画（代序）》（1994年5月稿）。

《石涛绘画研究·序》（1994年稿）。

9月，《吴昌硕年谱》由上海人民美术出版社出版。

主编的《中国美术全集·魏晋南北朝·雕塑》获国家图书荣誉奖。

入选英国剑桥国际名人传记中心《世界名人传记辞典》、美国《本世纪近25年杰出人物500人传记辞典》。

1995年，70岁

5月，主编的《美术辞林·中国画卷》（上）由陕西人民美术出版社出版。

1996年，71岁

3月，被江苏省人民政府聘为江苏省

1993年，在日本参加佛像初传中国南方中日学术研讨会，与会者有阮荣春（右二）、冯健亲（右三）、梁白泉（左三）、林树中（左二）。

1996年，林树中（右四）与文史馆同仁参观南京长江二桥规划模型。

1997年，与王朝闻老师合影于杭州西湖畔。

1997年，在温州与同乡金冶老将军一起开画展。

1998年，《海外藏中国历代名画》编委会合影于南京双门楼宾馆，前排左起杨振国、彭本人、阮荣春、林树中、聂危谷、黄宗贤、李凇、李普文，后排左起徐利明、胡光华（除彭本人以外皆为博士生）。

文史研究馆馆员。

11月，被文化部聘为艺术学科博士生导师专家评议组成员。

12月15日，在浙江平阳县文化馆举办"金冶、林树中及南京名家书画展"。书画展24日转到温州师范学院礼堂举行。

为谢巍《中国历代画学著作考录》作序（1996年稿）。

1997年，72岁

春，国画《山水》、书法《书毛主席诗》参加在北京举行的全国文史馆员书画作品展。

《同乡抒感》刊于《江苏统战》1997年3期，后于《南京艺术学院院报》转载。该文被收入北京大学社会学系《中国改革发展文库》，并获优秀文章著作证书。

4月15日，作品国画《山间云雾》参加东方书画研究中心成立10周年书画展并庆祝南京大学95周年校庆。

5月15日，为"南大康育义教授画展"撰序。

湖南美术出版社彭本人同志来访，组稿《海外藏中国历代名画》、签订合同。列入国家"九五"重点图书工程项目。

8月1日，撰《海外藏中国历代名画·总序——海外藏中国绘画珍品述要》。

9月，为全国文化保护单位——安徽马鞍山市三国朱然墓园长廊画像石刻《朱然生平事迹》（15幅）主画，参加制作的有南艺师生3—5人（该墓园刊印有画册，部分图像刊《奥运之歌——走向世界的艺术大师》，中国文史出版社，2008年）。

《花鸟画中的逸品大家——为梁邦楚教授中国画展作》（1997年9月8日稿）。

《谈贺成的人物画与成才之路》（《艺苑·美术版》1997年4期）。

是年与王朝闻、金维诺、王伯敏被评为中国美术学四大博导（《出版广角》《美术观察》）。

1998年，73岁

是年夏天参加江苏省教育厅组织的代表团往朝鲜参观并考察美术史迹。

《刘海粟美术馆藏中国历代书画鉴

评·从龚贤〈江村荒柳图〉谈他的生平与艺术风格》刊《刘海粟美术馆馆刊》1998年1月。

《李根〈溪山远望图〉——兼谈李根是否即"金陵八家"的李又李》刊《艺苑》1998年1期。

2月3日，为梁白泉著、南京出版社出版的《南京的六朝石刻》撰序。

《李叔同的艺术与中国早期的美术教育》参加1998年4月11日在中国美术学院举办的"20世纪中国美术教育"会议。

4月10日，在中国美术学院70周年校庆会上，作为校友代表发言，提出中国美术学院是培养大师的学府，还应提倡宽松的学风。

《张扬个性的六朝艺术——〈六朝艺术〉画册导读》（与马鸿增合写）刊《美术之友》1998年2期。

5月2日，撰《当我站在〈皇后礼佛图〉浮雕前面的时候》稿（后刊《海外藏中国历代雕塑·前言》，江西美术出版社，2006年）。

《山水》（中国画）刊《江苏文史研究》1998年8月。

《赞〈秦淮胜迹图〉（孙元亮作）——一幅南京历史风俗画的纵横观》刊《江苏美术》（江苏省美术馆馆刊，1998年10月增刊）。

《五代北宋的绘画》（《海外藏中国历代名画》第二卷论文）、《南宋的绘画》（《海外藏中国历代名画》第三卷论文）、《辽、金、西夏的绘画》（《海外藏中国历代名画》第四卷论文），湖南美术出版社，1998年12月出版。

12月，作《娄叡墓壁画〈仪卫出行〉》（后又刊《中国名画鉴赏辞典》，上海辞书出版社，2006年）。

山东美术出版社出版的《名家点评大师佳作——中国画》收录《李思训〈江帆楼阁图〉》《范宽〈溪山行旅图〉》《赵昌〈写生蛱蝶图〉》《崔白〈寒雀图〉》《高其佩指画册页〈野雉〉》《袁江〈海屋沾筹图〉》等。

《南京的六朝石刻·序》（1998年2月3日稿）。

12月10日，在南京大学逸夫馆作《流失海外的中国名画调查研究》报告。

《中国历代名画流失海外调查研究（专著）》（课题总结报告）（教育部社科"九五"规划项目，1998年）。

《流失海外的中国名画——上林苑驯兽图》（战国 佚名）（《文艺报》1998年7月23日，林树中、黄宗贤）。

《流失海外的中国名画——女史箴图》（东晋 顾恺之）（《文艺报》1998年7月28日，林树中、李桂生）。

《流失海外的中国名画——洛神赋图》（东晋 顾恺之）（《文艺报》1998年8月8日）。

《流失海外的中国名画——战国缯

1998年，于南京双门楼宾馆编撰《海外藏中国历代名画》，左起林树中（主编）、徐邦达（顾问）、彭本人（责编）。

1998年，著名汉学家高居瀚教授来华讲学，在林树中家中做客，左起林树中、高居瀚、周积寅、阮荣春。

1999年，林树中与他的著作《海外藏中国历代名画》。

1999年，与阮荣春、黄宗贤参加江苏有线电视台"地球村"节目录制。

1999年，在南京栖霞山一次关于维修石窟的讨论会，与会者有梁白泉、罗宗真、韩品峥等。

画》（战国 佚名）（《文艺报》1998年8月18日）。

《流失海外的中国名画——孝子图石刻线画》（北魏 佚名）（《文艺报》1998年9月8日）。

《流失海外的中国名画——宁懋石刻线画》（北魏 佚名）（《文艺报》1998年9月18日）。

《流失海外的中国名画——北齐校书图卷》（北齐杨子华创稿，唐阎立本再稿）（《文艺报》1998年10月1日）。

1999年，74岁

9月，主编的《海外藏中国历代名画》获国家图书奖。

9月28日至30日，行书《江南春色诗句》参加南京大学庆祝建国50周年书画展，并为南大档案馆收藏。

《花鸟画中的逸品大家——为梁邦楚教授中国画展作》刊《美术观察》1999年5月。

6月2日，撰刘汝醴先生《宜兴紫砂史》前言，人民美术出版社出版。

《流失海外的中国名画——照夜白图》（唐 韩幹）（《文艺报》1999年1月19日，林树中、黄宗贤）。

《流失海外的中国名画——佛传故事·离别、故事、苦行》（唐 佚名）（《文艺报》1999年2月25日，林树中、李凇）。

《流失海外的中国名画——国王与王后大臣的半生像》（唐 佚名）（《文艺报》1999年3月9日，林树中、聂危谷）。

《流失海外的中国名画——金刚力士像（绢画）》（唐 佚名）（《文艺报》1999年3月18日，林树中、李凇）。

《流失海外的中国名画——捣练图》（唐 张萱）（《文艺报》1999年4月13日，林树中、黄宗贤）。

《流失海外的中国名画——引路菩萨图（绢画 部分）》（唐 佚名）（《文艺报》1999年7月8日，林树中、李凇）。

《流失海外的中国名画——回鹘王像（壁画）》（唐 佚名）（《文艺报》1999年10月14日）。

2000年，75岁

元旦，游夫子庙，作诗一首："凤凰台上凤凰游，春风吹绿白鹭洲。人生七五叹何为，但求无愧于前修。"

1月7日，南京电视台记者来访，谈栖霞山石窟的历史价值与艺术价值及对其进行修复的意见。

3月，主编的《海外藏中国历代名画》获湖南省第五届优秀图书奖特别奖。

《傅抱石〈丽人行〉赏析》《林散之书毛主席〈北戴河〉赏析》刊《乡缘——江苏省海外联谊会会刊》。

为全国艺术节作《火花的乐舞俑艺术》。

6月27日，作《何凤莲画集·序》。

作《重视文献学与画家传记研究》，《美术辞林·中国画卷》前言。

10月5日，重编《顾恺之年表》，拟作《美术辞林·中国画卷》（下）附录（20世纪60年代末，曾编《顾恺之年谱》后遗失，尚未找到，此为重编）。

10月12日，《海外藏中国历代名画》参加第11届全国书市精品展，在南京国展中心展出。

10月，主编的《海外藏中国历代名画》获湖南省图书奖荣誉奖。

《迎接新世纪 走进大西北——康山岩2000年西北行画展（集）序》（2000年稿）。

《刘汝醴先生〈宜兴紫砂史〉前言》（《宜兴紫砂史》2000年第3期）。

《流失海外的中国名画——八公图》（唐 陈闳）（已刊《美术辞林》1995年）。

《流失海外的中国名画——溪岸图》（董源）（《文艺报》2000年6月）。

《流失海外的中国名画——江山楼观图》（燕文贵）（《文艺报》2000年6月）。

《流失海外的中国名画——五马图》（李公麟）（《文艺报》2000年6月）。

《流失海外的中国名画——竹禽图》（赵佶）（《文艺报》2000年8月）。

《流失海外的中国名画——胡笳十八拍》（南宋 佚名）（《文艺报》2000年12月）。

2001年，76岁

元旦，作诗一首《示诸博士弟子》："坎坷历尽庆升平，愧称著作等于身；漫步跨入新世纪，博士硕士充门庭。"

《花鸟画中的逸品大家——梁邦楚》刊《江西画报》。

2001年，在大连参加全国首届美术学博士生论坛。

2001年，中央电视台四套《国宝档案》编导李晓平来采访，合影于家中。

2001年，在大连参加全国首届美术学博士生论坛，与部分博士研究生合影，右起黄培杰、聂危谷、林树中、韩爱文、吕晓、郝文杰。

4月10日，在省文史馆作《我在海外对流失中国名画的调查与研究》的报告。

《传为陆探微〈洛神赋图〉弗利尔馆藏卷的探讨》刊《南通师范学院学报》9月号刊，后获国际优秀论文奖。

9月，《海外遗珍·中国佛教绘画》（主编）出版，湖南美术出版社。

10月14日，参加大连"全国首届美术学博士论坛"会议。

11月，《海外遗珍·中国花鸟画》（主编）出版，湖南美术出版社。

《何凤莲画集·序》（2001年2月香港出版社）。

《郑奇画集·序》（2001年5月江苏美术出版社）。

《中国人物画》（2001年5月25日稿）。

《流失海外的中国名画的调查与民族使命感》（《文艺报》2001年3月）。

《流失海外的中国名画——梅花诗意图》（南宋 岩叟）（《文艺报》2001年2月3日，林树中、李淞）。

《流失海外的中国名画——李白行吟图》（南宋 梁楷）（《文艺报》2001年3月10日，林树中、黄宗贤）。

《流失海外的中国名画——前赤壁赋》（南宋 杨士贤）（《文艺报》2001年3月31日，林树中、聂危谷）。

《流失海外的中国名画——晋文公复国图》（南宋 李唐）（《文艺报》2001年4月7日，林树中、杨振国）。

《流失海外的中国名画——五百罗汉·普施贫饥》（南宋 周季常、林庭珪）（《文艺报》2001年4月14日，林树中、杨振国）。

《流失海外的中国名画——高士观瀑图》（南宋 马远）（《文艺报》2001年4月28日，林树中、杨振国）。

《流失海外的中国名画——听琴图》[南宋 刘松年（传）]（《文艺报》2001年6月9日，林树中、聂危谷）。

《流失海外的中国名画——白芙蓉图》（南宋 李迪）（《文艺报》2001年8月11日，林树中、黄宗贤）。

《流失海外的中国名画——柳岸远山图》（南宋 马远）（《文艺报》2001年10月20日，林树中、杨振国）。

2002年，77岁

元旦，为家乡鹤溪镇楞严禅寺书写"楞严禅寺"（篆书匾额）、"天王殿"（魏碑体匾额）、"南无阿弥陀佛"佛号。

2月4日，将《历代中国画题跋类编》（俞剑华原编，林树中增订）稿交辽宁美术出版社，共36本，130万字左右。

8月6日至31日，率代表团赴欧洲八国调查流失海外中国美术品及考察欧洲美术。一行共有林树中、沈琍（西安美术学院雕塑系主任、博士生）、吴晓平（湖北电视台记者）、解少勃（雕塑家）、魏小杰（郑州大学雕塑系主任）、段冬玲（硕士生）6人。

9月1日，中央电视台记者、盱眙县文化馆馆长来访，谈明祖陵石刻与西方

2002年，林树中调查海外藏美术，在法国吉美美术馆。

2002年，林树中与研究生沈珝博士在欧洲调查考察途中。

2002年，林树中调查海外美术，途经德国科隆大教堂。

石刻的比较。

9月16日，写《西欧诸国的考察与中西美术的比较》提要。

11月29日，论文《谈〈北齐校书图〉杨子华与娄睿墓壁画》参加上海博物馆举办的"千年遗珍国际学术研讨会"。

12月19日，完成《六朝三大画家——顾恺之、陆探微、张僧繇年表》之续表，至此三大画家年表完成。

《江苏文史研究》第12期封二刊出本人小传并旅欧在罗马梵蒂冈教堂彩照一幅。

桂明：《中国追踪海外流失名画第一人——记著名美术史论家林树中教授》（《收藏》2002年第1期总第109期）。

《国宝海外寻踪——海外藏中国绘画珍品述要（一）》（《收藏》2002年第2期总第110期）。

《国宝海外寻踪——海外藏中国绘画珍品述要（二）》（《收藏》2002年第3期总第111期）。

《国宝海外寻踪——海外藏中国绘画珍品述要（三）》（《收藏》2002年第4期总第112期）。

《国宝海外寻踪——海外藏中国绘

2002年，林树中调查海外美术，途经意大利大卫广场。

2002年，与夫人韩爱文摄于浙江平阳雁荡山。

2002年，林树中调查海外美术，途经法国巴黎近郊枫丹白露，身体不适，坐轮椅参观考察。

画珍品述要（四）》（《收藏》2002年第5期总第113期）。

《国宝海外寻踪——海外藏中国绘画珍品述要（五）》（《收藏》2002年第7期总第115期）。

《国宝海外寻踪——海外藏中国绘画珍品述要（六）》（《收藏》2002年第8期总第116期）。

2003年，78岁

2月27日，《南方周末》以17、18版，刊登该报记者夏榆的《林树中：寻访丢失的国宝》。

3月2日，主持《隋唐五代画论评注》编写小组撰写工作，9日，完成《历代名画记·论山水树石》评注。

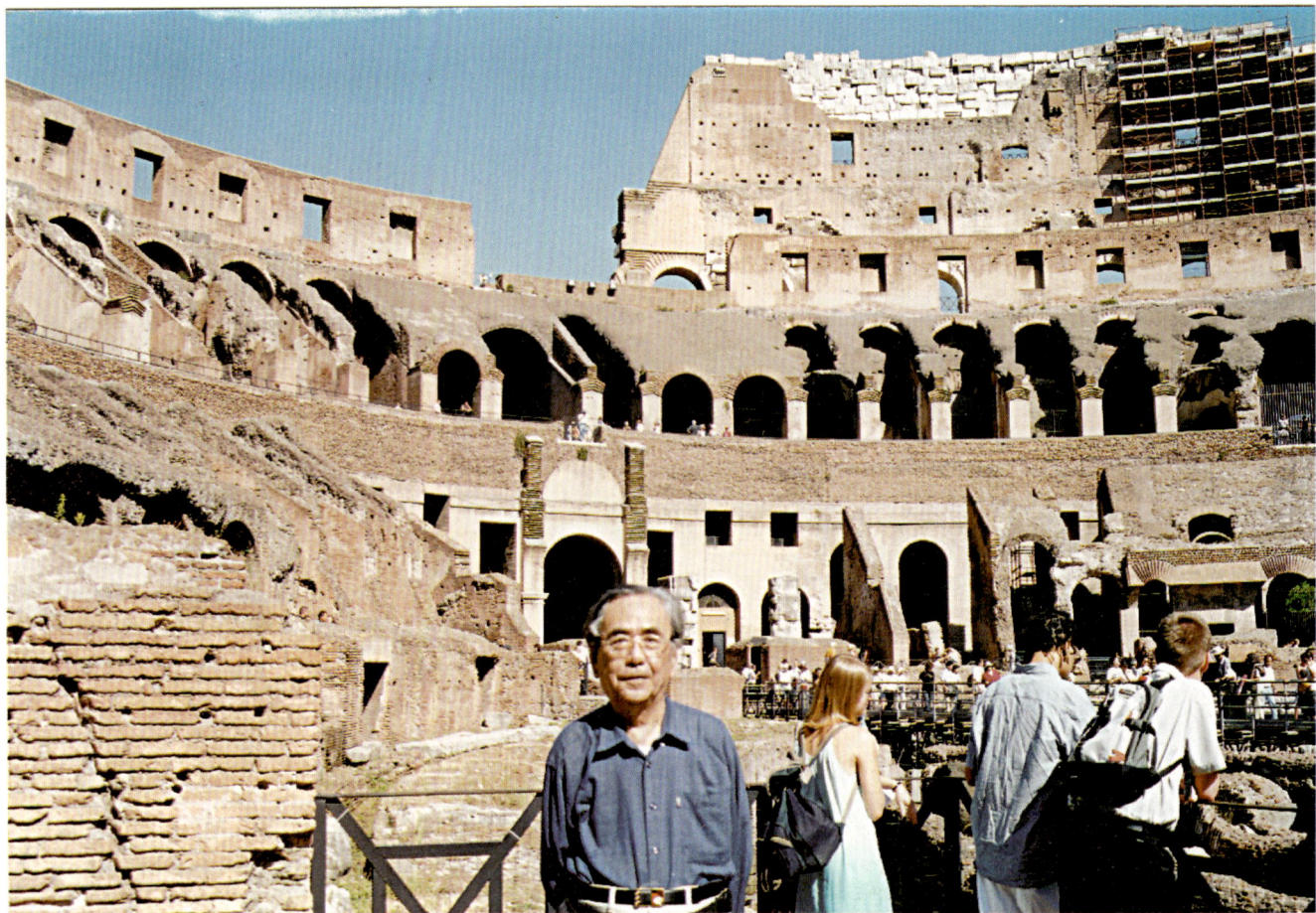

2002年，林树中调查海外美术，途经意大利古罗马竞技场。

5月8日，《中国书画报》全版刊记者李文慧《给流失的国宝注册——讲一个关于林树中的故事》。

《中华扇子文化》（电子版），林树中、殷晓蕾著，安徽教育出版社，8月出版。

6月，《早期佛像输入中国的路线与民族化民俗化》发表于《朵云》60集专刊《中国南方佛教造像艺术》。

12月，《跨越时空的经典——海外藏江苏历代绘画珍品选》（主编）出版，江苏省人民政府办公厅《江苏政报》编委会编。

《国宝海外寻踪——海外藏中国绘画珍品述要（八）》（《收藏》2003年第1期总第121期）。

《国宝海外寻踪——海外藏中国绘画珍品述要（九）》（《收藏》2003年

第2期总第122期）。

《国宝海外寻踪——海外藏中国绘画珍品述要（十）》（《收藏》2003年第3期总第123期）。

《国宝海外寻踪——海外藏中国绘画珍品述要（十一）》（《收藏》2003年第4期总第124期），本文获《收藏》杂志二等奖。

（张荣国审稿）

诗意的壮美

——吕云所画太行

郎绍君

（中国艺术研究院，北京，100009）

最早以画太行名世的画家是五代荆浩，但他没有留下可信的传世作品。以关、陕景色为主要对象的关仝和范宽，继承了荆浩的传统——我们知道那是一种强雄的风格，有范式《溪山行旅图》和诸多文献记载可证。画史视荆、关、范为"北派"山水的代表，正是以这种"雄强"为标志，而与南派山水的秀丽相对比。在宋代，北派风格和介于南北之间的李成、郭熙风格具有很大的影响，而以董源、巨然和二米为代表的南派山水地位并不显赫。自南宋中国文化中心南移，特别是元代以降，南方文人艺术家主宰画坛，赵子昂、元四家、吴门画派、董其昌和华亭派、四王画派等，多承北宋李、郭画风；明代浙派、江夏派多承南宋马、夏画风。这些画家画派所依托或参照的自然造化背景，也多为奇秀多姿的南方山水。而以太行、太华等北方山水为主要对象的，如范宽那类巨石裸露、气势雄强、豪壮苍凉的北派风格，则逐渐淡出了画史。

20世纪40年代，聚居抗战大后方

的国画家，纷纷到西北、西南地区写生考察。奇瑰多变的巴蜀景色，成就了傅抱石纵逸豪放的山水风格，苍茫辽阔的西北山水虽也进入了画家们的写生画面，却没有产生有影响力的西北山水作品。20世纪50年代末，以赵望云、石鲁为代表的陕西画家，始探索以革新的笔墨刻画西北和黄土高原景色，出现了像《祁连放牧》（赵望云）、《南泥湾途中》、《秋收》（石鲁）等极富新意的作品。与此同时，李可染的南方写生大获成功。这激起一些画家表现北方山水的热情，被冷落近千年的太行终于又重新出现在画家笔端——吕云所的毕业创作《漳河畔》（山水组画，1962年），就是当代画坛最早以传统技巧表现太行风情的代表作。20世纪晚期，又出现了画太行的山水名家，其中最富影响的，当属张仃和贾又福。吕云所与张、贾同画太行，但其作品更能得太行神魄。

适张仃早在20世纪50年代就同李可染提倡并实践以革新传统山水画为目标的写生，后因转向工艺设计而中辍。"文革"后期张仃重新操笔，以年迈之躯和坚强意志屡登太行，画了大量作品。这些作品，多以焦墨对景实写，物象与空间描绘具体，笔墨凝重而老练，它们向观者展示出太行的沉雄多姿，也表现出画家对北方强悍风格的向往与崇尚。面对张仃的作品，还能感受到流露其笔端的画家个性：平朴、执着、坚韧和刚毅。如将张仃20世纪50年代写生和80年代写生作一比较，可见出前者朝

吕云所　太行天下　25.2 cm × 64.5 cm

气蓬勃、充满鲜活之生意；后者孤独深沉、富于悲壮色彩。在可以自由借鉴传统与西方艺术的新时期，对景写生对画家情感、想象和笔墨的自由表现力的限制被凸现出来。对景写生导源于"真实

作者简介：

郎绍君，中国艺术研究院美术研究所研究员，曾任中国艺术研究院美术研究所近现代美术研究室主任、中国美术家协会会员。

编者按：

吕云所先生是当代中国画开拓新领域的实践者，是当代画太行山的代表性名家之一。吕先生于2014年5月19日凌晨0点44分在天津逝世，享年75岁。本辑特发吕先生绘画专题，以示纪念！

反映"观念，它可以充实画家对造化的感受与理解，但若处理不好，也会像镣铐一样，钳住画家精神境界的创造和笔墨的自由书写。

贾又福是吕云所的同代人。他在李可染、石鲁等当代中国画革新家的影响下，选择了太行作为其专攻主题。最初是对景写生，继而创作富于生活气息的抒情作品，约20世纪80年代中期开始追求"大美"，探索"含道"之境。后两类尤其第三类作品赢得了广泛认可，确立了他在当代山水画坛的地位。贾又福的追求执着而专一，经常闭门索居，读书作画，沉湎于"万物皆备于我"式的内省体验和孤独冥想，从不为市场和流行风尚所动。这种艺术态度及其对深宏、静穆的象征意象和精神境界的求索，在大众化的工业文化产品席卷大地的当代，具有足可珍视的价值意义。评论界对他的充分肯定，不是偶然的。不过，贾又福的探索也面临诸多矛盾和难题，如对山水画精神性追求超越了限度与可能，会不会重新沦入虚空；对象的感性特征被理性化的象征所吞没，可能会导致山水形象的萎缩；制作性的笔墨对水墨画书写性、随机性和意趣韵味的伤害如何解决等等。

和张仃、贾又福比较起来，吕云所画太行经历了更多的曲折：毕业后曾因工作、教学需要，由组织安排改画人物画、连环画，"文革"期间曾多年被迫停笔，20世纪80年代中期被新潮干扰，在画什么和怎么画两方面徘徊困惑。直到1987年，才重新回到太行主题和近于

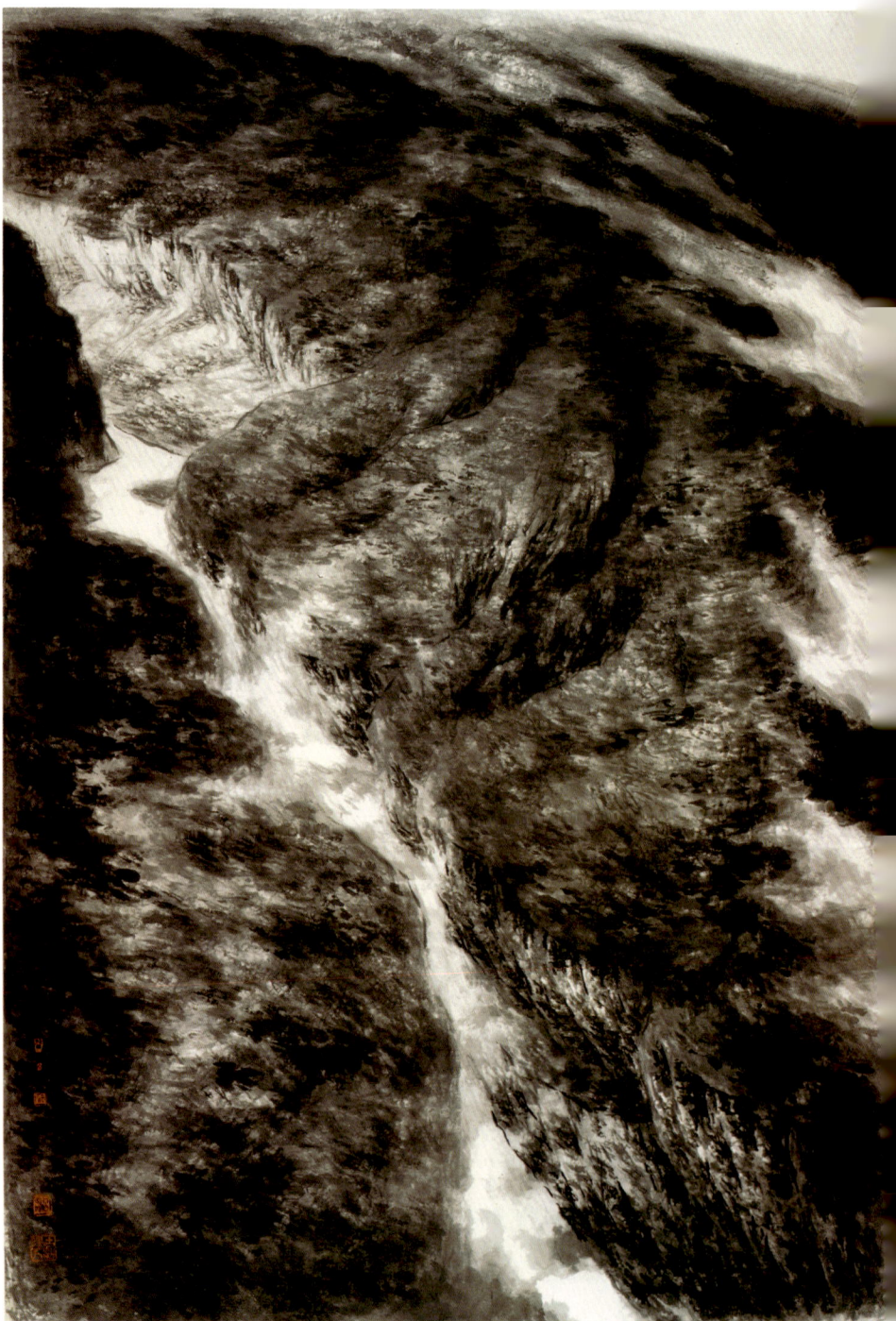

吕云所　苍茫大野　175 cm × 124 cm

吕云所　太行晨辉　69 cm × 69 cm

吕云所　苍山涌墨　96 cm × 180 cm

吕云所　岁月风雪　180 cm × 90 cm

吕云所　家山晨光　58 cm×110 cm

传统的笔墨方法。十几年来，他的心境和生活逐渐平静下来，一方面画适应市场的抒情小景，一方面进行太行系列的创作；前者尺幅小而后者尺幅大，前者数量多而后者数量小，但后者的质量和水准要优异的多。

吕云所的家乡涉县，位于冀西南的太行深山，与河南林县相界邻，是典型的穷山沟，又是著名的抗战老区。直到20世纪60年代，这里的农村还以米糠为常备粮，食道癌发病率居全国之首。这里蜿蜒曲折的大山和沟壑，刻着吕云所童年的记忆，埋葬着他祖辈为农的父母和先人。他从小看惯了少树多石、浑荒厚朴的山岭，对它们有一种先入为主的亲切感和敬畏感。有一次游黄山归来，我问他印象如何，答曰："像个大盆景，没法画！"这很能说明吕云所的审美选择。在他的眼里，黄山虽美，却不如太行亲近有味、苍茫深宏。能拨动他心弦的不是山清水秀，不是漂亮、奇丽和缥缈，而是苍茫浑荒的秃山大岭。他从那里找到的是一种朴厚的美、一种无法言说的内在共鸣。他前不久说："一想到太行就激动，一激动就想哭。"这话出自年近七旬、经历了生命的酸咸苦辣的吕云所，是十分可信的。当太行的深山沟壑成为他心灵诉求和情感投射的对象时，他的遥远的记忆、他的乡里桑梓之情、他作为太行人的自豪感、他在人生浮沉中尝过的艰辛和沉重，就自觉不自觉地从胸中涌出，深入到图像与境界中。这使他笔下雄浑崇高的太行，具有感性的真实和心灵的色彩，而绝非冰冷的写实描绘，绝非充满人工气的弄情造势。

吕云所用积墨，也与其内在叙述的要求是分不开的：画抒情小景常用的轻快的泼染方法已不适应宏幅巨幛之需，也与画家投入的精神内蕴向左。然而吕云所的这积墨与贾又福式高度理性化的积墨不同，它流溢着发自内心的颤动和跳荡，与画家的激情（而非理性）密切地牵系着，其积墨的运用深受黄宾虹的影响，但并非对黄宾虹画法的追摹。黄

吕云所　太行暮韵　68 cm×80 cm

氏全力运精于笔墨，尤其是长短线和大小点的积画，一波三折，刚柔得中，随心所欲，无障无碍，以得意得韵得趣的"内美"为旨。吕云所首先考虑的则是造型、结构与境象，笔墨作为造型、结构、境象的"语言"手段，融于其中却又相对独立，讲究力量与韵味，不流于"板、刻、结"，不失水墨画的通透性。画中太行壮美而又充满了诗意，具有现代感却又保持了传统水墨特性。我喜欢这样的风格，也欣赏这样的创作路数。

中国古代书画作伪与赢利

李万康

（华东师范大学艺术研究所，上海，200062）

【摘　要】中国古代书画作伪和贩伪大多集中于大城市的古玩市场周围，其中骨董商是市场中最主要的作伪和贩伪者。书画作伪的一般赢利多在三五倍上下，少部分赢利达十倍以上。由于利润很高，所以中国古代大城市的作伪和贩伪现象非常严重。但在中国传统社会，却没有任何制度上的措施惩罚制伪贩伪，这说明中国农业社会的国家监管处在一个很低的原始水平上，从而导致机会主义盛行。

【关键词】书画作伪　赝品市场　骨董商　监管

作者简介：
李万康，华东师范大学艺术研究所副教授，博士。研究方向：美术史，艺术市场。
［基金项目］教育部人文社科青年基金项目《中国古代绘画价格研究》（DGLWKJ10）成果之一。

中国古代书画赝品市场很庞大，伪书画古玩的生产和销售形成了一个产业链，不少人寄食其中，成为一种特殊职业。但由于人们将制伪贩伪视为生计，普遍"为人道计"，"不便直接揭穿以剥夺彼辈一线之生机"[1]，因之历代文献少有记载。我们无法了解赝品从制作到销售各环节的运转情况，也不了解各环节价格的确定与利润分配的详细情况，只能概而言之。

一

中国古代书画作伪兴于唐代。徐浩《古迹记》载：宝应二年（763）十月长安遭吐蕃焚掠之后，"往往市廛时有真迹，代无鉴者，诈伪莫分"。[2]这说明唐代大都市的伪作销售已经很普遍，没有人对"诈伪"感到惊讶。

后至北宋，书画作伪更为严重，米芾说他平生仅见李成真迹两本，伪画则见300本，[3]见吴道子伪本300，真迹仅见四轴。[4]到明清，作伪已然泛滥，祝允明在《记石田先生画》中说，沈周早上作画，中午市面上就有副本出售，不到十日，伪本随处可见，最初以私印辨真伪，后来作伪之家也有印章数枚，一模一样。购买者依据印章无法辨别了，又辨诗，但有人模仿沈周书体，也是逼真难辨。沈周是个宽厚的人，有人拿伪作让他题诗，也乐然应之。[5]如是，沈画半真半假，连鉴藏家也容易走眼。文徵明就曾以800文购得沈周一件山水中堂伪本，信以为真。顾从义在文家见过这件伪本之后，出门走到苏州专诸巷，遇到相同伪本以700文买下，不久他将此事告诉了文徵明，文徵明好胜，不承认他眼力有问题。[6]

赝品泛滥其根源在于"耳食者"众。"耳食"即追崇名位，以声闻取舍，所以"篡名"之举数不胜数。苏轼在鲜子骏家见过原本碎烂不堪当时已装裱完好的吴道子佛像一帧时，就发感叹："贵人金多身复闲，争买书画不计钱。已将铁石充逸少，更补朱繇为道玄。"（铁石即殷铁石，梁武帝时人；逸少即王羲之；朱繇为唐末画家；道玄即吴道子）[7]米芾也说："大抵画今时人眼生者，即以古人向上名差配之，似者即以正名差配之。"[8]比如"世俗见马，即命为曹、韩、韦；见牛，即命为韩滉、戴嵩，甚可笑。"[9]在《画史》一书，米芾讲了一件事，他说，以前从丁氏处购得山水一帧，该图细秀清润，画松三十余株，松身题小字"蜀人李昇"，后来与刘泾交易古帖，结果刘泾刮去"蜀人李昇"四字，改为"李思训"，卖给赵叔盎，叔盎竟信为真迹。米芾闻之唏嘘不已："今人好伪不好真，使人叹息。"[10]明末沈德符在《万历野获编》中提到：一位做骨董生意的朋友拿来一件挂轴，重楼复殿，岩泉映带，有美人祖露半身，侍女拥簇，苦无题识，沈德符告诉他："此《杨妃华清赐浴图》，可竟署李思训。"不久，聊城朱蓼水太史见图，以一百两银买去。这幅图仅一两银。[11]

历代作伪的盈利一般是成本的数倍，盈利高达十数至几十倍要靠机运。清人陆时化即说，在乾隆年间，有贩书画人收无用旧画截小去款，著为宋元名人，或者将巨幅改作三四幅，命名祥瑞，等积至上百件，再销往他处，每轴宋元伪画的售价只有几两银，除去成本可得三倍赢利。[12]这应是售伪通常的赢利水平。当然，伪名家之作倘若乱真，赢利可能高达成本的数十乃至数百倍。沈德符《万历野获编》就提到，祭酒冯梦祯家藏《江干雪意图》一卷，原无款识，董其昌定为王维得意之笔，题跋数千言，冯梦祯死后，他的儿子冯长君请嘉禾人朱肖海临摹了一幅，割去董跋装裱于后，以800两银卖给徽州富商吴新宇。[13]冯长君请朱肖海临摹王维《江干雪意图》的费用大概不会超过10两银，而此画高售800两银，当时可买良田110余亩[14]，暴赚近百倍。又如，乾隆年间，苏州王月轩以400两银从浙江平湖高士奇的后人之手购得高克恭《春云晓霭图》真迹，送裱工张某装裱，张某以5两银买侧理纸半张，一裁为二，先以10两银吩咐翟云屏临成两幅，又以10两银吩咐郑雪桥临摹款印，临毕，又费时三月加工做旧，接着先装一幅，取原画绫边上的江村题签镶嵌于内，售鉴藏家毕泷，得银800两；接着又装第二幅携至江西，以500两银卖给了某陈中丞。[15]这两次交易除去成本25两银，共赚1 275两，赢利达51倍之多！当时苏州一亩上田卖十余两银，[16]1 275两银可置上等良田百亩。

一般情况下，欺售假古画的赢利多在十倍以下，赢利达十倍以上者其实并不多。因为以伪充真欺售的对象多数有权有势，赢利越高，招来祸端的危险越大，所以书画商贩一般不敢贪图暴利，自埋祸根，尤其长年经营店铺的骨董商更是小心谨慎。在清朝乾隆年间，江南骨董商往往雇佣牙侩代销伪画以牟厚利，[17]原因就在于坐商欺售伪画遭至报复的危险远远高于游商小贩。而游商小贩为求速售，无论真伪，索价通常都不高，赢利一般在三五倍左右。

二

作伪并不意味着贩伪，清人钱泳就说："作伪书画者，自古有之，如唐之程修己伪王右军，宋之米元章伪褚河南，不过以此游戏，未必以此射利也。"[18]一般说来，以射利为目的的作伪者绝大多数声名不彰、地位不显。如清人何圣生《檐醉杂记》记曰："吴县戴右岩善山水，皆托名唐六如，以专厚值。王荦山水纯仿石谷，恒托其名以专利。近人张尔康专摹戴鹿床山水，往往乱真，亦其类也。"[19]"戴右岩"、"王荦"和"张尔康"即无一名著于世。这一悬殊的名位之差决定着明显的价格级差：戴右岩、王荦和张尔康绘一幅图的售价大概不过数百文，而唐寅、王翚和戴熙一幅图的售价则高达数两银，中间相差十倍左右。所以，声名无闻、画价低廉的普通画家倘若不堪窘困

与薄利，往往托名作伪以谋生计。

历代作伪者大多集中于大城市的古玩市场周围，如北宋开封集中于相国寺；明代苏州集中于山塘街、桃花坞和专诸巷；清朝北京，则集中于琉璃厂。这些作伪者主要是骨董商、画工、装裱匠以及著名画家的学生和后人。沈德符提到：万历年间苏州善摹古画的张元举受娄江曹孝廉家的一位范姓仆人的委托，临摹他收购的阎立本《醉道士图》，获银十两，不久转卖给了王穉登。[20]受雇作伪的张元举便是吴门大家陈道复的外孙。此外，文人射利有时也作伪，如明末项承恩携一奇丑女仆在杭州西湖岳坟开店，售卖书籍画卷[21]，常作伪画出售。李日华于万历四十年（1612）二月二十三日，就曾在承恩店中见一倪瓒赝笔，他讽刺项承恩："此老穷彻骨，不能得余四五金。"[22]项承恩是安徽新安人，画学沈周，故仿沈周亦乱真。据李日华说，承恩店中出售的书画索价很高[23]，一般的店铺，倪瓒赝笔大概只有一二两银。万历四十七年（1619）进士张泰阶则更为大胆，他伪造历代名家作品，上自六朝，下迄元明，至文徵明为止，无不伪，他于崇祯六年（1633）编成《宝绘录》二十卷，一百余年间鲜有人识破。总纂官纪昀编《四库全书》也半信半疑收入其中，但认为许多卷轴闻所未闻，诸家题跋如出一手，十分可疑。后来，精于鉴赏且政绩显赫的梁章钜指出，《宝绘录》集晋唐以来伪画200件，全系伪作，[24]年长梁章钜（1775年生）11岁的鉴藏家吴修

也有同样的结论。[25]

文人堕落而作伪贩伪，兴于晚明。沈德符说，在苏州，作伪猖獗，连文士也借此糊口，他特别提到了自文徵明之后振华启秀达30余年的江南文人领袖王穉登。有一次，沈德符到王穉登家去，他指着一架黑色案几告诉沈德符，这是吴宽当年离家拜师求学时用过的学具，又指着墙上悬挂的斗笠，说是太祖朱元璋赐给高僧的物品，想引诱沈德符买下，这让沈德符十分瞧不起。[26]沈德符还提到一件王穉登的糗事：他得到阎立本《醉道士图》伪本之后，索银千两出售，不久，一目失明曾被王穉登侮辱的张元举将他作伪的真相透露了出去，讽刺王穉登说："双目盲于鉴古，而诮我偏明耶？"此话传遍苏州城，王穉登从此再也不好意思兜售《醉道士图》了。[27]沈德符对王穉登的眼力和品性都无法恭维，他透露王穉登患有梅毒[28]，还讲了好几件事证明王穉登眼力笨拙不说，还甘做骨董贩子，既失身份，又失格调。如是，江南收藏家自王穉登一辈启端，又经张泰阶一辈发挥，开始败坏。清钱泳将收藏家分为三等："一曰赏鉴，二曰好事，三曰谋利。"[29]这第三等收藏家的分出正始于晚明。

在整个伪品市场中，骨董商是最主要的作伪和贩伪者。朱彝尊说"狡侩纷纷伪乱真"，[30]"狡侩"指的就是骨董商。书画作伪一般有底本，骨董商一旦收到真迹或上等临本，即以此为底，或改或仿，以牟厚利。詹景凤说苏州人精于此道，他披露，将古书画前后折为

二卷，"吴人鬻古书画往往如此，可恨也"。[31]又说："大抵吴人多以真跋装伪本，后索重价，以真本私藏不与人观，此行径最为可恨。"[32]至清乾隆以后，因传世法书名画多半入宫，真本不得一见，狡狯市驵又以著录作伪，遍于坊间。陆时化《吴越所见书画录》即云："高江村《销夏录》详其绢楮之尺寸，图记之多寡，以绝市驵之巧计。今则悉照其尺寸而备绢楮，悉照其图记而篆姓名，仍不对真本而任意挥洒。《销夏录》之原物，作伪者不得而见，收买者亦未之见，且五花八门为之。唯冀观于录而核其尺寸，丝毫不爽耳。至假为项墨林、高江村之子孙，别其吴越之声口，持伪物以售，并挖通收藏家以物寄于其处，导人往观，以希作真。"[33]

一般说来，仿制古画的难度较高。倘若雇请高手完成以毕肖原作，需要好几两银，若仿当代名家之作，成本大概只需数百文。骨董商如果善画，往往亲自作伪，项承恩开店售伪就是如此。由是，书画市场假货泛滥，16世纪末到中国传教的利玛窦对此印象深刻，他说在市场上，"假古玩很多，他们很精于欺骗粗心大意的人，利用买主是个外行而把毫无值钱的东西卖给他们。"[34]所以骨董商在明清十分招人痛恨。清道光举人梁绍壬即说："凡作骨董之业，吾杭人目之为鬼。以其将赝作真，化贱为贵，而又依权附势，必凭藉乎贵人，盖以鬼蜮之谋，行其鬼狐之技者也。"[35]与梁绍壬同时代的吴炽昌在《客窗闲话》中也说："吾浙素兴贩古玩，业者有挟巨

资列肆于通都大邑，谓之行家。有以些小资本，终日游行陋巷僻乡，贱价收微物，觅蝇头以糊口，谓之骨董鬼。"[36]据梁绍壬考证，"骨董鬼"的称呼可上溯至北宋，当时赵佶征花石纲，派朱勔负责此事，民间奇花异石，悉数运往开封，朱勔又极为残暴，江南士庶以家藏异物为不祥，人称朱勔为"道君之鬼"，此即"骨董鬼"的由来。梁绍壬对此还解释：

此辈炫人，往往创为不经之论，而言彝器则必商周，言砖瓦则必秦汉，言字画则必晋唐，丧志耗财，莫此为甚。谓之曰鬼，其实并鬼不若也。或曰若辈所售，皆前代手笔及邱垅中物，非人器也，鬼器也，故谓之鬼，于义亦通。[37]

梁绍壬说，凡前代手笔及墓穴中物，都是鬼器，因此以倒卖鬼器为生的骨董商皆称"骨董鬼"。

骨董商多行伎俩。"将无名古画乱题款识求售，或见名位轻微之笔，一例剜去题识，添入重名伪款"，[38]这是一端。埋设陷阱编造故事，诱人上当，这是一端。乘虚而入，夺购佳作或欺售伪作，这是一端。唆使家奴与不肖子，盗卖或窃换家藏名画（如北宋政和年间，有王公贵人觊觎宗室之家的奇迹珍图，与古玩商勾结，以诡计窃换真迹，中间经过三四环，每环皆获厚利，当时号曰"便宜三"[39]），这又是一端。所以，民国赵汝珍在他的《古玩指南》一书中称骨董商重信用，绝不随便欺人，这是要讲条件的。遇到富商权贵，基于身家性命和维护个人利益的考虑，当然要讲信誉，但若非势要，多数情况下多数人

存在机会主义倾向，依然能骗则骗。赵汝珍又说："购买古玩以不充内行，不知为不知，任商人索价不还价为最便宜方法，否则吃亏受骗，亦无人原谅。"[40]这话简直一派胡言：自由议价是公平交易的基础，岂有"任商人索价不还价"的道理？况且骨董商所知也未必正确，以顾客是否冒充"内行"决定他守不守信用，说明骨董商骨子里根本就不懂什么是信用，什么是公平交易。

三

在书画交易中，有三种力量促使交易者重诚信：一是权势；二是法律；三是道德。因权势而重诚信具有选择性；因畏惧法律而重诚信具有客观性；因秉持道德而重诚信则具有主观性。三者唯有法律可实现人人诚信相与的公平交易。然而在中国，只有威权统治，而无至高无上的法律统治，加之拥有权势的人和秉持道德的君子总是少数，所以自唐而始，历代作伪者和骨董商以鬼蜮之谋，行鬼狐之技，普遍不讲诚信，致使受欺者无数，鉴藏家亦不免。

被欺骗而遭财产损失是任何人都难以容忍的。但荒唐的是，鉴藏家长期被骗最终竟然产生了一种将欺诈合理化的荒缪逻辑。清人毛祥麟在《墨余录》卷四提到一件事：荆州人王华宇善摹古画，曾作《湘中八景图》求售，自称是沈周真笔，有位叫朱章的人信以为真，以昂价200两银买去，不久张清之见到这

件作品，指为赝品，朱章又恨又悔，逼迫王华宇如数返还银两，哪知他耍赖不应，朱章只好上告官府。当时徐馀任知县，这位经纶满腹的县令不但不惩罚王华宇，反倒指责朱章，说他太俗了，原话如下：

收藏书画，雅事也，因之涉讼，俗甚矣。汝不知前人笔墨，伪者居多。古今赏鉴家受人欺者过半，然必多方掩饰，自矜目力胜人。彼以为假，我独识其真，盖自愚即可。愚人，此千古收藏家之秘诀也。汝欲效颦，而未得其法，岂不贻笑大方？况细观此图，不让石田笔意，湘中得此，恰为真山写一好景，又何必论其真伪耶？试以余言作一跋，此画亦足珍重否？[41]

徐馀以俗雅断案，这在中国司法史上可谓一大创造。他说，既然古今赏鉴家受人欺骗都百般掩饰，以愚见执，说明收藏受欺是常事。如果买了伪画还耿耿于怀，说明收藏者见识短浅，境界卑下，还需要修炼。他劝朱章做个"愚人"，声称这是收藏家的千古秘诀。被王华宇欺骗的朱章经徐馀一番巧言辩驳，竟若有所悟，欢跃而起，让徐馀题完跋就回家不再申诉了。

毛祥麟叙述完这件案子之后，忍不住又发表了一番评论，他称赞徐馀："以隽语解纷，使骨董行中又添一段佳话。"说他不但是位"真贤令"，还是个"雅士"。同时赞扬作伪者王华宇以假乱真是有"奇技"在身，受害者朱章却很可恶："吝银迫赎，不学甚焉。"[42]毛祥麟全然不顾事理的内在公平，混淆是非

曲直，简直就是一介腐儒，可怜的朱章受了王华宇的欺骗，被徐馀巧言愚弄，不做东施而做"愚人"不说，还招来毛祥麟的痛斥，真是颠倒黑白。

黄宗羲说"治道"有两种：一是"藏天下于天下"；一是"藏天下于筐箧"。[43]"藏天下于天下"指一切行为规则服从法律，刑无贵贱，法藏内心，心由法治则天下治。"藏天下于筐箧"指一切行为规则服从威权，威权以力驭众，以势摄心，渐灭人性，践踏正义，故此"天下"既无法律可言，也无正义可言，一切以是非颠倒的变态为常态。鉴于变态终非人性所适，所以只能唾骂诉责以泄不平之气，"骨董鬼"即是也。文人还编写寓言，劝导贩伪者为善。有一则寓言写道：骨董商马晋回忆，他前年夜行，路遇亡友，于是陪他一道去城隍庙打探业满转生的音信，途中，亡友指着一道蓬门说："此中乃有金银气。"马问："何以知之？"友答："凡人诡计阴谋，贪黩聚敛，或逐膻附臭，积得多金，全无辉光，但觉秽气触鼻。唯躬耕力作不事营求者，偶有盈余，虽仅积三五金，即有白光三四尺。人不能见，但鬼神知之耳。"马晋心虚，又问："然则仆授徒舌耕，所藏束金，当亦有光乎？"亡友又答："否，否！君尸位绛帏，于人家子弟毫无裨益，间或自作书画，赝款以欺俗眼，此亦与隶胥市贩者相等，便有千百金，亦只作一缕黑烟，腥臭迫人而已。"马晋听罢，无言以对，他干的正是"赝款以欺俗眼"的勾当。这一故事载

于梁恭辰辑《北东园笔录续编》卷五。故事后有按语："此事或疑为马生寓言，然不自匿其短，于理未必子虚。录之亦足当守财虏一剂清凉散云尔。"[44]

作伪者和骨董商为牟利而败德损人以自益，人们皆知天理不容，可天理如何表示？难道死后"只作一缕黑烟，腥臭迫人"，不得转生，即显"天理"？非也。"天理"必须以"法治"表现，方可实现为人人遵从的客观标准。除此以外，任何唾骂和警示，其作用都十分有限。

注释：

［1］赵汝珍：《古玩指南（综述）》，沈阳：万卷出版社2006年版，再版序言。

［2］（唐）张彦远辑：《法书要录》卷三，徐浩《古迹记》，北京：人民美术出版社1984年版，第123页。

［3］（北宋）米芾：《画史》，于安澜编：《画品丛书》，上海：上海人民美术出版社1982年版，第195页。

［4］（北宋）米芾：《画史》，于安澜编：《画品丛书》，上海：上海人民美术出版社1982年版，第195、190页。

［5］（清）王原祁等：《佩文斋书画谱》卷九十，《景印文渊阁四库全书》第823册，台北：台湾商务印书馆1983年版，第110页。

［6］（明）詹景凤：《詹东图玄览编》卷二，《中国书画全书》第4册，上海：上海书画出版社2000年版，第16页。

［7］（北宋）苏轼著、王文诰等辑注：《苏轼诗集》（上）卷十六，台北：学海出版社1985年版，第829-830页。

［8］（北宋）米芾：《画史》，于安澜编：《画品丛书》，上海：上海人民美术出版社1982年版，第201页。

［9］（北宋）米芾：《画史》，于安澜编：《画品丛书》，上海：上海人民美术出版社1982年版，第190页。

［10］（北宋）米芾：《画史》，于安澜编：《画品丛书》，上海：上海人民美术出版社1982年版，第196页。

［11］（明）沈德符：《万历野获编》卷二十六，北京：中华书局1959年版，第658页。元明史料笔记丛刊。

［12］（清）陆时化：《吴越所见书画录》书画说钤小引·书画说二十四，《中国书画全书》第8册，上海：上海书画出版社2000年版，第978页。

［13］（明）沈德符：《万历野获编》卷二十六，北京：中华书局1959年版，第658-659页。按：原文"吴心宇"应为"吴新宇"，《江干雪意图》据冯梦祯《快雪堂日记》当为"江山雪霁图"；董其昌题跋数千言，当为题跋500余字，在此仍从《万历野获编》原文而引。

［14］明末徽州地价，上田每亩一般在7两银上下。参见黄冕堂：《中国历代物价问题考述》，济南：齐鲁书社2008年版，第142-143页。

［15］（清）梁章钜：《浪迹丛谈》卷九，《笔记小说大观》第33册，扬州：江苏广陵古籍刻印社1983年版，第100页。

［16］（清）钱泳：《履园丛话》（上）卷一，北京：中华书局1979年版，第27页。

［17］（清）陆时化：《吴越所见书画录》书画说钤小引·书画说二十，《中国书画全书》第8册，上海：上海书画出版社2000年版，第978页。

［18］（清）钱泳：《履园画学》，于安澜编：《画史丛书》第5册，上海：上海人民美术出版社1963年版，第2页。

［19］（清）何圣生：《檐醉杂记》卷三。云在山房校印本。

［20］（明）沈德符：《万历野获编》卷二十六，北京：中华书局1959年版，第655页。元明史料笔记丛刊。

［21］（明）李日华：《六研斋笔记》三笔卷三，《景印文渊阁四库全书》第867册，台北：台湾商务印书馆1983年版，第711页。

［22］（明）李日华：《味水轩日记》卷四，上海：上海远东出版社1996年版，第222页。

［23］（明）李日华：《六研斋笔记》三笔卷三，《景印文渊阁四库全书》第867册，台北：台湾商务印书馆1983年版，第711页。

［24］（清）梁章钜：《浪迹丛谈》卷九，《笔记小说大观》第33册，扬州：江苏广陵古籍刻印社1983年版，第100页。

［25］（清）吴修：《论画绝句》，邓实辑：《中国古代美术丛书》二集第六辑，北京：国际文化出版公司1993年版，第221-222页。

［26］（明）沈德符：《万历野获编》卷二十六，北京：中华书局1959年版，第655页。元明史料笔记丛刊。

［27］（明）沈德符：《万历野获编》卷二十六，北京：中华书局1959年版，第655页。元明史料笔记丛刊。

［28］（明）沈德符：《敝帚轩剩语》卷中，北京：中华书局1985年版，第34页。丛书集成初编。

［29］（清）钱泳：《履园丛话》（上）卷十，北京：中华书局1979年版，第261页。

［30］（清）朱彝尊：《论画绝句》，《中国书画全书》第10册，上海：上海书画出版社2000年版，第45页。

［31］（明）詹景凤：《詹东图玄览编》卷一，《中国书画全书》第4册，上海：上海书画出版社2000年版，第9页。

［32］（明）詹景凤：《詹东图玄览编》卷一，《中国书画全书》第4册，上海：上海书画出版社2000年版，第5页。

［33］（清）陆时化：《吴越所见书画录》附"书画作伪日奇论"，《续修四库全书》第1068册，上海：上海古籍出版社1995年版，第335-336页。

［34］（意）利玛窦、金尼阁著，何高济等译：《利玛窦中国札记》，桂林：广西师范大学出版社2001年版，第59页。

［35］（清）梁绍壬：《两般秋雨盦随笔》卷六，《笔记小说大观》第22册，扬州：江苏广陵古籍刻印社1983年版，第82页。

（下转第101页）

实具研究之气的力作

——读李永强《〈宣和画谱〉中的缺位——米芾绘画艺术问题考》

潘百孝

（广西艺术学院美术学院，广西南宁，530022）

【摘　要】米芾在画史上的地位无以复加，然《宣和画谱》中对其却只字未提，李永强先生的这本专著就其在《宣和画谱》中缺位的原因，以及米芾画家概念诞生的渊源、过程进行深刻研究，该作考证之详、论证之充分，自不待言。笔者在研读该作后，就其中发现的细小问题和建议之处稍作整理，以期使该作更加完善。

【关键词】《宣和画谱》　缺位　米芾　力作

作者简介：

潘百孝，1990年生，男，山东邹平人，广西艺术学院美术学院硕士研究生。主要研究方向：美术史学理论研究。

关于米芾，无需多言，只要是美术史专业科班出身，甚或对中国书画深有爱好的一般人皆知，他是北宋首屈一指的大画家、"米家山水"的创始人、文人画肇始的先驱人物，同时更是北宋书法四大家之一，然而在李永强的著作中却对米芾的画家概念提出了质疑，质疑的源头自然与该作题名相应——《宣和画谱》中并未载有现今我们在几乎所有的中国绘画史中所不得不提的大画家米芾，为何在北宋官修的最庞大最权威的画学著述中对米芾只字未提？为何在明以后以至现在诸多的著述中不仅存有而且其地位无人可撼动，找出其中缺位的缘由、"画家"米芾的生成渊流便是该作的重心所在。

通过认真研读此书可知，对于缺位的原因作者的研究思路从三个角度予以切入，首先是《宣和画谱》的问题，考究《宣和画谱》的著作者、成书年代；第二个是米芾的问题，深入切实考究米芾的绘画能力，米芾到底能不能画，会不会画；第三个便是研究二者之间的关系，《宣和画谱》的成书时间、过程与米芾的关系。从这三个方面切入研究《宣和画谱》中为何没有米芾，究竟是《宣和画谱》的问题，还是米芾的问题，还是二者之间存在某种之所以不收录的其他原因。作者的研究思路是清晰的、明确的，经过作者大量的确有力度的考证、论证，得出"其绘画成就不高，还不能称之为训练有素的专业画家""米芾在宋代仅仅是一个初试绘画的书法家"的结论，这便是《宣和画谱》之所以未收录米芾的主要原因。至

于为何宋以后至明末的董其昌之前几乎无人记录"画家"米芾，而董其昌以后的景观与之前却大相径庭，作者主要分四个小节予以分析，这便是书中的第四章"米芾画家概念诞生的历史渊源"，从本章的题目可知，作者是运用了类似当下比较火热的"知识考古"的方法，但作者却否定了我的这一说法，他认为自己运用的是传统的考据学等研究方法。作者对于时下学界对西方研究方法之崇拜、忘乎绘画本体的现象表示极为担忧，为方法而方法，实为作研究之大忌。在本章中，作者提到了从宋以后外部的大环境的文人画的繁荣、此中米芾的"畅销"、明代以后的文人画家的再阐释，以及董其昌的大力推崇，还有米芾自身的头衔名号及《画史》的撰写，等等。总地来说，作者解决了《宣和画谱》中缺位米芾的原因，以及后来"画家"米芾又不得不入各大画史的状貌形

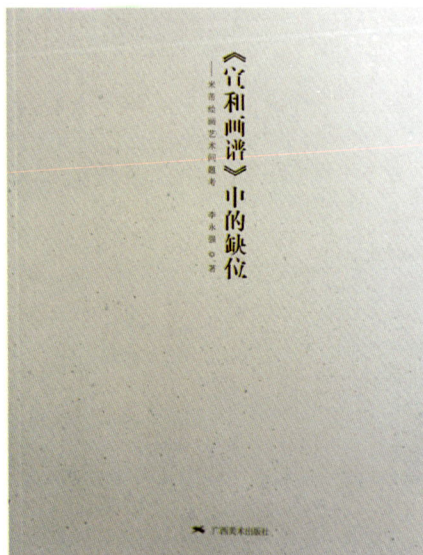

《宣和画谱》中的缺位——米芾绘画艺术问题考

成的历史问题及缘由。

之所以说该作乃实具研究之气的力作，并无半点虚言。相比于当下甚多的随口评说、随笔札记、感性辑录、访谈整理甚或信口开河，甚或一味吹捧的批评之作，甚或学界早已名声在外的大家的不甚严谨的著书立说，李永强的治学态度和严谨扎实的考证、论证的功力，实为当下学界众多"忽悠"之徒的学习榜样。在该书中，作者搜集、阅读、考证、判断、分析、引用、论证、排列、运用资料的数量之多，驾驭资料的娴熟能力，运用资料论证的铿锵有力，考证谨严的扎实作风，让人为之震撼。有一分材料说一分话，在该作中处处皆是。常言道，在论文书籍的研读之前对其参考书目的阅览是为体现该作者研究能力的大小、说话有无凭据的最直接体现。就在该作中引用的古代典籍达82种之多，近现代著作48种，期刊论文32篇，每一种、每一篇的仔细阅读、查找证据、合理引用、小心论证都做到缜密有力，在研读完该作后实在感慨写篇真正甚好的学术论文实属不易。相比当下诸多学人难以通读古文典籍的尴尬局面，通读在作者这里实为最前提的一步，通读、考证、分析、甄别、比较、论证，这才是对作者最关键的最主要的能力之体现。

该作的精彩论证之处贯穿于全文每一部分，无需再次复述，下面仅就笔者的研读，在其中就所发现的问题和瑕疵之处予以罗列，当然并非类似其他著作的错误，这些在研读完以后与作者本人的商讨之中更是得到了作者的首肯。

1. 第二章是研究米芾在《宣和画谱》中缺位的原因，从《宣和画谱》的问题及其与米芾的二者之间的关系的重点章节，即本文所提到的研究思路的第一、第三两种，寻找缺位的原因是该作的重中之重，然而在第二章中，与之所以《宣和画谱》中未收录米芾的原因的找寻关系不大，只是考证了《宣和画谱》的流传、作者、成书年代，这些是无可厚非的，但与缺位原因的研究联系并不大，是为对《宣和画谱》的自身的考证，与其缺少米芾的缘由的阐述淡了些许，尤其在二者关系的研究的本章第三节中，只是研究考证了米芾有无参加《宣和画谱》的撰写的这种外在关系。其实《宣和画谱》与米芾的关系类型存在很多种、很多方面，远非单单这一种有无参加撰写的关系。在众多关系中找出米芾与《宣和画谱》之间的未被收录的原因的关系这才是重点，这才是作者第三种研究切入角度的真实体现。平心而论，作者的研究角度与思路的切入是正确的明晰的。可是在第二章中的第一、第三种思路的具体实施研究过程中却显得力道不足，与缺位原因的找寻关系略显单薄。笔者设想，之所以米芾未被收录《宣和画谱》可能米芾与参与编纂者的关系甚疏或存在人事关系的纠纷所致，可能此时段的米芾与作为领衔主撰的宋徽宗或者下属实际编纂者的关系不妙所致，也可能存在其他原因等等。总之这一章的研究总要与之所以缺位的原因这一点联系起来，该作在这一点上略显薄力。

2. 第三章是从米芾自身绘画能力的角度予以切入研究。这是该作的重点所在，也是直接与该作结论相对应的出处源头。本章第一节对米芾绘画能力的考辨尤为精彩，对之所以没有收录《宣和画谱》的具体原因，第三节的后半部分分别从绘画风格、美学思想、绘画材料、地域之变四个角度予以阐述。还是回到主题，缺位的原因是该作的重中之重，然而在这四点尤为重要的原因之处，作者却以每一点一小段的形式展开，显得力道不足，缺位的这四点原因作者从与此有关系的所有方面几乎都找全了，如果每一点单列一小节充分展开论述，那米芾缺位《宣和画谱》的原因，会更充分，更翔实，更有力度。再者，就这四点具体原因详谈而言，第一点，"米芾的绘画风格与宋代院体有天壤之别"，论证同样是铿锵有力的。可是有一点便是，与米芾同样是与院画风格有天壤之别的历代或者同代的画家《宣和画谱》有没有收录？如果这"与宋代院体有天壤之别"的原因成立，那么这一点必须考虑到，否则《宣和画谱》收录了不同于院体画风的其他画家，那这一点米芾缺位的原因便不能成立。当然在与作者商讨的过程中也查找了很多历代及同代的画家情况，有些甚为微名的画家，有些见不到作品的画家，由于资料的缺乏，详细考证实属不易。第二点从美学思想而论，米芾是北宋文人画的有力旗手，与官方喜好的崇尚写实的绘画美学思想迥然有异。可在《宣和画谱》中有无收录其他文人画家及其作品，或者应该在这一点中提到经考证《宣和画谱》中确没有收录与院体画美学思想相悖的其他画家，如果该作中的米芾缺位的从美学角度考察的原因成立,那么这一点的再充分论证当不可忽视,否则只是从单方面说明米芾与院画美学的不同,不能足以有力支持这一点缺位的原因。文中第三点从绘画材料学的角度考察缺位原因的论证是有力的。文中第四点是从地域原因的角度考察缺位原因,因米芾长期居于南方,"绘画和品评中心在北方",倘若这一点成立,那比米芾较早或同时代的南方画家《宣和画谱》有无收录,也需仔细考证。否则同样会犯有与前面所提两点同样的不足。

3. 对米芾绘画能力的考辨是该作的重中之重。在第三章第一节中具体地从人物、山水、花鸟分别考察了米芾的绘画能力问题。毋庸置疑,论证、考证的翔实、有力,实在让人佩服。有一点不足,便是在米芾的人物山水花鸟的考证上只提到了邓椿《画继》有两幅花鸟画记载,其他没有考证。邓椿是南宋人,他没有见到,不代表后世的人没有见到这两幅之外的作品。这是其次,重要的便是此处的后面,文中说"那么其(米芾)风格与样式到底如何呢?我们无从考证,因为他无一作品流传于世。可供我们分析参考的仅仅是他流传下来的文本以及其子米友仁的绘画作品。"该作从文本及其子米友仁的作品考察,可是就在该作的第四章第五节"米芾画之众家题跋"收录了多达十五则的米芾绘画作品的题跋,其间不乏真正见过米芾作品的,这些直观的题跋哪一个不比文本的记载更确切!哪一个不比通过米友仁的作品考究米芾绘画面貌更有说服力!可是文中没有引用、利用这些,实为不

足。如果加上这些论证米芾的绘画面貌,对其绘画能力的考究自然就更确切有力。在与作者本人的交谈中,作者也肯定了笔者的这一看法,确实没有用题跋考究其绘画面貌,实为遗憾。后来作者也承认这是后来添加的部分,初稿中并无众家对米芾作品题跋的辑录。

4. 下面对文中就笔者所读所发现细节之处的瑕疵及稍显不足之处,予以罗列。

(1)该作第11页第5行处,"如书中云:'按《淳化阁帖题跋》云……'"一处,根据此处上文的阅读,初读者会以为是引自上文中所提的邓椿《画继》中的语句,参查该文章后参考文献方知乃翁方纲《米海岳年谱》中的引文。应在"如书中云"之前加文献出处之题名更妥。

(2)该作第16页第11行,"《宣和画谱》的最早记载为元代初年李冶《敬斋古今注》卷六……"当改为:最早记载"宣和画谱"这四个字的是元到初年的李冶《敬斋古今注》。

(3)该作第30页第19行,"他的朋友苏轼对其记载也仅有书法,无一篇绘画。当时之笔记、小说等资料大都记录其书法、诗文与洁癖等方面的信息。"下面的论述列举了多人对米芾的记载但却没有大名鼎鼎的苏轼对他的论述,实为遗憾。

(4)该作第30页第33行,"此等言论数不胜数,唯独对其书画记载是少之又少",此处的"书画"当为"绘画"之笔误。

(5)该作第50页第5行"崇宁三年复置书、画、算学,米芾因上述三点原因,遂出任书画两学博士",此处的

"上述三点原因"是哪三点?文中所提"其二"是作者的,不是原有的真实可信的凭据。

(6)该作第55页第9行"其云:'写画分南北派……'"处,此处引文未标出处。

上述是笔者根据自己所读,对该作的一些瑕疵和不足提出自己的意见与看法,相对于全作的见解的独到、思路的清晰、资料的完备、考证的准确、论证的充分、叙述的谨严,这些不足是瑕不掩瑜的,基本没有影响整部著作的学术性。仔细阅读该作,是一种享受,有一种沉浸于研究之中的快乐感,一种总也想有此研究成果的冲动。享受之余也有感于对作者李永强的毅力、决心和突出的研究能力的尊敬与羡慕。

该作其实是作者在其2007年的硕士毕业论文的原稿基础上稍加修订而成,试想,当时的一个硕士生,能有如此见解,能有如此作为,实在令人敬佩,全作结论的新颖性、论证的充分性、考证的严密性、资料的完备性与合理的布置运用能力,实在是对得起"研究"二字的佳作,实为现今诸多硕士生及博士生学习之榜样,如此这些并非虚言吹捧之词,若真拿来细细品读,定知小生所言属实非虚。

总之,这是一本实具研究之气的力作,相对于现今随感式的批评、随笔式的札记、忽悠式的吹捧、访谈式的整理、资料罗列式的堆积,此作真正配得上"研究"二字。

(李万康审稿)